经管文库·经济类
前沿·学术·经典

数字经济背景下城市群空间经济联系及效应研究

STUDY ON SPATIAL ECONOMIC CONNECTION AND EFFECT OF URBAN AGGLOMERATION UNDER THE CONTEXT OF DIGITAL ECONOMY

刘传辉 著

经济管理出版社

图书在版编目（CIP）数据

数字经济背景下城市群空间经济联系及效应研究/刘传辉著 . —北京：经济管理出版社，2023.9
ISBN 978-7-5096-9287-5

Ⅰ.①数… Ⅱ.①刘… Ⅲ.①城市群—城市经济—研究—中国 Ⅳ.①F299.2

中国国家版本馆 CIP 数据核字（2023）第 180600 号

组稿编辑：白　毅
责任编辑：杨国强　白　毅
责任印制：黄章平
责任校对：张晓燕

出版发行：经济管理出版社
　　　　　（北京市海淀区北蜂窝 8 号中雅大厦 A 座 11 层　100038）
网　　址：www.E-mp.com.cn
电　　话：（010）51915602
印　　刷：唐山玺诚印务有限公司
经　　销：新华书店
开　　本：720mm×1000mm/16
印　　张：15.75
字　　数：318 千字
版　　次：2023 年 10 月第 1 版　2023 年 10 月第 1 次印刷
书　　号：ISBN 978-7-5096-9287-5
定　　价：98.00 元

·版权所有　翻印必究·
凡购本社图书，如有印装错误，由本社发行部负责调换。
联系地址：北京市海淀区北蜂窝 8 号中雅大厦 11 层
电话：（010）68022974　　邮编：100038

前　言

当前，我国经济发展的空间结构正在发生深刻变化，中心城市和城市群正在成为承载发展要素的主要空间形式，研究城市群内部空间经济联系具有重要的理论意义和现实意义。以信息通信技术应用为特征的数字经济迅猛发展，日益成为经济增长和产业转型升级的重要驱动力，深刻改变着人们的生产、生活方式和社会资源的配置方式，国内城市竞相发展数字经济，成为研究城市群空间经济联系的时代背景。数字经济时代，数据和信息的实时交换成为现实，信息要素的快捷流动使要素的空间流动性不断增强，传统意义上的地理空间作用弱化，信息空间得到不断拓展，城市之间的信息流、资金流、人流、物流的形式和效率得以改变，数字经济给城市和城市群空间经济联系带来重大影响。但是，城市群及城市的数字经济发展水平如何衡量？它对城市群全要素生产率、城市群内部城市空间经济联系究竟带来什么样的影响？这种影响在不同城市、不同城市群间又有何区别？这些都是实践与理论方面亟待科学分析、深入研究的问题。基于此，本书通过熵值法、DEA-Malmquist 指数法、面板计量方法、社会网络分析方法、比较分析法等，规范分析与实证分析相结合、定性分析与定量分析相结合，聚焦研究和回答以下四个方面的问题：一是城市群数字经济发展水平及全要素生产率的测算；二是数字经济对城市群全要素生产率的影响；三是数字经济背景下城市群空间经济联系的现状及社会网络效应；四是数字经济对城市群内部城市空间经济联系的溢出效应。

本书选取东部、中部、西部地区共六个城市群做深入研究和比较分析，既有较发达的东部地区的长三角城市群、珠三角城市群、京津冀城市群，也有地处中西部地区的中原城市群、成渝城市群和关中平原城市群。这些城市群数字经济发展水平、发展基础不同，以此为研究对象，有利于客观、准确地了解数字经济对我国不同区域城市群空间经济联系的影响，全面认识数字经济影响城市群空间经济联系的规律，更好地指导实践。本书主要内容如下：

本书共分为 10 章。第 1 章为绪论，主要对本书的研究背景、研究意义、研究思路、研究内容、研究方法、创新与不足等进行了介绍。第 2 章阐述数字经济、城市群以及城市群空间经济联系的概念、内涵和特征等，对相关研究文献进行系统梳理和分析。第 3 章系统梳理了空间联系相关理论、区位理论、马克思主义城市空间理论及本书的理论分析框架。第 4 章通过熵值法分别测度了 2007~2016 年六大城市群 106 个地级市的数字经济指数，对城市群内城市数字经济发展情况进行了动态比较，并利用 ArcGIS 12 软件进行可视化处理，综合反映城市群数字经济发展水平及其时空特征。第 5 章通过 DEA-Malmquist 指数法测度了六大城市群 106 个地级市的全要素生产率及其分解，分析了不同城市群及内部城市的 TFP 时空特征。第 6 章利用 Tobit 模型回归分析了城市群数字经济对全要素生产率的影响。第 7 章基于城市群两两城市之间的关注度表征的信息流数据，运用社会网络分析方法研究了六大城市群内部城市空间经济联系的现状及网络效应，通过相关性分析和回归分析研究了城市群内部城市空间经济联系的时空特征及其影响因素。第 8 章运用空间分析方法研究了六大城市群全局和局部空间自相关性，使用空间面板计量模型实证分析城市群城市数字经济与经济增长的空间关联性和溢出效应。第 9 章基于社会网络分析对成渝城市群空间经济联系进行了实证研究。第 10 章进行总结并提出有关政策建议及进行研究展望。

本书的主要结论是：第一，六大城市群数字经济的发展水平横向相比差异较大，纵向相比呈现波动性，城市群内部城市的数字经济发展水平差异较大。第二，城市群全要素生产率整体上提升主要得益于技术效率的改善，其次得益于技术进步。第三，数字经济对城市群的全要素生产率和技术进步在 1% 水平上具有显著正向影响，对技术效率在 10% 水平上具有显著负向影响，大部分城市的全要素生产率得到改善。第四，各城市群节点城市的百度指数中心度呈递增趋势，城市网络呈现多中心或单中心的状态；城市群关联度普遍大幅提升，节点城市间基于信息流的经济联系逐步增强；基于百度指数的城市群内部城市间的联系日益密切，且联系强度明显增强。第五，不同城市群空间经济联系的影响因素不尽相同。第六，城市群经济增长呈现显著的空间正相关性，城市群全局空间相关性和局部空间相关性紧密相关。城市群具有空间异质性，但总体上城市群局域性的空间集聚特征相对稳定。第七，数字经济对城市群经济增长空间溢出效应大多存在正向显著影响。

本书在研究数字经济对城市群空间经济联系的影响中作出了如下贡献：一是将数字经济纳入城市群空间经济联系的研究视角。有别于有些文献单纯研究城市群空间联系或从国家、省域层面研究数字经济，本书基于数字经济的时代背景，选取东部、中部、西部三个区域的六大城市群共 106 个地级市的数据作为样本，实证分析数字经济对城市群 TFP 及空间联系的溢出效应、网络效应的影响，为数字经济、城市群空间联系和新经济地理学等交叉研究提供了新视角。二是提供了城市群及城市数字经济发展水平的测度参考，并验证了数字经济会提升城市群全要素生产率的假设。随着数字经济的迅猛发展及对城市群影响的日益深化，亟须对城市群数字经济发展水平测度进行深入研究并做出回答。本书在这方面做了一定的工作：运用熵值法计算分析了六大城市群 106 个地级市的数字经济指数、排名及其时空分布特征，为研究城市群及城市数字经济发展水平提供测度参考；运用 DEA-Malmquist 指数法计算了六大城市群 106 个地级市的全要素生产率，并通过 Tobit 模型检验了数字经济对城市群全要素生产率 TFP 及其分解技术进步 TE、技术效率 EFF 的影响，结果显示，数字经济有利于城市群全要素生产率的提升。三是立体呈现了数字经济背景下城市群内部城市之间的空间经济联系及影响因素。本书从数字经济对城市群全要素生产率的影响、对城市群经济增长的空间溢出效应，以及基于百度指数的城市群空间经济联系特征及网络效应等方面深入分析了数字经济背景下城市群内部城市之间的空间经济联系及影响因素。特别是基于百度指数表征的信息流数据，运用社会网络分析方法对长三角城市群、京津冀城市群、珠三角城市群、中原城市群、成渝城市群和关中平原城市群的空间联系及网络效应进行了实证分析，并运用 Ucinet 6 软件和 QAP 相关分析法分别对六大城市群基于百度指数表示的城市空间联系矩阵和影响因素矩阵进行 QAP 相关性检验，并利用 QAP 回归分析了城市群空间联系的影响因素。四是为不同区域、不同城市群发展数字经济、加强城市群空间联系提供理论依据和参考。本书引入空间因素对数字经济背景下城市群空间经济联系进行了实证分析，运用空间分析方法和空间计量模型实证分析了长三角城市群、京津冀城市群、珠三角城市群、中原城市群、成渝城市群和关中平原城市群的空间联系，检测了六大城市群全局空间自相关和局部空间自相关的情况，以及六大城市群城市数字经济与经济增长的空间关联性和溢出效应。

目 录

第1章 绪论 1

  1.1 研究背景 1

    1.1.1 数字经济时代已然来临 1

    1.1.2 中国城市群进入快速发展时期 3

    1.1.3 数字经济影响城市群空间经济联系 5

  1.2 问题的提出 6

  1.3 研究意义 6

  1.4 研究思路和内容 7

    1.4.1 研究思路 7

    1.4.2 研究内容 8

  1.5 研究方法 11

  1.6 创新与不足 12

    1.6.1 主要创新 12

    1.6.2 不足之处 13

第2章 概念界定与文献综述 14

  2.1 数字经济及相关概念 14

    2.1.1 数字经济概念及内涵 14

    2.1.2 数字经济的特征 19

    2.1.3 数字经济、信息经济、互联网经济、网络经济、新经济的内涵比较 21

  2.2 城市群的概念 22

    2.2.1 国外有关城市群概念的研究 22

    2.2.2 国内有关城市群概念的研究 23

2.3 城市群空间经济联系相关研究 ·· 26
    2.3.1 国外城市群空间联系研究 ·· 26
    2.3.2 国内城市群空间经济联系研究 ·································· 29
2.4 数字经济与城市群空间经济联系相关研究 ························· 31
    2.4.1 国外数字经济与城市群空间经济联系研究 ···················· 31
    2.4.2 国内数字经济与城市群空间经济联系研究 ···················· 33
2.5 简要述评 ··· 35

第3章 理论基础及分析框架 ··· 37

3.1 理论基础 ··· 37
    3.1.1 空间联系相关理论 ·· 37
    3.1.2 区位理论 ··· 40
    3.1.3 马克思主义城市空间理论 ··· 44
3.2 理论分析框架 ··· 47
    3.2.1 数字经济指数的测度 ·· 47
    3.2.2 城市群全要素生产率的测度 ······································ 51
    3.2.3 数字经济对城市群全要素生产率的影响 ····················· 52
    3.2.4 数字经济对城市群空间联系的网络效应 ····················· 54
    3.2.5 数字经济对城市群空间联系的溢出效应 ····················· 56
3.3 简要述评 ··· 57

第4章 城市群数字经济指数测度及时空特征分析 ················ 58

4.1 指标体系与研究区域 ·· 58
4.2 评价方法 ··· 59
4.3 测算结果 ··· 60
    4.3.1 指标体系权重 ·· 60
    4.3.2 城市数字经济指数及排名 ··· 61
    4.3.3 结果分析 ··· 68
4.4 城市群数字经济空间分布差异 ·· 75
4.5 结论与讨论 ··· 77

第5章 城市群全要素生产率测度及时空特征分析
——基于DEA-Malmquist指数法 ··································· 79

5.1 DEA-Malmquist指数法 ··· 79

5.2　解释变量与数据来源 ··· 80
　　5.3　实证结果分析 ··· 81
　　　　5.3.1　城市群全要素生产率情况分析 ························· 81
　　　　5.3.2　城市群内部城市全要素生产率情况分析 ················· 87
　　5.4　结论与讨论 ··· 96

第6章　数字经济对城市群全要素生产率的影响 ·························· 98
　　6.1　数字经济与城市群全要素生产率变化趋势分析 ··················· 98
　　6.2　计量模型及变量设定 ·· 100
　　　　6.2.1　计量模型 ·· 100
　　　　6.2.2　变量设定 ·· 100
　　6.3　数据来源及描述性统计 ······································ 101
　　6.4　实证结果分析 ·· 102
　　　　6.4.1　六大城市群整体回归结果 ····························· 102
　　　　6.4.2　各城市群回归结果 ·································· 103
　　6.5　结论与讨论 ·· 106

第7章　数字经济对城市群空间经济联系的网络效应分析 ················· 108
　　7.1　研究数据与方法 ·· 108
　　　　7.1.1　数据来源 ·· 108
　　　　7.1.2　研究方法 ·· 108
　　7.2　城市群百度指数中心度动态变化特征 ·························· 109
　　　　7.2.1　长三角城市群百度指数中心度及占比 ··················· 109
　　　　7.2.2　京津冀城市群百度指数中心度及占比 ··················· 111
　　　　7.2.3　珠三角城市群百度指数中心度及占比 ··················· 113
　　　　7.2.4　中原城市群百度指数中心度及占比 ····················· 114
　　　　7.2.5　成渝城市群百度指数中心度及占比 ····················· 116
　　　　7.2.6　关中平原城市群百度指数中心度及占比 ················· 118
　　7.3　城市群经济联系网络分析 ···································· 119
　　　　7.3.1　城市群经济联系强度分析 ····························· 119
　　　　7.3.2　城市群网络密度分析 ································ 125
　　　　7.3.3　城市群凝聚子群分析 ································ 127
　　7.4　QAP相关分析 ··· 131
　　　　7.4.1　模型设定 ·· 131

· 3 ·

7.4.2　QAP 相关性分析 ……………………………………… 132
7.4.3　QAP 回归分析 …………………………………………… 136
7.5　结论与讨论 ……………………………………………………… 140
7.5.1　主要结论 …………………………………………………… 141
7.5.2　有关讨论 …………………………………………………… 143

第8章　数字经济对城市群空间经济联系的溢出效应分析 …………… 144
8.1　空间权重矩阵的构建 …………………………………………… 144
8.1.1　地理空间权重矩阵 ………………………………………… 144
8.1.2　经济空间权重矩阵 ………………………………………… 144
8.1.3　引力权重矩阵 ……………………………………………… 145
8.2　城市群数字经济的空间相关性 ………………………………… 145
8.2.1　全局空间自相关 …………………………………………… 145
8.2.2　局部空间自相关 …………………………………………… 147
8.3　空间计量模型构建 ……………………………………………… 155
8.3.1　空间面板计量模型设定 …………………………………… 155
8.3.2　空间面板计量模型选择 …………………………………… 156
8.4　实证结果分析 …………………………………………………… 161
8.4.1　三种权重矩阵的空间面板计量估计结果分析 …………… 161
8.4.2　Hausman 检验及面板模型估计结果分析 ………………… 162
8.5　结论与讨论 ……………………………………………………… 170
8.5.1　主要结论 …………………………………………………… 170
8.5.2　有关讨论 …………………………………………………… 171

第9章　基于 SNA 的成渝城市群空间经济联系实证研究 …………… 173
9.1　研究方法 ………………………………………………………… 173
9.1.1　修正的引力模型 …………………………………………… 173
9.1.2　社会网络分析 ……………………………………………… 174
9.2　研究区域与数据来源 …………………………………………… 175
9.2.1　研究区域 …………………………………………………… 175
9.2.2　数据来源 …………………………………………………… 176
9.3　城市群经济联系网络分析 ……………………………………… 179
9.3.1　城市群经济联系强度分析 ………………………………… 179
9.3.2　网络密度分析 ……………………………………………… 184

9.3.3 网络中心性分析 ……………………………………………… 185
　9.4 凝聚子群分析 …………………………………………………… 187
　9.5 结论及建议 ……………………………………………………… 189
　　9.5.1 结论分析 ……………………………………………………… 189
　　9.5.2 政策建议 ……………………………………………………… 190

第10章 结论、启示与展望 ……………………………………………… 192
　10.1 主要结论 ……………………………………………………… 192
　10.2 政策启示 ……………………………………………………… 195
　10.3 研究展望 ……………………………………………………… 197

参考文献 ……………………………………………………………… 198

附录一 ………………………………………………………………… 209

附录二 ………………………………………………………………… 217

第1章 绪论

数字经济日益成为重组全球要素资源、重塑全球经济结构、改变全球竞争格局的关键力量。它不仅在加快经济发展、提高生产率、培育新市场和产业新增长点方面作用明显，而且在实现包容性增长和可持续增长中也发挥着重要作用，正在经历高速增长、快速创新，并广泛应用到其他经济领域中，促进了地区生产效率提高和相互关联。当前，中国数字经济发展迅猛，各地纷纷发展数字经济，成为带动中国经济增长的重要动力，深刻影响着我国的经济发展动力、产业转型升级、生产生活方式和社会治理结构。城市和城市群是人类经济社会活动主要的空间载体。基于信息基础设施、信息通信技术快速发展的数字经济，不断拓展信息空间，传统意义上的地理空间作用弱化，城市之间的信息流、资金流、人流、物流不断增强，给城市群空间经济联系和区域协调发展带来重大影响。

1.1 研究背景

1.1.1 数字经济时代已然来临

积极发展数字经济已经成为全球共识，世界强国争相把发展数字经济作为本国发展的重要方向，竞争日益激烈，发展迅猛，创新迭代不断加快，与传统产业的融合不断深化，应用领域和场景不断拓展。以互联网为代表的信息技术，与人类的生产生活深度融合，大数据、云计算、物联网、人工智能等快速发展，成为引领创新和驱动转型的先导力量，正在重塑世界经济格局和世界经济地理。全球20%以上的GDP与数字经济紧密相关。2017年，全球数字经济规模达到12.9万亿美元，全球电子商务交易额达到2.3万亿美元。2018年，数字经济规模排名世界第一的美国数字经济总量为11万亿美元,占美国GDP的59.1%。[1]根据中国信息通信研究院发布的《全球数字经济白皮书(2022年)》,2021年,美国数字经济蝉联世界第一,规模达15.3万亿美元,美国、德国、英国数字经济占GDP比重均超过65%。

从全球主要发达经济体的经济发展战略来看,世界各国不约而同地将数字经济作为提高国家竞争力的战略重点,并纷纷出台各自的数字经济发展战略与政策。近年来,很多发达国家积极发展云计算、物联网、数字政府、大数据和先进制造等,将信息网络技术等积极布局和应用在交通、能源、电力等基础设施建设中,使其成为国家战略的重要内容。1997年,日本通产省开始使用"数字经济"这一术语。自1998年开始,美国商务部以其为主题发布了数字经济方面的多项年度研究成果。印度则通过实施"数字印度计划",不断推动印度的社会数字化转型和数字经济的发展。

当前,中国的数字经济发展迅猛,日益成为带动中国经济增长和促进产业转型的核心动力,深刻影响着我国的经济发展动力、产业转型升级、生产生活方式和社会治理结构。中国开始从数字经济领域的跟跑者向领跑者转变。加快发展数字经济,推动实体经济和数字经济融合发展,推动互联网、大数据、人工智能同实体经济深度融合,对实施供给侧结构性改革、创新驱动发展战略具有重要意义。2016年,中国数字经济规模高达22.58万亿元,位列全球第二,同比名义增长超过18.9%,明显高于当年GDP的增速,占中国GDP的比重高达30.3%。根据麦肯锡(2017)《中国数字经济如何引领全球新趋势》研究报告,我国数字化投资与创业生态系统是世界上最活跃的。另外,根据毕马威的研究预测,到2030年,我国数字经济在GDP中的比重将达77%,规模超过153万亿元。根据中国信息通信研究院发布的《中国数字经济发展报告(2022年)》,我国2021年数字经济规模超过45万亿元,规模位居世界第二。2012~2021年,我国数字经济年复合增速达15.9%。

近年来,我国政府发展数字经济的战略日益清晰。2015年,政府提出实施"互联网+"行动计划。2016年,提出促进共享经济发展。同年,在G20峰会上,我国作为主席国,首次将"数字经济"列为G20的一项重要议题,并促成峰会通过了《二十国集团数字经济发展与合作倡议》。2017年,明确提出要加快促进数字经济发展,数字经济被写入了党的十九大报告。2018年,政府工作报告提出"发展壮大新动能""为数字中国、网络强国建设加油助力"。2019~2023年,政府工作报告连年提到发展数字经济。党的二十大提出要加快发展数字经济,促进数字经济和实体经济深度融合。2023年,政府工作报告强调,大力发展数字

---

[1] 裴长洪,倪江飞,李越.数字经济的政治经济学分析[J].财贸经济,2018(9):5-22.

经济，不断强化顶层设计，新组建了国家数据局，以更大力度推进数字中国、数字经济、数字社会规划和建设等。这些重大部署扎实推动着我国逐步把发展数字经济提升为贯彻新发展理念、推动高质量发展的国家战略，而且成效显著。

1.1.2 中国城市群进入快速发展时期

我国城市群建设起步较晚，改革开放以来，城市群建设逐步加快。40多年来，我国城镇化率从1978年的17.92%提高到了2022年的65.22%，提高了47.3个百分点，顺利完成了城镇化初期和中期的快速成长，形成了长三角城市群、珠三角城市群和京津冀城市群等世界级城市群，以及中原城市群和成渝城市群等一批国家级和区域性城市群，它们不仅是我国新型城镇化的主要空间载体，而且是我国参与经济全球化的主要发展高地，城市群的国家战略定位、国际战略地位都得到了明显提升。目前，我国实施的京津冀协同发展战略、长江经济带发展战略、粤港澳大湾区建设、成渝地区双城经济圈建设、"一带一路"倡议等，均是以城市群或城市群重要节点城市为主要载体实施的国家级战略。以"一带一路"倡议为例，据统计，我国有95%以上的城市群处在"一带一路"范围内，所以，城市群成为"一带一路"建设的重要空间载体和加强对外合作的重要平台。[①]

根据国家统计局2019年发布的《新中国成立70周年经济社会发展成就系列报告》，新中国成立70年来，经历了世界历史上规模最大、速度最快的城镇化进程。1949年末，中国常住人口城镇化率只有10.64%。实际上，2022年末中国常住人口城镇化率达到65.22%，比1949年末提高54.58个百分点，年均提高0.74个百分点，比1978年改革开放时的17.92%提高了47.3%，年均提高1.07个百分点。根据《中华人民共和国国民经济和社会发展第十四个五年规划和2035年远景目标纲要》，到2035年，我国要基本实现新型城镇化，人口城镇化率将达到73.12%。我国城镇常住人口由1949年的0.57亿人增加到2022年的9.21亿人，平均每年净增城镇常住人口1183万人。随着城乡一体化进程不断加快，我国城镇化率不断提升，农村大量剩余劳动力不断被吸纳转移到城市，这为城市的建设提供了直接的劳动力，提高了城乡生产要素的流动和配置效率，推动经济社会结构发生深刻变革。总体来看，我国城镇化的进程得到了较快推进，而城镇化的快速推进也有力地推动了中国经济的发展。

《新中国成立70周年经济社会发展成就系列报告》显示，新中国成立70年来，城市规模不断扩大，大中小城市发展齐头并进。根据国家统计局统计数据，截至2018年末，中国一共有672个城市，其中，地级以上城市297个、县级市

---

① 方创琳. 改革开放40年来中国城镇化与城市群取得的重要进展与展望[J]. 经济地理，2018（9）：1-9.

375个。到2021年末，城市数达到了691个，其中，地级以上城市297个、县级市394个，而在新中国成立之初，中国仅有132个城市。几十年来，我国城市群的数量也在不断增加，对城镇化建设和经济发展起到了重要的作用。

我国城市群的数量及名称也经历了很多变化。分析改革开放40多年来的情况，针对我国城市群的数量，学术界比较公认的是，1980~1990年有1个，1991~2000年有3个，2001~2005年有10个，2006~2010年有23个，2011~2015年有20个，之后减少为19个。2019年珠三角城市群演化为粤港澳大湾区，2020年成渝地区城市群演化为成渝双城经济圈，具体如表1-1所示。

表1-1 改革开放以来中国城市群情况

时间	城市群个数	城市群名称
1980~1990年	1	长三角城市群
1991~2000年	3	长三角城市群、珠三角城市群、京津冀城市群
2001~2005年	10	长三角城市群、珠三角城市群、京津冀城市群、海峡西岸城市群、辽东半岛城市群、山东半岛城市群、成渝城市群、中原城市群、武汉城市群、长株潭城市群
2006~2010年	23	长三角城市群、珠三角城市群、京津冀城市群、海峡西岸城市群、辽东半岛城市群、山东半岛城市群、成渝城市群、中原城市群、武汉城市群、长株潭城市群、呼包鄂城市群、南北钦防城市群、哈大长城市群、晋中城市群、江淮城市群、关中城市群、银川平原城市群、环鄱阳湖城市群、天山北坡城市群、滇中城市群、黔中城市群、兰白西城市群、酒嘉玉城市群
2011~2015年	20	长三角城市群、珠三角城市群、京津冀城市群、长江中游城市群、成渝城市群、海峡西岸城市群、辽中南城市群、山东半岛城市群、中原城市群、呼包鄂榆城市群、广西北部湾城市群、哈长城市群、江淮城市群、关中城市群、宁夏沿黄城市群、天山北坡城市群、晋中城市群、滇中城市群、黔中城市群、兰白西城市群
2016~2018年	19	长三角城市群、珠三角城市群、京津冀城市群、长江中游城市群、成渝城市群、海峡西岸城市群、辽中南城市群、山东半岛城市群、中原城市群、呼包鄂榆城市群、北部湾城市群、哈长城市群、关中平原城市群、宁夏沿黄城市群、天山北坡城市群、晋中城市群、滇中城市群、黔中城市群、兰西城市群
2019年以来	19	长三角城市群、粤港澳大湾区（珠三角城市群）、京津冀城市群、长江中游城市群、成渝城市群[①]、海峡西岸城市群、辽中南城市群、山东半岛城市群、中原城市群、呼包鄂榆城市群、北部湾城市群、哈长城市群、关中平原城市群、宁夏沿黄城市群、天山北坡城市群、晋中城市群、滇中城市群、黔中城市群、兰西城市群

资料来源：根据有关资料整理。

---

① 2020年1月3日，习近平总书记主持召开中央财经委员会第六次会议并发表重要讲话，会议指出，推动成渝地区双城经济圈建设，有利于在西部形成高质量发展的重要增长极，打造内陆开放战略高地，对于推动高质量发展具有重要意义。这是中央首提成渝地区双城经济圈。

2006年，我国第一次鲜明地"把城市群作为推进城镇化的主体形态"，明确将城市群纳入国家新型城镇化的空间主体写入国家"十一五"规划纲要，2014年则进一步明确将城市群作为新型城镇化的主导和基调。从党的十六大报告开始，已经连续15年把城市群作为新的经济增长极在党的报告中明确提出，国家"十一五""十二五""十三五""十四五"连续4个五年规划纲要都把城市群作为推进新型城镇化的空间主体。2010年，《国务院关于印发全国主体功能区规划的通知》提出构建以"轴"和"群"为依托的"5+9+6"的城市群空间结构。2013年，首次中央城镇化工作会议召开，《国家新型城镇化规划（2014—2020年）》发布，都强调发挥城市群在推进新型城镇化过程中的空间主体作用。所以，在国家发展格局中，城市群的战略地位和作用在不断提升。近年来，我国相继发布了《关于依托黄金水道推动长江经济带发展的指导意见》《推动共建丝绸之路经济带和21世纪海上丝绸之路的愿景与行动》《国务院关于大力实施促进中部地区崛起战略的若干意见》等文件，提到城市群或城市群的发展高达300多次。综合来看，尽管我国城市群与世界上其他较为发达的城市群相比发展晚，但发展速度较快、成长潜力很大，成为拉动中国成为世界第二大经济体的重要驱动力和空间载体。

1.1.3 数字经济影响城市群空间经济联系

在发展数字经济已经上升成为国家战略的背景下，数字经济得到快速发展，城市成为发展数字经济最合适、最主要的载体。数字经济时代，基于信息基础设施和信息通信技术的数字经济以数字化知识和信息作为关键生产要素，可以促进生产要素在城市间流动，减少区域的时空依赖，大幅降低信息获取成本、资源配置成本、资本专用性成本和制度性交易成本，提高经济运行效率，不断深化产业分工，促进数字经济与第一、第二、第三产业的融合发展，推动数字产业化和产业数字化，不断催生新业态、新模式，有效降低地理空间上区位及空间距离对节点城市间相互作用的影响。密切城市群节点城市间的经济联系，通过网络效应和溢出效应推动城市群多中心网络化结构加快形成。姚士谋等（2001）发现，在信息化推动下，城市群表现出了网络化组织的形态和结构，Eagleetal等利用人们的通信大数据进行研究，发现通信技术在密切区域间联系方面作用很大。数字经济时代，信息产业等快速发展，会对社会经济活动的地域空间产生影响，从而影响城市群空间组织结构。信息技术使城市布局范围变得更加广泛，中心城市的地位得到加强，更好地向城市群周边延伸，形成新的中心，并逐渐构成新的城市群网络化空间结构。

1.2 问题的提出

从现实背景和理论背景来看，数字经济正在催生新业态、新模式、新动能，很多城市在大力发展数字经济，而作为数字经济发展主要载体的城市，受到数字经济的影响日益加深。那么，城市的数字经济如何衡量？其给城市全要素生产率以及城市群节点城市间的空间经济联系究竟带来什么样的影响？这种影响在不同城市、不同城市群又有什么样的区别？这些都是亟待回答的问题。

基于此，本书从城市数字经济、城市全要素生产率的衡量，数字经济与城市群全要素生产率的关系，数字经济对城市群空间溢出效应、社会网络效应等方面的影响出发，对数字经济时代城市群空间经济联系及效应进行深入的研究。具体而言，本书主要研究以下四个方面的问题：

一是城市群数字经济发展水平及全要素生产率的测算。在现有统计及学界有关研究基础上，采用一定的计量方法对有关城市及城市群数字经济的发展水平、全要素生产率及其空间特征作以客观评价。

二是数字经济对城市群全要素生产率的影响。数字经济会带来生产效率的提升，但是对城市群全要素生产率究竟有什么样的影响？对于不同区域的城市群而言，这种影响效果有何不同？

三是数字经济给城市群带来的社会网络效应。数字经济作为一种新的经济形态，对城市群空间经济联系会产生什么样的影响？数字经济背景下城市群不同城市间的空间经济联系具有什么样的特点？

四是数字经济时代城市群空间经济联系的溢出效应。数字经济对城市群经济增长会产生什么样的空间溢出效应？对不同区域城市群的影响是否具有差异性？

1.3 研究意义

当前，以信息通信技术应用为特征的数字经济，深刻改变着人们的生产生活方式和社会资源的配置方式，并通过城市群这一主要载体给区域空间经济联系带来深刻影响。我们对数字经济时代城市群空间经济联系进行研究，在现实意义上，数字经济让数据和信息的实时交换成为现实，在微观层面可以降低资源匹配成本、提高经济运行效率，加速产业融合、深化产业分工，实现从地理空间向虚拟空间、信息空间的延伸扩展，降低企业的选择成本、交易成本，提高企业运行效率，但是在中观和宏观层面究竟能不能带来区域生产效率的提高、能不能密切城市群空间经济联系都需要通过深入研究做科学分析，这样有利于深化我们对城市群数字经济发展现状的认识，更为直观地展现数字经济与城市群城市空间经济联系的时空特征等，为在数字经济时代密切城市群空间经济联系提供新的研究视角和有关政策建议。在理论意义上，我们通过设定数字经济指数来刻画城市及城市群数字经济发展水平，并运用区域经济学、空间经济学、新经济地理学等理论，综合使用一般计量方法、空间计量模型和社会网络分析方法等，将数字经济时代城市信息化水平及城市群空间经济联系纳入一个框架进行分析，深化对数字经济影响城市群空间经济联系规律的认知，具有十分重要的理论意义。

1.4 研究思路和内容

1.4.1 研究思路

本书首先分析数字经济和城市群的概念与内涵，为下文的展开提供基础。其次，对空间联系相关理论、区位理论、马克思主义城市空间理论等进行文献梳理。再次，通过熵值法计算长三角城市群、京津冀城市群、珠三角城市群、中原城市群、成渝城市群和关中平原城市群这六大城市群所涉及地级市的数字经济指数，用来刻画不同城市、城市群数字经济发展水平及时空特征；通过DEA-Malmquist指数法计算六大城市群所涉及地级市的全要素生产率并进行分解，分析其时空特征。在此基础上，运用社会网络分析方法和基于城市百度指数的信息流数据，分析数字经济背景下六大城市群的空间经济联系的现状及社会网络效应。又次，利用回归分析和空间面板计量模型分析城市群数字经济与全要素生产率之间的关系，及其对城市群经济增长的空间溢出效应。最后，依据实证分析所得结论提出有关政策建议。基于此，本书的研究思路如图1-1所示。

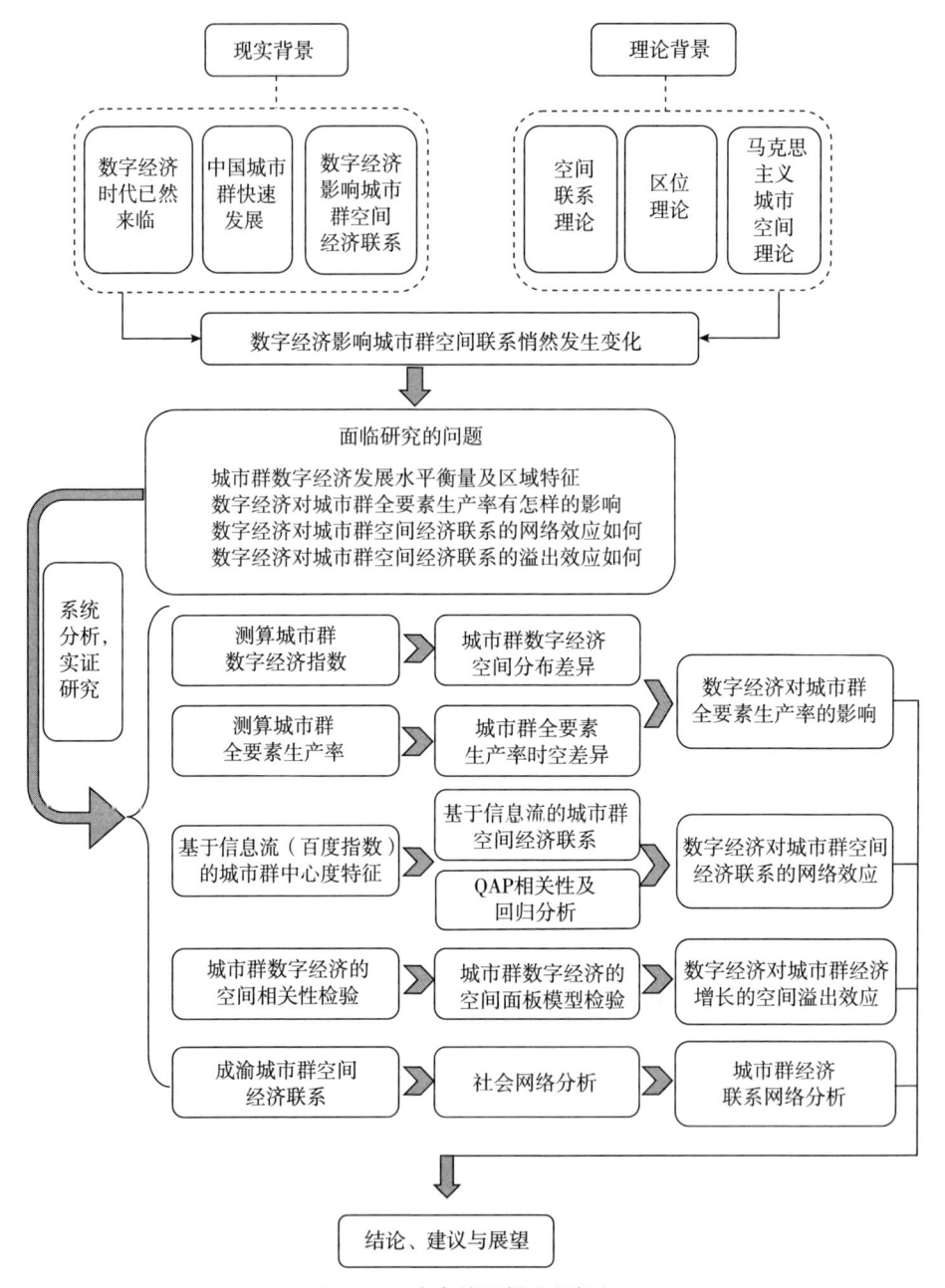

图 1-1 本书的逻辑分析框架

1.4.2 研究内容

本书共分为10章，各章主要研究内容如下：

第1章：绪论。本章主要对本书的研究背景、研究意义、研究思路、研究内容、研究方法、主要创新及不足之处等进行介绍，为本书的深入研究打下良好的基础。

第2章：概念界定与文献综述。本章主要阐述数字经济、城市群、城市群空间经济联系的概念、内涵和特征等，对数字经济、城市群、城市群空间经济联系、数字经济与城市群关系等方面的研究文献进行系统梳理和分析，并作简要评述。

第3章：理论基础及分析框架。本章系统梳理了空间联系相关理论、区位理论、马克思主义城市空间理论等，并从数字经济指数及城市群全要素生产率的测度、数字经济对城市群全要素生产率的影响、数字经济对城市群空间联系的溢出效应、数字经济背景下城市群空间联系的网络效应等方面系统梳理了本书的理论分析框架，为下文分析打下良好的理论基础。

第4章：城市群数字经济指数测度及时空特征分析。本章基于国内外相关研究基础和国家有关统计数据构建城市群数字经济指数的测度体系，并使用熵值法对长三角城市群、京津冀城市群、珠三角城市群、中原城市群、成渝城市群、关中平原城市群所涵盖城市的数字经济指数进行测度，计算得到2007~2016年六大城市群及所涉及的106个地级市的数字经济指数及其排名情况，对城市群内城市数字经济发展情况进行动态比较，利用ArcGIS 12软件对六大城市群数字经济指数的分布情况进行可视化处理并进行横向和纵向对比，分析不同年份、不同城市群数字经济发展水平的空间分布差异，为城市及城市群数字经济发展水平的测度提供参考，为下文实证分析提供基础支撑。研究发现，2007~2016年六大城市群之间及各城市群内城市之间的数字经济发展水平差异较大，具有波动性和发展不平衡的特征，总体上东部地区城市群数字经济发展水平高于中西部地区城市群。

第5章：城市群全要素生产率测度及时空特征分析——基于DEA-Malmquist指数法。本章使用DEA-Malmquist指数法测算了长三角城市群、京津冀城市群、珠三角城市群、中原城市群、成渝城市群和关中平原城市群及所涉及的106个城市2007~2016年的全要素生产率及其分解的时空特征。从六大城市群全要素生产率总体均值来看，2007~2016年，TFP提升了1.3%，主要得益于技术效率的改善，其次得益于技术进步。从各城市群TFP均值来看，除关中平原城市群因技术效率下降导致TFP下降外，其余五个城市群TFP都有所改善，长三角城市群更多地受技术进步的影响，京津冀城市群、珠三角城市群、中原城市群、成渝城市群的TFP的改善则更得益于技术效率的提升。从绝对值来看，2007~2016年，六大城市群的全要素生产率变化指数都出现了不同程度的波动，2016年与2007

年比，每个城市群的 TFP 指数及其分解均呈下降趋势。从 TFP 及其分解的均值来看，在六大城市群 106 个地级市中，70.8%城市的 TFP 得到改善，43.4%城市的技术进步得到提升，只有 12.3%城市的技术效率得到改善。

第 6 章：数字经济对城市群全要素生产率的影响。本章结合第 4 章计算的城市群数字经济指数和第 5 章计算的城市群全要素生产率，进一步分析长三角城市群、京津冀城市群、珠三角城市群、中原城市群、成渝城市群、关中平原城市群数字经济与其全要素生产率之间的关系。使用 Tobit 模型回归分析了数字经济对城市群全要素生产率、技术进步、技术效率的影响。研究发现，数字经济对 TFP 和技术进步在 1%水平上具有显著正向影响，对技术效率在 10%水平上具有显著负向影响。除对关中平原城市群具有抑制作用外，数字经济对其他五个城市群都具有促进作用。对技术进步的影响方面，除了关中平原城市群外，也都具有促进作用。对技术效率的影响方面，对长三角城市群、京津冀城市群表现为抑制作用，对其他四个城市群的影响则不显著。

第 7 章：数字经济对城市群空间经济联系的网络效应分析。本章利用基于百度指数的信息流数据，结合数字经济指数，运用 Ucinet 6 软件和社会网络分析方法，测算了各城市群节点城市间的经济联系度，深入分析了各城市群内部节点城市之间的空间经济联系、网络密度和凝聚子群的情况，使用 Ucinet 软件分别对六大城市群空间经济联系网络的时空动态特征进行可视化处理，并使用 2016 年城市间基于百度指数的经济联系强度矩阵数据，分别对六大城市群进行了 QAP 相关性分析和 QAP 回归分析，阐释了有关因素对城市群空间经济联系的影响。在此基础上提出城市群加强空间经济联系的有关政策建议。

第 8 章：数字经济对城市群空间经济联系的溢出效应分析。本章引入空间因素对长三角城市群、京津冀城市群、珠三角城市群、中原城市群、成渝城市群和关中平原城市群的空间联系进行分析，运用空间分析方法和空间计量模型，对六大城市群全局空间自相关、局部空间自相关分别进行了分析，通过经济权重矩阵下的空间杜宾模型（SDM）时间和空间双固定效应分别对六大城市群城市数字经济与经济增长的空间关联性和溢出效应进行实证研究，并进行了 Hausman 检验。研究发现，六大城市群经济增长呈现显著的空间正相关关系，城市群内城市具有空间依赖性和空间异质性，城市群全局空间相关性和局部空间相关性紧密相关。数字经济发展对大多数城市经济增长存在正向的显著影响，但是每个城市群的情况不尽相同。在此基础上，提出了有关政策建议。

第 9 章：基于 SNA 的成渝城市群空间经济联系实证研究。

第 10 章：结论、启示与展望。本章对全书进行总结，提出有针对性的政策建议并进行研究展望。

1.5 研究方法

本书立足于区域经济学、空间经济学、新经济地理学、信息经济学等多种学科，通过规范分析与实证分析相结合、定性分析与定量分析相结合的方法，系统分析了数字经济时代背景下城市群空间经济联系及溢出效应、网络效应等相关问题。具体的研究方法主要如下：

一是熵值法。熵值法是一种客观的赋权方法，通过对指标进行客观赋权，以最大程度地消除指标评价中的人为主观性，使结果更具客观性。本书在对城市数字经济发展水平进行评价时，通过熵值法计算各项指标的权重，进而计算出各城市的数字经济指数，具体计算方法参见第4章。

二是DEA-Malmquist指数法。DEA-Malmquist指数法是估算全要素生产率中应用较为广泛的非参数法，它以相对效率为基础，不考虑市场竞争情况和估计参数，使用决策单元偏离确定性前沿面的程度作为该DMU的相对效率。本书使用该方法计算了106个城市的全要素生产率及其分解，具体计算方法见第5章。

三是面板计量方法。包括使用面板Tobit计量模型，回归分析了数字经济对城市群全要素生产率及其分解的影响，具体见第6章。使用空间面板计量方法，利用空间杜宾模型和空间权重矩阵，对城市群全局空间自相关和局部空间自相关分别进行分析，并对城市群城市数字经济与人均GDP的空间关联性和溢出效应进行检验，具体见第8章。

四是社会网络分析方法。基于城市群的百度指数数据，运用Ucinet软件和QAP相关性分析法，测度分析城市群的百度指数中心度动态变化特征、网络密度、凝聚子群以及城市群内部节点城市之间的联系强度，并进行可视化处理，分析影响城市群网络空间联系的因素，具体见第7章。

五是ArcGIS方法。使用GIS软件对城市群数字经济指数的分布情况进行可视化处理，并进行横向、纵向时空对比，分析不同年份、不同城市群数字经济发展水平的空间分布差异，具体见第4章。

六是比较分析法。由于发展基础、地理区位、历史积淀等因素的差异，我国不同区域城市群内部城市之间的数字经济发展水平差异性较大，数字经济对城市群的空间经济联系的影响也必然是不同的，因此在研究中注重不同区域之间城市群及城市群内部节点城市的比较分析，分别选取了东部地区的长三角城市群、京津冀城市群、珠三角城市群，中部地区的中原城市群和西部地区的成渝城市群、关中平原城市群六大城市群以及城市群内不同节点城市进行比较分析,研究数字经济对不同区域城市群空间经济联系及其网络效应等方面的影响是否具有差异性,以便对数字经济的区域发展提出更具针对性的政策建议,具体见第4章至第8章。

1.6 创新与不足

1.6.1 主要创新

在信息技术迅猛发展的背景下,数字经济为城市群的发展注入了新动能,对城市群空间联系产生了重要影响,作为一个新的视角,研究数字经济对城市群空间联系的具体影响具有重要的理论意义和现实意义。本书的主要贡献有以下几个方面:

一是提供了新的研究视角。有关城市群空间联系的文献很多从单个城市群、交通基层设施、信息通信技术的影响等方面开展研究,对数字经济的研究也多从国家和省域层面进行,将两者结合开展研究的文献还不多。本书基于数字经济的时代背景,选取东部地区、中部地区和西部地区共六个城市群106个地级市的数据样本,实证分析数字经济对城市群空间联系的溢出效应、网络效应等方面的影响,为数字经济、城市群空间联系和新经济地理学的交叉研究提供了新视角。

二是提供了城市群及城市数字经济发展水平的测度参考,并验证了数字经济会提升城市群全要素生产率的假设。从现有文献和研究来看,很少有对城市群数字经济发展水平进行测度研究的,而随着数字经济的迅猛发展及对城市群影响的日益深化,极其需要对此进行深入研究并做出回答。本书在这方面做了一定的工作,运用熵值法计算分析了2007~2016年长三角城市群、京津冀城市群、珠三角城市群、中原城市群、成渝城市群和关中平原城市群106个地级市的数字经济指数、排名及其时空分布特征,为研究城市群及其城市数字经济发展水平提供测度参考。本书运用DEA-Malmquist指数法计算了六大城市群106个地级市的全要素生产率,并通过Tobit模型检验了数字经济对城市群全要素生产率TFP及其分解技术进步TE、技术效率EFF的影响,结果显示,数字经济有利于城市群全要素生产率的提升。

三是立体呈现了数字经济背景下城市群内部城市之间的空间经济联系及影响因素。本书从数字经济对城市群全要素生产率的影响出发,对城市群经济增长的空间溢出效应及基于百度指数的城市群空间经济联系特征、网络效应等进行了深入分析，研究数字经济背景下城市群内部城市之间的空间经济联系及影响因素。特别是基于百度指数表征的信息流数据，运用社会网络分析方法对长三角城市群、京津冀城市群、珠三角城市群、中原城市群、成渝城市群和关中平原城市群的空间联系及网络效应进行了实证分析，并运用 Ucinet 6 软件和 QAP 相关分析法分别对六大城市群基于百度指数表示的城市空间联系矩阵和影响因素矩阵进行 QAP 相关性检验，并利用 QAP 回归分析了城市群空间联系的影响因素。

四是为不同区域、不同城市群发展数字经济、加强城市群空间联系提供理论依据和参考。本书引入空间因素对数字经济背景下城市群空间经济联系进行了实证分析，运用空间分析方法和空间计量模型实证分析了长三角城市群、京津冀城市群、珠三角城市群、中原城市群、成渝城市群和关中平原城市群的空间联系，检测了六大城市群全局空间自相关和局部空间自相关的情况、六大城市群城市数字经济与经济增长的空间关联性和溢出效应。

1.6.2 不足之处

第一，由于数字经济方面的统计没有跟上数字经济的发展，最直接体现数字产业化和产业数字化的数据非常缺乏，城市层面的数据更为缺乏，有的数据还存在统计口径不一致等问题，使本书在构建城市数字经济指数的指标体系时只能退而求其次，更多地依赖互联网用户、移动电话数等可获取的公开数据。所以，尽管本书的数字经济指数在一定程度上反映了城市群及城市数字经济的发展水平，但限于资料、数据的可得性，该指数还不能全面反映城市群及城市数字经济发展水平。日后随着数据及统计资料的不断完善，还可以构建更加全面、客观反映城市群及城市数字经济发展水平的数字经济指数。

第二，关于数字经济对城市群网络效应的测度，本书尽管使用了基于百度指数的信息流数据来实证分析城市群空间联系的网络效应，但未能使用城市群城市间云流量使用数据、人们电话往来数据、基于企业投融资的资金流数据、城市间铁路公路的客流往来数据等更全面地检验城市群空间联系的网络效应。

第三，本书聚焦分析数字经济对城市群空间联系的影响，未同时基于高铁、航空等交通设施数据对加强城市群空间联系情况做比较分析；聚焦数字经济对城市群整体影响及城市群内部城市之间的空间联系影响，因此未进一步对数字经济背景下城市群之间的相互影响做分析。同时，未对城市群中心城市、非中心城市以及大中小城市的情况做进一步分析。

第 2 章 概念界定与文献综述

2.1 数字经济及相关概念

20 世纪 80 年代，互联网技术得到快速发展，信息产业也日益发展壮大。20 世纪 90 年代，电子商务作为一种基于互联网和数字技术而产生的新的商业模式，成为数字技术最典型的应用，并影响至今。在这一技术和应用背景下，数字经济的概念开始出现并被快速传播和广泛接受。

2.1.1 数字经济概念及内涵

2.1.1.1 数字经济的概念

美国著名新经济学家唐·泰普斯科特（Don Tapscott）在 1995 年出版了《数据时代的经济学：对网络智能时代机遇和风险的再思考》一书，他被认为是最早提出"数字经济"概念的人，后来还陆续出版了《数字经济蓝图：电子商务时代的财富创造》等相关的论著，所以有人称他为"数字经济之父"。MIT 媒体实验室创立者尼古拉斯·尼葛洛庞帝（Nicholas Negroponte）在其著作《数字化生存》中描绘了数字时代的宏伟蓝图，阐明了信息技术、互联网的影响和价值，他认为数字经济"是利用比特而非原子的经济"，这就指出了数字经济基于网络技术的本质特性，这一思想在早期产生了广泛的影响。Mesenbourg 认为，数字经济由电子商务基础设施、电子商务流程和电子商务三部分组成。Knickrehm 等认为，数字经济是由发展数字技术、购买数字设备（包括软硬件、通信设备）和用于生产环节的数字化中间品、服务等各类数字化投入带来的全部经济产出。Bukht 和 Heeks 认为，数字经济有广义和狭义之分，所有基于数字技术的经济活动都可以称为广义的数字经济，软件制造、信息服务等数字部门以及平台经济、共享经济、数字服务等因 ICT 而产生的商业模式都可以称为狭义的数字经济。

许多机构从不同角度对数字经济的定义进行了研究。1998~2000 年，美国商务部先后印发的《浮现中的数字经济》（Ⅰ，Ⅱ）和《数字经济》引起了多方对数字经济的关注。英国计算机协会（British Computer Society）指出，数字经济是一种基于数字技术但不只限于互联网交易的经济形态。法国经济财政部下属的数字经济有关机构认为，数字经济是依赖于信息通信技术的行业，包括电信行业、软件行业、互联网行业、视听行业以及基于这些行业而发展的其他行业。韩国认为，数字经济是基于互联网等信息通信产业而开展的电子交易、网络搜索服务、网络购物等各类经济行为和服务。俄罗斯联邦政府下属专家委员会认为，数字经济是一种经济活动，它是以保障俄罗斯利益为目的，发生在生产、管理等过程中使用数字或信息技术的各类经济活动。澳大利亚政府则指出，数字经济是经济社会的全球网络化，它通过移动互联网、电子通信等信息技术来实现。在 G20 杭州峰会上，与会国家在达成的《二十国集团数字经济发展与合作倡议》中明确界定了数字经济的概念，即它是以使用数字化的知识和信息作为关键生产要素、以现代信息网络作为重要载体、以信息通信技术的有效使用作为效率提升和经济结构优化的重要推动力的一系列经济活动。[①] 中国信息通信研究院研究指出，数字经济的关键生产要素是数字化的知识和信息，数字经济的核心驱动力是数字技术创新，把数字经济分为数字经济基础部分和数字经济融合部分，这种分类方法得到许多学者和研究机构的认同。赛迪顾问将数字经济归纳为以数字为基础的一系列经济活动的总和。

以上对数字经济的定义各有侧重，范围也不尽相同，但是主流上都认为数字经济是一种基于信息通信技术的经济形态。本书认为，数字经济是基于信息基础设施和信息通信技术，以数字化的知识和信息为关键生产要素，以数字技术创新为核心驱动力，以现代信息网络为主要载体，在数字产业化和产业数字化过程中推动数字经济与实体经济深度融合而发生的生产、消费和交易等一系列经济活动的总和。

中国数字经济相关政策出台时间如表 2-1 所示。

表 2-1　中国数字经济相关政策出台时间

阶段	发布时间	名称	关键词
信息化建设起步阶段	1999 年 1 月	国务院办公厅转发信息产业部国家计委关于加快移动通信产业发展若干意见的通知	移动通信

---

① http://www.g20chn.org/hywj/dncgwj/201609/t20160920_3474.html。

续表

阶段	发布时间	名称	关键词
信息化建设起步阶段	2001年7月	国务院办公厅转发国家计委等部门关于促进我国国家空间信息基础设施建设和应用若干意见的通知	空间信息基础设施
	2002年9月	国务院办公厅转发国务院信息化办公室关于振兴软件产业行动纲要的通知	软件产业
	2002年10月	国民经济和社会发展第十个五年计划信息化重点专项规划	信息化
电子商务发展与信息化建设深入阶段	2005年1月	国务院办公厅关于加快电子商务发展的若干意见	电子商务
	2006年3月	2006—2020年国家信息化发展战略	信息化
	2006年3月	中华人民共和国国民经济和社会发展第十一个五年规划纲要	三网融合
	2006年4月	国务院关于同意建立全国文化信息资源共享工程部际联席会议制度的批复	文化信息资源共享
	2007年4月	中华人民共和国政府信息公开条例	政府信息公开
	2007年6月	电子商务发展"十一五"规划	电子商务
	2008年4月	国民经济和社会发展信息化"十一五"规划	信息化
	2009年11月	关于加快流通领域电子商务发展的意见	电子商务
	2010年6月	关于促进网络购物健康发展的指导意见	网络购物
	2012年6月	国务院关于大力推进信息化发展和切实保障信息安全的若干意见	信息化
数字经济加快发展阶段	2013年10月	商务部关于促进电子商务应用的实施意见	电子商务
	2015年5月	国务院关于大力发展电子商务加快培育经济新动力的意见	电子商务
	2015年7月	国务院关于积极推进"互联网+"行动的指导意见	互联网+
	2015年8月	国务院关于印发关于促进大数据发展行动纲要的通知	大数据
	2016年5月	国务院关于深化制造业与互联网融合发展的指导意见	互联网、制造业
	2016年9月	国务院关于加快推进"互联网+政务服务"工作的指导意见	互联网、政务
	2016年11月	"十三五"国家战略性新兴产业发展规划	数字创意产业
	2016年12月	"十三五"国家信息化规划	信息产业
数字经济成熟发展新阶段	2016年12月	大数据产业发展规划（2016—2020年）	大数据
	2017年3月	政府工作报告	数字经济
	2017年11月	国务院关于深化"互联网+先进制造业"发展工业互联网的指导意见	工业互联网

续表

阶段	发布时间	名称	关键词
数字经济成熟发展新阶段	2018年6月	工业互联网发展行动计划（2018—2020年）	工业互联网
	2018年8月	数字经济发展战略纲要	数字经济
	2018年8月	扩大和升级信息消费三年行动计划（2018—2020年）	信息消费
	2018年12月	关于加快推进虚拟现实产业发展的指导意见	虚拟现实
	2018年12月	车联网（智能网联汽车）产业发展行动计划	车联网
	2019年5月	数字乡村发展战略纲要	数字乡村
	2019年8月	关于促进平台经济规范健康发展的指导意见	平台经济
	2020年3月	关于构建更加完善的要素市场化配置体制机制的意见	数据生产要素
	2020年4月	关于推进"上云用数赋智"行动 培育新经济发展实施方案	上云用数赋智
	2020年6月	住房和城乡建设部 工业和信息化部 中央网信办 关于开展城市信息模型（CIM）基础平台建设的指导意见	基础平台
	2020年8月	关于加快推进新型城市基础设施建设的指导意见	新型城市基础设施
	2020年9月	全球数据安全倡议	数据安全
	2020年12月	工业互联网创新发展行动计划（2021—2023年）	工业互联网
	2021年3月	中华人民共和国国民经济和社会发展第十四个五年规划和2035年远景目标纲要	数字中国
	2021年5月	数字经济及其核心产业统计分类（2021）	统计分类
	2021年6月	中华人民共和国数据安全法	数据安全
	2021年10月	"十四五"电子商务发展规划	电子商务
	2021年11月	"十四五"大数据产业发展规划	大数据
	2021年12月	"十四五"数字经济发展规划	数字经济
	2021年12月	"十四五"国家信息化规划	信息化
	2021年12月	"十四五"智能制造发展规划	智能制造
	2022年1月	关于促进云网融合加快中小城市信息基础设施建设的通知	云网融合
	2022年12月	中共中央 国务院关于构建数据基础制度更好发挥数据要素作用的意见	数据要素
	2023年2月	数字中国建设整体布局规划	数字中国
	2023年3月	中共中央 国务院印发《党和国家机构改革方案》	国家数据局

资料来源：根据有关资料整理。

2.1.1.2 数字经济的内涵

第一,数字经济是一种新经济。数字经济是继农业经济、工业经济之后,基于数字技术不断提高传统产业数字化、智能化水平的新型经济形态。随着互联网、移动互联网、物联网等的发展,数字技术逐步成为数字经济重要的生产要素,被广泛应用到经济社会的各行各业,有利于提高生产率、拓展经济增长的新空间、推动经济转型升级并塑造经济新形态。数字化的知识和信息、数字技术创新和现代信息网络分别成为这种新的经济形态的关键生产要素、核心驱动力和主要载体,并且通过数字技术实现与实体经济的深度融合,不断衍生出新业态、新模式,推动传统产业的数字化和智能化改造,加快产业的转型升级、融合发展和结构调整。

第二,数字经济包括数字产业化和产业数字化两大部分。数字产业化是数字经济的基础部分,包括电子制造、软件服务以及信息通信等信息产业。产业数字化是数字经济融合部分,包括传统产业由于应用数字技术而带来的产量的增加和效率的提升所带来的新增产出,这部分增量成为数字经济的重要组成部分。

第三,数据成为数字经济时代的关键生产要素。在农业经济时代,劳动力和土地是关键生产要素。到了工业经济时代,资本、技术就成为新的关键生产要素。发展到数字经济时代,鉴于数据资源所具有的可复制、可共享、无限增长和供给的特性,这与传统经济模式中要素供给制约经济增长的情况不同,成为关键生产要素的数据为经济持续增长和永续发展提供了基础与可能。随着互联网、物联网的迅速发展,产生了海量数据,而这些数据蕴藏着巨大潜力和能量,成为隐形的战略资源,为数字经济与经济社会的深度融合提供了可能。大数据、云计算等新一代信息技术的发展为处理海量数据提供了重要技术支撑,使数据的重要性日益凸显,也使海量数据由"沉睡的资源"变成社会基础性战略资源。迅猛增长的数据成为数字经济发展的必然要素和强大推动力。

第四,数字经济成为重塑经济社会结构的重要驱动力。数字经济不仅是一种新的经济形态,还会推动形成新的社会形态。近年来,随着高速光纤网络、高速无线宽带、软件、集成电路等新一代信息基础设施的加快建设,互联网、物联网、移动互联网、云计算以及人工智能、虚拟现实、区块链等数字技术不断发展,数字经济加速融入生产、生活、消费各个环节。一方面,数字经济与传统产业加快融合渗透,加速形成"数字技术—经济范式",推动传统产业转型升级;另一方面,数字经济正带来"创造性毁灭"效应,催生"新产品、新市场、新方法、新供给、新组织",形成新业态、新模式,从而渗透到社会生产、分配、交换和消费的社会再生产过程,改变社会治理模式,对经济社会产生革命性、系统性和全局性的影响。

2.1.2 数字经济的特征

本书将数字经济的特征概括为"四化"（数字化、虚拟化、网络化、智能化）、"三高"（高效率性、高外溢性、高融合性）、"一低"（低成本性）。

一是数字化。所谓"数字化"，实质上是一种计算机语言可处理的技术，就是将诸如声音、图像、文字、色彩等可感的信号，通过二进制编码转换为由"0"和"1"组成的数字信号，这种信号可以压缩、保存、传输、加工、复现，容易加密。[1] 数字经济时代，所有的信息都能够用数字化形式进行表示、储存和传递，并通过数字技术渗透到生产—分配—交换—消费这样的社会再生产的环节，为数字经济快速发展，进而提高社会生产率、降低成本提供了必要条件。

二是虚拟化。数字经济基于信息技术，通过互联网虚拟空间和电子商务等平台企业，形成复杂的虚拟网络空间系统。在可以无限扩大的虚拟空间中，不断拓展产品生产、消费、服务等环节的链接、计算等功能，改变生产消费模式，优化资源配置方式，深刻变革着人们的生产生活方式。特别是随着移动互联网、云计算、智能终端及其应用的不断发展，电子商务平台企业如阿里巴巴、亚马逊、腾讯、京东、小米等迅猛发展，并进一步推动云计算和云平台快速扩张，推动线上线下深度融合，使经济活动不断由地理空间向虚拟的信息空间转移，推动数字经济快速发展。

三是网络化。数字经济以互联网为载体，必然具有网络化的特征。随着互联网特别是移动互联网的发展，数字经济网络化程度日益加强，不断打破时间、地理空间的限制，形成网络化的流动空间（Space of Flows）。在这样一个流动的空间之中，把社会资本、技术、劳动力等各类生产要素进行资源整合，实现跨界连接，加快万物互联，深刻改变产业、行业发展模式，表现出明显的网络效应。数字经济在区域经济层面表现为降低交易成本、促进区域间交流合作，极大地加强了区域间的联系。

四是智能化。数字经济的发展与产业智能化相辅相成，一方面，数字经济为产业智能化发展提供了新的场景和环境；另一方面，人工智能、云计算、大数据、区块链、物联网等智能化技术为产业智能化转型和数字产业化提供了支撑，随着面向数字经济发展的新型信息基础设施建设加快推进，不断为产业智能化和企业数字化转型赋能，推动数字产业化和产业数字化，数字经济和实体经济加速融合。

五是高效率性。数字技术使专业化分工日趋精细化、精准化，经济活动受时

---

[1] 何枭吟. 美国数字经济研究 [D]. 长春：吉林大学，2005.

空因素的制约程度明显降低，技术的创新、扩散更快，产品的开发、价值的实现也更快。数字经济可以通过精准营销助力实现供需精准匹配，提高生产要素、商品等的流通效率，大幅节约时间成本、交易费用。数字经济能够把市场需求信息更快更准地传递到供给侧，通过线上线下互动的方式精准匹配供给和需求，大幅提高资源配置效率。同时，数字经济可以提升企业间生产协同水平。比如，企业通过云平台等可以实现资源整合，将分散生产的企业组织在一起，相互配合、协调一致地工作，以完成单一实体不能完成或不经济的任务，实现生产、营销、设计、消费等各环节的高效对接。

六是高外溢性。基于信息网络技术和信息基础设施的数字经济具有溢出效应，能够带来收益递增和规模经济。数字经济能够通过技术溢出效应促进区域经济全要素生产率增长，通过空间溢出效应影响城市之间的空间经济联系。Eagleetal 利用人们手机联系往来的大数据，发现通信技术使区域之间的联系更加紧密。非常明显的一点是，现在随着智能终端、移动互联网的发展，人们通过智能手机就可以实现即时办公、即时生产、即时消费等，深刻改变了人们的生产生活方式。Tanabe 等认为城市是外部经济与城市内公司的地理集中相联系的结果。Broekel 等利用引力模型及其扩展探讨网络关系特征、网络结构的空间背景及其动力机制，认为区域背景下网络结构驱动经济体创新。He 通过动力模型、网络的相关分析解释了城市及空间和创意经济的交互关系。[①]

七是高融合性。数字经济日益成为推动产业融合、产消融合的催化剂，产业融合、产消融合也成为数字经济蓬勃发展的主要驱动力，体现了数字经济高融合性特征。具体表现在三个层面：一是从供需融合层面来看，在供给侧，数字技术加快向产业渗透，并在与三次产业的融合中衍生迭代出很多新兴产业、新型业态，与传统产业相比，产业的边界越来越模糊；在需求侧，数字经济下的商业模式也发生了重大变化，数字经济时代产生的新兴商业模式以消费者为中心，其依据自身的需求深入参与到产品的前端研发、产品设计和商品销售等各个环节，消费者变成了产品生产、流通的重要参与者。[②] 二是从数字经济与传统产业融合渗透方面来看，一方面，数字经济向传统产业渗透的范围越来越广、影响越来越深，"O2O"、共享经济等新业态、新模式不断衍生迭代，提升了消费体验和资源利用效率；另一方面，传统产业加快实现数字化、智能化，推动传统产业利用数字经济转型升级，提高效率、实现增长，成为数字经济的主要组成部分。三是从线上线下、实体与虚拟融合发展方面来看，工业经济时代，生产、分配、交换和

---

① 王晋，朱英明，张惠娜. 近期国内外城市群研究进展综述［J］. 天津科技，2018，45（3）：29-34.

② 张亮亮，刘小凤，陈志. 中国数字经济发展的战略思考［J］. 现代管理科学，2018（5）：88-90.

消费主要在实体空间中完成，受地理空间限制。随着数字技术的发展，越来越多的企业在虚拟信息空间中构筑虚拟车间、虚拟工厂、虚拟销售。制造业数字化转型就是虚拟实体融合的典型应用。在流通领域，线上线下融合重塑零售模式，提高零售效率，满足用户多样化、多层次需求。

八是低成本性。数字经济的出现大幅降低了信息获取成本、资源匹配成本、资本专用性成本、制度性交易成本。一是可以降低信息的获得成本。数字经济改变了传统获取信息的手段和方式，大大降低了经济主体获取相关信息的成本费用。二是可以大幅压缩资源的匹配成本。数字经济通过打通线上线下两个空间，大幅降低了资源的发现、合同签约、监督实施等方面的费用，弱化了主体间信息不对称的问题。三是可以大幅降低资本的使用成本。数字经济有效解决企业固定资产或人力资本用于特定用途后，不能经济性地用于其他用途的问题，最大程度摊薄专用性资本购买和使用的成本。四是有效降低制度性交易成本。数字经济可以为降低企业因遵循政府各种制度、规章而需付出的成本提供有效手段和可行途径。

2.1.3 数字经济、信息经济、互联网经济、网络经济、新经济的内涵比较

数字经济与信息经济、互联网经济、网络经济、新经济既有联系又有区别。从经济形态来讲，互联网经济、网络经济更强调互联网的作用，也更倾向于虚拟经济，特别是互联网经济主要是随着电子商务的繁荣逐渐发展起来的，而数字经济、信息经济和新经济的范畴则更广一些。比如，数字经济除了强调对信息技术、互联网的应用之外，还强调与其他产业的融合，即数字经济不仅依托和促进虚拟经济的发展，而且会与制造业、服务业甚至农业等深入融合，衍生出新业态、新动能，深刻改变了社会的生产生活方式。信息经济涉及与生产、分配信息商品及服务相关的经济活动，强调信息要素在作为经济活动的重要投入和产出的同时，又作用于生产过程。信息经济形成于 20 世纪六七十年代，而网络经济在 20 世纪 90 年代出现并加速了人类向数字经济时代的过渡，数字经济是在信息经济、网络经济基础上发展起来的，近年来得到快速发展。互联网经济和数字经济相得益彰，互联网经济的发展为数字经济营造了良好生态，而数字经济的发展则进一步支持、促进了互联网经济的繁荣。新经济是更为宽泛的概念，它是对一定阶段出现的新的经济形态的概括，属于历史范畴，即一种经济形态刚刚出现时我们都可以暂称其为新经济，但当其业态属性逐步固定并为人们所熟知时，则不再为"新"经济。

数字经济、信息经济、互联网经济、网络经济都是在现代信息网络的基础上

得以发展的，新经济则未必以现代信息技术为基础条件。

2.2 城市群的概念

城市是人类现代文明的结晶，随着经济和科技日新月异地变化，伴随着城镇化进程涌现出一批城市群，城市群在区域经济发展格局中的地位和作用日益凸显。

2.2.1 国外有关城市群概念的研究

目前，学界认为城市群思想最早的起源地是英国。1898年，英国城市学家埃比尼泽·霍华德（Ebenezer Howard）在《明日的田园城市》这本著作中提出了"城市集群"的概念和"田园城市"模式，被认为是世界上关于城市群思想的萌芽。[①] 他指出，通过围绕大城市建立分散、独立、自主的田园城市可以解决"大城市病"的问题。英国学者格迪斯（P. Geddes）研究提出，在城市的演化过程中会出现城市地区、集合城市和世界城市三种形态，其中，"集合城市"（Conurbation）用来描述城市扩张过程中出现的新的城市空间分布形式，这一表述被认为是城市群概念的雏形。德国学者克里斯·泰勒（W. Christaller）在其著作《德国南部的中心地》中提出了中心地理论，描述了城市区域规模的等级结构变化以及空间结构变化发展规律。法国地理学家戈特曼（J. Gottmann）关于北美地区城市化问题的研究成果《大都市连绵区：美国东北海岸的城市化》提出了大都市连绵带的概念。约翰·弗里德曼（John Friedmann）提出的区域增长极理论成为城市群研究的重要理论基础。加拿大学者麦吉（McGee）提出"Desakota"的概念，将这类由数个通过交通走廊联系起来的"Desakota"所组成的巨大的地域组织命名为"Mega-Urban Region"（MR），即超级都市区。美国学者斯科特（Scott A. J.）研究提出了全球城市区域（Global City-Region）的概念。[②] 英国学者霍尔（Peter Hall）等则提出了由世界中心城市、数量繁多的大中城市以及周边的小城镇共同组成的庞大网状城市复合体（Vast Networked Urban Complexes），即巨型城市区域（Mega-City Region）的概念。[③]

---

① 埃比尼泽·霍华德. 明日的田园城市 [M]. 金经元，译. 北京：商务印书馆，2000.
② Scott A. J. Regional Motors of the Global Economy [J]. Future, 1996 (5)：391-411.
③ Peter Hall, Kathy Pain. The Polycentric Metropolis：Learning from Mega-City Regions in Europe [M]. London：Earthscan Publications, 2006.

综合看来，虽然国外对于城市群概念的界定不尽相同，但其实质内涵大体一致，突出城市与区域的相互作用和城市群的联系特征。

2.2.2 国内有关城市群概念的研究

我国对于城市群所展开的研究始于20世纪80年代。宋家泰最先提到了"城市群"的概念。[①] 于洪俊和宁越敏将法国地理学家戈特曼提出的Megalopolis[②]翻译成"巨大都市带"[③]，率先在国内传播戈特曼关于城市群的研究思想。周一星提出了"都市连绵区"[④]的概念，他认为，都市连绵区是城市群发育的高级空间形态。姚士谋对城市群进行了深入研究，他认为，城市群是在特定的地域范围内和一定的自然环境下，由相当数量不同性质、类型和等级规模的城市，以一两个特大或大城市为核心，通过现代交通网络和高度发达的通信网络组成一个相对完整的城市"集合体"，2008年他进一步指出，城市群是在一个区域空间内由自然环境要素和社会经济等级组成的有机体，在区域层次及相互联系的空间上具有网络型的基本特征。他在《中国城市群》中对城市群的概念进行了进一步的凝练，即在特定的地域范围内，由不同性质、类型与等级规模的城市基于一定的地理环境和交通网络，通过现代通信、交通工具把城市个体连接组成的一个城市"集合体"。[⑤] 姚士谋对城市群概念的界定，涵盖了城市群地域结构、等级关系、空间联系和网络结构等特征，被认为是目前国内最权威、认可度最高的定义之一，他被认为开启了国内学界对城市群的系统研究。

董黎明认为，城市群也就是城市密集区，是在社会生产力和城镇化水平较高、商品经济较为发达的区域范围内，由大中小不同等级、不同类型而且各具自身特点的若干个城镇所集聚构成的城镇体系。[⑥] 肖枫和张俊江提出了一个新概念——城市群体，即由若干个经济实体的有机结合而形成的社会、经济、技术一体化的有机网络。[⑦] 侯启章从城市群和城市带的区别与联系的角度进行了研究，认为城市群发展到一定阶段之后会逐渐演变成为城市带，城市带是城市群发展的更高层次。孙一飞研究界定了城镇密集区的概念，认为它以若干大中城市为核

---

① 宋家泰. 城市—区域与城市区域调查研究——城市发展的区域经济基础调查研究 [J]. 地理学报，1980, 35 (4): 277-287.

②③ Gottmann J. Megalopolis, or the Urbanization of the Northeastern Seaboard [J]. Economic Geography, 1957, 33 (7): 31-40.

④ Zhou Yixing. Definition of Urban Place and Statistical Standards of Urban Population in China: Problem and Solution [J]. Asian Geography, 1988, 7 (1): 12-18.

⑤ 姚士谋，等. 中国城市群 [M]. 合肥：中国科学技术大学出版社，2001.

⑥ 董黎明. 中国城市化道路初探 [M]. 北京：中国建筑工业出版社，1989.

⑦ 肖枫，张俊江. 城市群体经济运行模式——兼论建立"共同市场"问题 [J]. 城市问题，1990 (4): 10-14.

心,彼此联系较为紧密,它是在城镇区域化与区域城镇化的进程中不断碰撞的结果。[1] 张京祥基于城镇空间组合关系的角度对城市群体进行深入研究,认为它是区域范围内联系密切、关联性强的一组地域毗邻的城镇,网络性、空间性是城市群体的显著特征。[2]

刘荣增研究认为,城镇密集区是以多个大城市为核心、城市化水平相对较高、城镇连续性分布的密集城镇地域。代合治研究认为,城市群是一个连续区域,它由多个基本单元构成,城镇化发展水平一般比较高。顾朝林(2011)认为,城市群是由若干个中心城市组成的,它们通过发挥自身在基础设施、经济结构等方面的优势,进而形成一个在社会、经济、技术等方面一体化的有机网络。周玲强认为,城市群是由基于地缘经济区域范围内功能互补、经济依存、社会趋同的若干城市构成的城市网络群体,该城市群体以中心城市为核心和依托。邹军等认为,城市群是一定地域范围内由若干个城镇集聚形成的综合体,这些城镇在人口规模、等级结构、城镇功能、空间布局、经济社会发展情况等方面联系比较紧密。[3] 徐清梅认为,城市群是由若干个大型、特大型的中心城市和不同等级规模的城市组成的彼此之间联系比较密切的城市群体,这些城市不一定隶属于同一行政区,但所在的区域有比较发达的交通网络,中心城市具有较强的经济、文化辐射作用和向心力。吴传清和李季认为,城市群是在特定范围内由若干个不同性质、类型和等级规模的城市通过经济关系发展而成的城市网络群体。[4] 戴宾对城市群及相关的概念进行了分析,他认为,一个有限的地域内城市的分布达到了较高的密度即可称为城市群。[5] 苗长虹和王海江认为,城市群是在一定规模的地域范围内,由一些特大城市或者超大城市作为中心,由多个都市区为基础、大量中小城镇为依托所形成的较为密集、联系也较为紧密的城市功能地域。[6] 刘静玉和王发曾认为,城市群是一个某地域空间范围内的城镇区域系统,它在城市化过程中以物质网络和非物质网络的区域网络化组织为纽带,以一个或多个城市为核心,由若干不同等级和不同规模且城市化水平比较高、空间上呈现密集分布的城镇所组成,它有较成熟的城镇体系和合力的劳动力与分工体系。[7] 方创琳等认为,城市群是个特定地域范围内的概念,它以一个特大城市为核心,由三个或更多的都市圈(都市区)或者大中城市为基本单元,而且城市间交通、通信等基

---

[1] 孙一飞.城镇密集区的界定——以江苏省为例[J].经济地理,1995(3):6-40.
[2] 张京祥.城镇群体空间组合[M].南京:东南大学出版社,2000.
[3] 邹军,张京祥,胡丽娅.城镇体系规划[M].南京:东南大学出版社,2002.
[4] 吴传清,李季.关于中国城市群发展问题的探讨[J].经济前沿,2003(Z1):29-31.
[5] 戴宾.城市群及其相关概念辨析[J].财经科学,2004(6):101-103.
[6] 苗长虹,王海江.中国城市群发展态势分析[J].城市发展研究,2004(4):11-14.
[7] 刘静玉,王发曾.城市群形成发展的动力机制研究[J].开发研究,2004(6):66-69.

础设施比较发达,在此基础上所形成的经济联系上比较紧密、空间联系上比较紧凑、最终追求实现同城化和一体化的城市群体。[1] 郁鸿胜认为,城市群是在交通条件比较便利的特定区域范围内,由一个或者多个大型、特大型中心城市引领若干不同等级和不同规模的城市所构成的城市群体。[2] 周伟林则侧重从城市群形成及其空间构成的视角进行研究,他认为,城市群是在城市化过程中以中心城市为核心、由不同等级和不同规模的城市所构成的城市区域,它可能有多个中心,并使城市间的地域边界相互蔓延而形成联结成片的城市地区。[3] 覃成林和周姣认为,城市群是在一定地域内的一组城市,这组城市之间联系密切,并且不同规模、不同等级,存在着空间结构和功能分工,这组城市为了共同的利益目标会采取相应的集体行为。[4] 顾朝林认为,城市群是以中心城市为核心向周围辐射构成的多个城市的集合体,它是在经济上联系紧密、功能上既有分工又有合作、交通上联通一体化、地域特色鲜明的社会生活空间网络,这一网络的构建有赖于城市规划、基础设施和社会设施的建设。[5] 江曼琦针对城市群的概念提出了城市密集区和多中心组团模式,她认为,城市群是城市区域空间组合的形式,由多个核心城市在城市密集区内组团形成。[6] 该定义明确了城市群与城市密集区、一般城市体系的关系和区别。张学良和李培鑫认为,城市群是由大中小城市在地理空间聚集而构成的城市体系。当经济活动在单个城市集中达到一定程度之后会通过人流、资本流、信息流等形式沿着交通轴线和通信渠道向外围扩散,形成新的经济中心,它与原来的经济中心形成区域的城市体系。[7] 肖金成认为,城市群是在城市比较密集的区域内,由一个以上大都市依托便捷的交通条件与周边城市的经济联系越来越密切,逐步发展成为功能互补的具有一体化趋势的城市共同体。[8] 他认为,要形成城市群,必须达到三个条件:一是有相当数量的城市,不是两个、三个就能叫城市群;二是以一个或几个都市为核心;三是城市之间的内在联系不断加强。

综合国内学者对城市群的研究可见,目前学术界对城市群的概念比较一致的

---

[1] 方创琳,宋吉涛,张蔷,等.中国城市群结构体系的组成与空间分异格局[J].地理学报,2005(5):827-840.

[2] 郁鸿胜.崛起之路:城市群发展与制度创新[M].长沙:湖南人民出版社,2005.

[3] 周伟林.长三角城市群经济与空间的特征及其演化机制[J].世界经济文汇,2005(Z1):142-146.

[4] 覃成林,周姣.城市群协调发展:内涵、概念模型与实现路径[J].城市发展研究,2010,17(12):7-12.

[5] 顾朝林.城市群研究进展与展望[J].地理研究,2011(5):771-784.

[6] 江曼琦.对城市群及其相关概念的重新认识[J].城市发展研究,2013,20(5):30-35.

[7] 张学良,李培鑫.城市群经济机理与中国城市群竞争格局[J].探索与争鸣,2014(9):59-63.

[8] 肖金成.以城市群为主体实现大中小城市和小城镇协调发展[J].国家治理,2018(19):3-11.

认识有：

第一，城市群是个地域概念，强调组成城市群的若干城市分布在特定的地域范围内。

第二，城市群是个群体概念，它是由多个不同类型、不同等级和不同规模的大中小城市共同组成的城市群体。

第三，城市群都有自己的核心城市，城市群由一个或多个大城市甚至特大城市作为核心逐渐向周边地区扩散发展而来。

第四，城市群具有明显的网络性特征，城市群内的城市基于交通网络和通信网络等构成了城市网络群体。

第五，城市群节点城市之间一般具有较为紧密的空间经济联系。

基于对国内外学者关于城市群定义的整理和综合分析，本书对城市群概念界定如下：城市群是在一定地域范围内，以一个或几个大都市为核心，由若干不同等级和规模，地理相近、文脉相承、经济联系密切的城市，通过交通网络、通信网络等有效连接形成的城市群体。

2.3 城市群空间经济联系相关研究

一些地理学者和区域经济专家针对一些城市在地理空间上分布不均衡的现象开展了相关研究，分析了城市群空间经济联系相关问题。之后，随着经济社会快速发展，区域合作不断深化，区域间信息流、人流和物流等加速流动，使区域之间的空间经济联系日益密切，其中，以城市群空间经济联系最为活跃，吸引了国内外学者对这一问题开展了持续、深入的研究。

2.3.1 国外城市群空间联系研究

据朱英明、姜博等的文献，国外对区域空间联系的研究可以划分为四个阶段：较早期，也就是20世纪五六十年代，国外学者的研究主要集中在城市间联系、商品流联系和中心地联系等领域；之后的十年，即20世纪70年代，研究领域主要集中在产业、公司等较微观的层面及扩散联系等领域；到了20世纪80年代，研究领域拓展至等级联系、相互作用关系等方面；20世纪90年代以后，研究领域主要集中在城市增长及其形态模拟及区域联系等方面。

20世纪50年代末至60年代初期，运输与信息网络的发展，加快了城市化进程，城市规模也不断扩大，开始大规模出现城市群体化的现象，所以城市之间的经济联系日益加强。法国学者戈特曼（J. Gottmann）提出大都市带的概念[1]，对应这一标准，世界上有波士华、东京—神户、鲁尔区、伦敦—曼彻斯特、阿姆斯特丹—布鲁塞尔—科隆、长三角六大都市带。Donald J. Bogue 和 Calvin L. Beale 将美国分为 5 个省、2 大经济区和 121 个经济亚区[2]，在城市体系相互联系和地域空间不断扩展的作用下，出现了大规模城镇群体化的现象。希腊学者 C. A. Doxiadis 研究预测世界城市群最终会发展成为世界连绵城市（Ecumunopolis）。[3]

关于城市群空间结构。20 世纪 90 年代以来，随着实证分析逐步兴起，国外学者对城市群空间的经济联系进行了多角度的研究。A. R. Goetz 针对城市体系及其等级规模问题，选择从航空运输货物流、游客流的角度对城市体系的航空网络结构进行分析。[4] Demmatteis 认为，集聚经济相对重要性的减弱表明，城市之间呈现出空间上分散化和功能上依赖性增强的特征。Bill Scott 将城市群空间结构的演化划分为单中心阶段、多中心阶段和网络化阶段三个阶段。G. Mulgan 分析了网络通信技术对城市之间的经济联系、城市产业结构和城市空间的影响。[5] 以 Krugman 和 Fujita 等为代表的新经济地理学家认为，空间集聚有助于促进规模报酬递增，同时，集聚不经济现象使城市群从单中心的空间结构向多中心空间结构进行转变。Allan D. Wallis 提出了网络城市、新兴城市、信息城市等城市空间结构形态。[6] Mitchelson 和 Wheeler 使用联邦快递的数据证明了城市之间和城市内部信息流之间的关系。富田和晓从人口、产业、住房、交通、消费和中心地等级等角度对日本三大都市圈空间结构的演变机制等问题进行了深入研究。[7] Ian R. Cordon 和 Philip Mccann 分析了产业集聚与城市群经济联系之间的关系[8]。Jungyul Sohn 则运用经济模型分析了制造业在县域空间上的集聚情况。[9]

---

[1] Jean Gottmann. Megalopolis: The Urbanization of the Northeastern Seaboard of the United States [M]. Cambridge: The MIT Press, 1961.

[2] Donald J. Bogue, Calvin L. Beale. Economic Areas of the United States [M]. New York: The Free Press of Glencoe, 1961.

[3] C. A. Doxiadis. Man's Movement and His Settlements [J]. Ekistrics, 1970, 29 (1): 173-175.

[4] A. R Goetz. Air Passenger Transportation and Growth in the US Urban System 1950-1987 [J]. Growth and Change, 1992 (23): 218-242.

[5] G. Mulgan. Communication and Control: Networks and the New Economics of Communication [M]. Oxford: Polity Press, 1991.

[6] Allan D. Wallis. Evolving Structures and Challenges of Metropolitan Regions [J]. National Civic Review, 1994, 83 (1): 40-53.

[7] 富田和晓. 大都市圈的结构演变 [M]. 东京: 古今书院, 1995.

[8] Ian R. Gordon, Philip Mccann. Industrial Clusters: Complexes, Agglomeration and/or Social Networks? [J]. Urban Studies, 2000, 37 (3): 513-532.

[9] Jungyul Sohn. Do Birds of a Feather Flock Together? Economic Linkage and Geographic Proximity [J]. The Annals of Regional Science, 2004, 38 (3): 47-73.

关于交通与城市群经济联系。Seil Mun 研究了城市群运输网络与城市群空间集聚和城市规模结构空间分异。[1] Kiyoshi Kobayashi 和 Makoto Okumura 研究了高铁发展对城市群经济联系的影响。[2] Francisco 和 Martinez[3]、Si-ming Li 和 Yi-man Shum[4] 等对通达性与城市群经济联系等相关问题进行了深入研究。在美国，汽车的发明大大提升了通达性，提升了人们到城市郊区的效率，使人、物、资金等生产要素向郊区流动，在信息网络等的综合作用影响下，新型边缘城市开始出现。

关于距离与城市群经济联系。城市体系空间相互作用的重力（引力）模型理论与实证发展研究。20 世纪 90 年代以来，很多学者利用引力模型，研究了距离对城市群经济联系的影响，认为距离对城市群的空间相互作用强度有重要影响。[5] Manuel G. Russon 和 Farok Vakil 计量分析了旅游目的地和游客来源地之间游客数量、人口、距离所呈现出的关系。[6] Simeon D. Jankov 和 Caroline Freund 基于 1987~1996 年贸易流数据，运用重力模型实证分析了苏联俄罗斯地区及有关加盟共和国间的联系。[7] Hidenobu Matsumoto 利用重力模型和距离等数据计算了基于航空流城市间的联系强度，并进一步分析了城市群的空间网络结构。[8]

关于城市网络的研究。有学者根据有关数据分析了城市网络、知识网络和科技园之间的联系，认为在高速公路、信息通信基础设施等的作用下，传统中心地模式得以改进，产生了网络城市这一新的地域空间模式。[9] 城市网络中的城市在互补关系下会发展壮大，如核心城市会发展成为城市地区并逐步壮大为巨型城市，逐步融入全球城市体系。Pierre-Paul Proulx 把网络城市分为三类：一是通过参与城市网络实现集聚，获取规模经济和本地市场的专业化城市；二是基于交

---

[1] Seil Mun. Transport Network and System of Cities [J]. Journal of Urban Economics, 1997 (42): 205-221.

[2] Kiyoshi Kobayashi, Makoto Okumura. The Growth of City Systems with High-Speed Railway Systems [J]. The Annals of Regional Science, 1997 (31): 39-56.

[3] Francisco J., Martinez C. Access: The Transport-Land Use Economic Link [J]. Transport Research, 1995, 29 (6): 457-470.

[4] Si-ming Li, Yi-man Shum. Impacts of the National Trunk Highway System on Accessibility in China [J]. Journal of Transport Geography, 2001 (9): 39-48.

[5] Smith A. David. Interaction Within a Fragmented State: The Example of Hawaii [J]. Economic Geography, 1963, 39 (3): 234-244.

[6] Manuel G. Russon, Farok Vakil. Population, Convenience and Distance Decay in a Short-Haul Model of United States Air Transportation [J]. Journal of Transport Geography, 1995, 3 (3): 179-185.

[7] Simeon D. Jankov, Caroline Freund. Trade Flows in the Former Soviet Union, 1987 to 1996 [J]. Journal of Comparative Economics, 2002, 30 (1): 76-90.

[8] Hidenobu Matsumoto. International Urban Systems and Air Passenger and Cargo Flows: Some Calculations [J]. Journal of Air Transport Management, 2004 (10): 241-249.

[9] 甄峰, 刘晓霞, 刘慧. 信息技术影响下的区域城市网络: 城市研究的新方向 [J]. 人文地理, 2007, 22 (2): 76-80+71.

通、通信、城市功能等方面的合作形成的网络城市；三是处于不同区位但具有互补性的城市网络。

2.3.2 国内城市群空间经济联系研究

国内对城市群空间联系的研究开始于20世纪80年代。20世纪90年代以后，特别是随着2000年以后我国城市化进程加快，对城市群经济联系的研究日益丰富，逐渐成为空间联系的一个重要研究方向。

使用引力模型对城市或区域经济联系强度进行定量测度。王德忠和庄仁兴较早利用重力模型对上海和苏州、无锡、常州之间的经济联系进行了实证分析。① 李国平等运用区域经济联系强度的量化指标，以及投资与旅游之间的联系等，对深圳与外界区域之间的经济联系情况进行了测度。② 陈彦光和刘继生运用城市引力模型和人口数据，对北京—天津基于城市引力关系的空间作用进行了分析，从而提供了城市网络空间相互作用的广义引力分析。③ 苗长虹和王海江通过引力模型测算了河南省辖市及全国省会城市之间的经济联系强度，并利用公路、铁路和航空客运有关数据验证得出经济联系强度与公路、铁路客运具有强线性相关性。④ 刘承良等通过构建最短距离矩阵，引入时间、空间通达性模型，定量分析武汉都市圈城际通达性变化及其空间格局。⑤ 侯赟慧等基于引力模型测度了长三角城市群的经济联系结构，研究发现，长三角城市群经济一体化程度不高，但一体化发展趋势明显。⑥

集聚与城市群空间结构。张京祥认为，城市群的空间结构变化是经济、社会演化以及空间结构自组织的复合过程。薛东前等认为，产业聚集和产业结构演变是城市群空间扩展的直接动力，而经济活动是城市群空间结构调整的决定因素。朱英明等认为，集聚与扩散仍是我国城市群空间结构演化的重要动力机制，同时，知识经济、城市居住情况以及企业行为等因素也会影响城市群的地域结构。

---

① 王德忠，庄仁兴. 区域经济联系定量分析初探——以上海与苏锡常地区经济联系为例 [J]. 地理科学，1996（1）：51-57.

② 李国平，王立明，杨开忠. 深圳与珠江三角洲区域经济联系的测度及分析 [J]. 经济地理，2001，21（1）：33-37.

③ 陈彦光，刘继生. 基于引力模型的城市空间互相关和功率谱分析——引力模型的理论证明、函数推广及应用实例 [J]. 地理研究，2002（6）：742-752.

④ 苗长虹，王海江. 河南省城市的经济联系方向与强度——兼论中原城市群的形成与对外联系 [J]. 地理研究，2006（2）：222-232.

⑤ 刘承良，丁明军，张贞冰，张红. 武汉都市圈城际联系通达性的测度与分析 [J]. 地理科学进展，2007（6）：96-108.

⑥ 侯赟慧，刘志彪，岳中刚. 长三角区域经济一体化进程的社会网络分析 [J]. 中国软科学，2009（12）：90-101.

张祥建等研究认为,现代化城市群的空间结构格局是在产业关联效应、产业转移效应和产业聚集效应三种效应作用下形成的。

使用城市流、隶属度、主成分分析法等开展的相关研究。牛慧恩等利用联系作用模型和隶属度等方法,对甘肃及毗邻省区之间的区域经济联系进行了研究,分析了中心城市对甘肃省各地区经济联系的影响程度。[①] 周一星认为,城市和区域城市体系的空间结构会受到主要经济联系方向的影响。[②] 郑国和赵群毅从城际、省际和外向性联系三个层面深入分析了山东半岛六个城市的经济联系方向。[③] 李光勤等运用城市流强度方法研究了成渝经济区城市间空间联系状况。[④] 邓春玉运用引力模型、地缘经济关系理论和城市流强度模型等,研究了珠三角城市群的空间经济联系,认为珠三角形成了较为紧密的圈层结构。[⑤] 张旭亮和宁越敏对长三角城市群城市等级、经济联系、经济隶属度和国际化程度进行了计量分析,发现长三角城市群内部经济结构已经发生重构[⑥]。李燕和贺灿飞从密度、距离和分割三个层面用主成分分析方法分析了长三角城市群经济空间的演化特征和空间优化方向。[⑦]

测度经济联系的具体指标。孟德友和陆玉麒选取 GDP 和人口总量乘积的开方值作为城市经济联系强度的指标。[⑧] 李红锦和李胜会从城市 GDP 总量和人口总量两个角度计算了珠三角城市群空间经济联系。[⑨] 朱道才等选用城市综合质量指标并结合引力模型,测算城市间引力值和断裂点距离来研究安徽省城市空间格局。[⑩] 曾鹏等运用地理软件和空间分形理论,从中国十大城市群的空间结构分维

---

① 牛慧恩,孟庆民,胡其昌,陈延诚. 甘肃与毗邻省区区域经济联系研究 [J]. 经济地理,1998 (3):51-56.

② 周一星. 主要经济联系方向论 [J]. 城市规划,1998 (2):22-25+61.

③ 郑国,赵群毅. 山东半岛城市群主要经济联系方向研究 [J]. 地域研究与开发,2004 (5):51-54+96.

④ 李光勤,张明举,刘衍桥. 基于城市流视角的成渝经济区城市群空间联系 [J]. 重庆工商大学学报·西部论坛,2006 (4):29-33.

⑤ 邓春玉. 珠三角与环珠三角城市群空间经济联系优化研究 [J]. 城市问题,2009 (7):19-27.

⑥ 张旭亮,宁越敏. 长三角城市群城市经济联系及国际化空间发展战略 [J]. 经济地理,2011,31 (3):353-359.

⑦ 李燕,贺灿飞. 基于"3D"框架的长江三角洲城市群经济空间演化分析 [J]. 经济地理,2013,33 (5):43-46+66.

⑧ 孟德友,陆玉麒. 基于引力模型的江苏区域经济联系强度与方向 [J]. 地理科学进展,2009,28 (5):697-704.

⑨ 李红锦,李胜会. 基于引力模型的城市群经济空间联系研究——珠三角城市群的实证研究 [J]. 华南理工大学学报(社会科学版),2011 (1):19-24.

⑩ 朱道才,陆林,晋秀龙,等. 基于引力模型的安徽城市空间格局研究 [J]. 地理科学,2011 (5):551-556.

数和回归方程入手，对比分析了我国城市群空间结构动态特征及其变化规律。[1]

基于社会网络分析方法对城市群空间经济联系的研究。刘耀彬和戴璐[2]、鲁金萍等[3]、劳昕等[4]运用社会网络分析方法和引力模型，研究了环鄱阳湖区城市群、京津冀城市群、长江中游城市群等经济联系情况。曾鹏和李方犁运用社会网络分析方法对中国十大城市群104个城市及城市群之间的空间经济联系结构进行了比较分析。[5]

2.4 数字经济与城市群空间经济联系相关研究

2.4.1 国外数字经济与城市群空间经济联系研究

随着信息技术的发展，国外关于数字经济与城市群空间经济联系的研究，集中体现在信息技术背景下的城市群空间形态、信息技术对城市群空间形态的影响以及通过信息技术衍生的新的研究方法等。

信息基础设施的空间溢出效应。Hardy是较早研究信息基础设施对经济增长的溢出效应的学者，他利用电话、广播代表信息行业的发展，研究认为，信息行业对经济增长具有显著的正向溢出效应。Leff等进一步实证分析了信息基础设施对经济增长的溢出效应。Roller等通过实证研究发现，信息基础设施对于很多国家的经济增长存在正向溢出效应。Haynes等通过面板数据，实证分析发现电信投资有利于经济总产出。

信息技术背景下关于城市群空间形态的讨论。20世纪80年代，国外学者借助计算机、卫星数据等构建模型进行定量研究。Manuel Castells认为，信息技术使城市发达区内的"流空间"成为区域、城市和社区居民活动的主要载体，信息技术的发展可以实现经济活动的各个环节的空间分离，在某些领域出现了流空

---

[1] 曾鹏，黄图毅，阙菲菲.中国十大城市群空间结构特征比较研究[J].经济地理，2011，31（4）：603-608.

[2] 刘耀彬，戴璐.基于SNA的环鄱阳湖城市群网络结构的经济联系分析[J].长江流域资源与环境，2013，22（3）：263-271.

[3] 鲁金萍，刘玉，杨振武，孙久文.基于SNA的京津冀城市群经济联系网络研究[J].河南科学，2014，32（8）：1633-1638.

[4] 劳昕，沈体雁，杨洋，张远.长江中游城市群经济联系测度研究——基于引力模型的社会网络分析[J].城市发展研究，2016，23（7）：91-98.

[5] 曾鹏，李方犁.中国十大城市群经济联系结构比较研究[J].云南师范大学学报（哲学社会科学版），2016，48（5）：100-111.

间替代地理空间的趋势，流空间成为城市群空间结构新形态的一部分。[1] 1990 年以来，信息技术大规模兴起，借助计量模型对城市群空间经济联系开展的研究得到快速发展，学者在研究中先后提出了一些新的概念，如信息城市、数字城市等。Barney Warf 提出了以全球城市、离岸银行中心、办公功能的全球化为空间表现形式的"新信息空间"的概念。[2] Gordon 和 Harry 认为，信息技术的发展使经济活动和人口之间的关系趋于分散，即经济活动的集聚不等于人口的集聚。[3] Salomon 研究指出，通信技术会大大降低距离对经济发展和区域空间组织的影响。Graham 研究发现，信息技术会通过协作效应、替代效应、衍生效应和增强效应等对城市发挥影响，信息技术与城市呈现协同发展的趋势，在空间上表现为信息空间的扩展与城市空间延伸的关联；通信技术的发展可以克服人际交流中的时间和空间障碍，扩大路网、电网、水网等物质形态网络，提高它们的功效和吸引力，促进城市经济的发展。Graham 认为，信息技术的影响主要体现在电子流的作用越来越重要。[4] Yen 和 Mahmassani 认为，信息技术影响土地使用模式、经济增长和产业空间布局。[5] 信息时代背景下，基于快速交通网络和信息网络，产生了具有多中心网络结构的新型城市集合形态——"网络城市"（Network City）。Kenneth E. Corey 提出了"智能走廊"（Intelligent Corridors）的概念，用来表示信息技术影响下的城市集合体。[6] 部分研究描述了大都市区之间电话、空运等不同媒介的信息流对区域与城市空间的影响。还有学者对信息时代区域（大都市区）空间相互作用及其演化进行了分析。[7]

信息技术背景下研究城市群空间经济联系的方法。Batty 等使用 CA 模型模拟城市增长演变的动态过程。Victor Mesev 等使用信息网络技术定量研究城市群的空间扩展。Campisi 和 Tesauro 利用电话数据实证分析了意大利省区的信息流特

---

[1] Manuel Castells. The Informational City, Information Technology, Economic Restructuring, and Urban-Regional Progress [M]. Oxford: Basil Blackwell, 1989.

[2] Barney Warf. Telecommunications and the Changing Geographies of Knowledge Transmission in the Late 20th Century [J]. Urban Studies, 1995, 32 (2): 361-378.

[3] Gordon P., Harry W. R. Beyond Polycentricity: The Dispersed Metropolis, Los Angeles, 1970-1992 [J]. Journal of the American Planning Association, 1996, 62 (3): 289-295.

[4] Graham S. Telecommunications and the Future of Cities: Debunking the Mythy [J]. Cities, 1997, 14 (1): 21-29.

[5] Yen J., Mahmassani H. S. Telecommuting Adoption: Conceptual Framework and Model Estimation [J]. Transportation Research Record, 1997 (1606): 95-102.

[6] Kenneth E. Corey. Intelligent Corridors: Outcomes of Electronic Space Policies [J]. Journal of Urban Technology, 2000, 7 (2): 1-22.

[7] 甄峰, 刘晓霞, 刘慧. 信息技术影响下的区域城市网络：城市研究的新方向 [J]. 人文地理, 2007 (2): 76-80+71.

征。Reggiani 等基于行为逻辑与神经网络模型，构建了一种运输网络自动反应的计量模型，深入分析了欧洲货物运输网络的空间特征。Aura Reggiani 和 Daniele Fabbri 则使用运输网络模型对城市群空间形态进行了深入分析。[①] Edward L. Glaeser 从高知人口的空间分布和流动视角实证分析了城市间城市密集区的相互影响。[②] Simeon Djankov 和 Hidenobu Matsumoto 使用引力模型对城市体系空间相互作用进行了实证分析。Kurt Fuellhart 用线性回归模型分析了 110~145 千米距离的航空港旅客流替代空间竞争现象。[③]

2.4.2 国内数字经济与城市群空间经济联系研究

国内对数字经济及城市群空间经济联系的研究，始于对信息化、信息经济等方面的研究。研究的主体早期以学者为主，现在逐步有相关机构加入进来。

信息基础设施的空间溢出效应。信息基础设施方面的投资不仅可以优化营商环境，增强区域的区位、竞争优势，加快要素的流动，大幅降低区域间的流通成本和信息获得成本，不断优化产业的空间布局，提高要素的配置效率，综合表现为信息基础设施的正向空间溢出效应。庄雷等研究发现，我国各地区信息基础设施建设的投资效应、溢出效应正向显著特征明显，经济增长效应具有空间差异性。朱文晶认为，信息基础设施具有网络外部性，即使用者越多，它所发挥的外部效应作用就越为明显。

信息化对城市群空间经济联系的作用。王颖认为，信息化背景下城市功能由集聚向分散转化，功能边界模糊化，城市总体空间结构向网络化结构转型。[④] 姚士谋等分析了计算机、网络及通信技术发展对社会的影响，认为信息技术使城市空间扩散与城市群的内外联系加快、加密。[⑤] 江曼琦认为，知识经济与信息革命使城市聚集效应总量、内容和分布发生变化，使城市空间结构向大分散、小集中的模式演化。[⑥] 杨重光认为，新经济特别是以现代通信技术为基础的网络经济使城市中经济活动主体相互间的距离大大地缩短了，甚至使"距离消失"，交易费用明显降低，交易速度和要素流动加快。[⑦] 刘生龙等认为，信息基础设施投资对

---

① Aura Reggiani, Daniele Fabbri. Network Development in Economic Spatial Systems: New Perspectives [M]. Ashgate: Aldershot, 1999.

② Edward L. Glaeser. Learning in Cities [J]. Journal of Urban Economics, 1999 (46): 254-277.

③ Kurt Fuellhart. Inter-Metropolitan Airport Substitution by Consumers in an Asymmetrical Airfare Environment: Harrisburg, Philadelphia and Baltimore [J]. Journal of Transport Geography, 2003 (11): 285-296.

④ 王颖. 信息网络革命影响下的城市——城市功能的变迁与城市结构的重构 [J]. 城市规划, 1999 (8): 23-26+63.

⑤ 姚士谋, 朱英朋, 陈振光. 信息环境下城市群区的发展 [J]. 城市规划, 2001 (8): 16-18.

⑥ 江曼琦. 知识经济与信息革命影响下的城市空间结构 [J]. 南开学报, 2001 (1): 26-31.

⑦ 杨重光. 新经济对中国城市发展的挑战 [J]. 中国城市经济, 2001 (3): 26-29+32.

我国全要素生产率和经济增长都具有正向溢出效应。边志强研究指出，本地信息基础设施有利于本地技术效率、技术进步，外地信息基础设施建设有利于本地全要素生产率和技术效率的改进。张红分析了信息产业发展对城市群空间结构的影响，他认为，信息基础设施和通信技术水平的提高可以强化各节点城市空间的相互作用，形成的虚拟网络空间弥补了地理空间的诸多缺陷，信息技术改变了传统产业的信息获取、处理、传递能力，有效降低了区位及空间距离的影响，推动城市的集聚、扩散，影响城市群空间组织结构的演变。张鸿认为，城市群依靠高度发达的泛在信息网络，可以构建一个完整的城市群电子商务网络，进而形成规模经济和范围经济，在高效流通情况下，相当于压缩了城市间的空间距离和经济距离，可以降低企业的成本，加强城市之间的内在经济联系。[1]

数字经济与城市群空间经济联系的研究方法。宁静从城市空间、职能、竞争等方面分析了数字经济对城市的空间分布以及城市化进程产生的深远影响。[2] 倪毅和冯健利用遥感和地理信息系统技术支持研究了城市空间形态重构问题。[3] 毕秀晶以长三角城市群为研究对象，探讨了全球化、信息化背景下我国城市群区域的空间演化特征、城市群在不同空间尺度集聚扩散过程以及主要的动力机制。[4] 熊丽芳等以长三角、珠三角和京津冀经济区为研究对象，使用各个经济区内两两城市的百度指数用户关注度的数据模拟计算信息流，对比分析了我国三大经济区的城市网络及其时空变化的特征。[5] 闫超栋和马静运用社会网络分析方法和QAP相关性分析，从省域角度研究了其信息空间关联的变化趋势、依存程度和相互效应。[6] 王尧分别测度了ICT对区域整体的生产效率、区域产业的生产效率和区域间网络效应等方面的影响，他还结合社会网络分析法（SNA）系统深入地分析了ICT对区域间网络联系的影响。[7] 刘华军等基于1992~2013年DMSP/OLS城市夜间灯光数据，利用Dagum基尼系数、Kernel密度估计方法和广义脉冲响应函数等

---

[1] 张鸿. 用数字经济思维构建关中平原智慧城市群竞争新优势 [J]. 新西部, 2018 (13): 80-81.
[2] 宁静. 数字经济对城市的影响 [J]. 哈尔滨师范大学自然科学学报, 2002 (5): 108-112.
[3] 倪毅, 冯健. 基于遥感和地理信息系统的经济发达地区城市空间形态重构——以浙江省义乌市为例 [J]. 现代城市研究, 2011, 26 (3): 25-32.
[4] 毕秀晶. 长三角城市群空间演化研究 [D]. 上海: 华东师范大学, 2014.
[5] 熊丽芳, 甄峰, 席广亮, 朱晓清, 王波. 我国三大经济区城市网络变化特征——基于百度信息流的实证研究 [J]. 热带地理, 2014, 34 (1): 34-43.
[6] 闫超栋, 马静. 中国省际信息化的空间关联及其影响因素分析 [J]. 情报科学, 2017, 35 (6): 145-153.
[7] 王尧. 信息通讯技术对区域经济绩效的影响研究——基于生产效率与网络效应的双重视角 [D]. 杭州: 浙江大学, 2017.

对我国城市经济发展的空间差异和溢出效应进行了实证分析。[1]

城市数字经济指数的空间特征。新华三集团发布的《中国城市数字经济指数白皮书（2018）》表明，发展数字经济在一定程度上可以为城市群的深度融合提供有力支持，不同城市的数字经济形态通过不断聚合、协同发展，形成区域数字经济新生态，推动区域协调发展。该白皮书认为，当前我国城市数字经济的发展呈现出显著的"三中心五热点"的格局（三中心：长三角中心、珠三角中心和环渤海中心。五热点：以成都、重庆、贵阳为核心的西南片区，以武汉、郑州为核心的华中平原片区，以福州、厦门为核心的闽东南片区，以西安为核心的关中平原片区，以济南、青岛为核心的山东半岛片区），这样就在全国范围内形成了八个数字经济城市生态群。王彬燕等基于腾讯研究院公布的数字经济指数，运用插值模拟、Zipf位序-规模法则及地理探测器等方法，对2016年中国数字经济发展的空间分异特征及其影响因素进行了研究，发现经济落后地区可以在数字经济发展方面取得突破，甚至通过发展数字经济来推动经济实现跨越发展。

2.5　简要述评

本章界定、分析了数字经济、城市群和城市群空间经济联系等的概念和内涵，对国内外相关研究进行了综合分析。数字经济正在推动经济社会进入一个新的发展阶段。它是基于信息基础设施和信息通信技术，以数字化的知识和信息为关键生产要素，以数字技术创新为核心驱动力，以现代信息网络为重要载体，通过数字产业化和产业数字化过程，推动数字经济与实体经济深度融合而发生的一系列生产、消费和交易等经济活动的总和。它呈现出"数字化、虚拟化、网络化、高效率性、高溢出性、高融合性、低成本性"等特征。它与信息经济、互联网经济、网络经济、新经济等概念既有联系，又有区别。

城市群是在一定地域范围内，以一个或几个大都市为核心，由若干不同等级和规模、地理相近、文脉相承、经济联系密切的城市，通过交通网络和通信网络等有效连接构成的城市群体。交通、距离、信息基础设施及信息技术等都会影响城市群空间结构和经济联系。为了刻画城市及城市群的数字经济发展水平及其影响，我们可以使用计量方法设计、测量城市的数字经济指数，可以通过引力模型等测度城市群空间经济联系的强度，利用空间计量模型测度数字经济时代下城市

---

[1] 刘华军，裴延峰，贾文星．中国城市群发展的空间差异及溢出效应研究——基于1992—2013年DMSP/OLS夜间灯光数据的考察［J］．财贸研究，2017，28（11）：1-12.

群的空间溢出效应，利用社会网络分析方法测度数字经济时代下城市群的网络效应。国内外学者针对数字经济、城市群空间经济联系等开展了相关研究。目前，也开始有部分学者关注到数字经济时代给区域经济、城市群空间联系带来的变化和影响，对于我们认识数字经济、城市群和空间经济联系的发展基础、发展趋势具有重要的意义。但总体上看，这方面的研究还不够深入，尤其是利用计量经济学等开展的实证研究还显得不足，鲜有对城市群数字经济发展与城市群全要素生产率、城市群经济增长的关系以及与城市群空间经济联系等方面进行系统深入的研究，现有的研究明显落后于实践的发展，已不能满足数字经济发展、推进城市群建设和区域经济协调发展的现实需要。

第 3 章　理论基础及分析框架

3.1　理论基础

3.1.1　空间联系相关理论

城市群空间联系相关理论是揭示城市群各节点城市发生、存在以及相互作用的理论基础，主要包括增长极理论、核心边缘理论、点-轴系统理论、网络城市理论等经典理论。

3.1.1.1　增长极理论

增长极理论是由法国经济学家佩鲁提出的。他指出，经济增长首先出现在一些增长点或增长极上，并以该增长极为中心，通过向心力和离心力对增长极周边区域的经济活动产生影响。佩鲁认为，经济发展或经济增长主要取决于技术进步和创新，而技术进步和创新又集中于规模大、效率高、创新强、与其他产业关联度高的推进型产业。他认为，一定区域内的经济发展是不均衡的，这种条件下发生的经济活动或有关经济因素的相互作用会产生一种不对称的关系，即增长极具有支配效应。具有支配作用的推进型产业会通过产业链条带动上下游的相关产业发展，与推进型产业形成相互协同的综合体，产生乘数效应。增长极理论对城市群空间经济联系的研究具有重要的启示意义，它揭示了作为城市群"极点"的中心城市对其周边区域乃至整个城市群的作用。

Albert O. Hirschman 研究总结出"非平衡增长"理论，他认为，在外部经济的作用下，投资会形成向增长极集中的趋势，最终表现为一国被分割形成发达地区和落后地区这样的二元结构。增长极的发展会对周边区域产生影响，即 Albert O. Hirschman 所指的极化效应和涓滴效应。瑞典经济学家谬尔达尔也有类似的观点,他认为,发达地区或增长极会产生极化效应和扩散效应这样两种经济效应。在极化效应的作用下,增长极的先天优势和逐步形成的产业规模、范围经济等后天优势,会吸引周边或更大区域范围的经济要素持续向增长极集聚,增长极的产业优势日趋明显,经济活动也日趋频繁。随着增长极的持续发展,达到一定阶段时,它开始向周边地区输出经济要素,部分增长极地区的产业开始向周边地区转移或延伸,从而使周边地区的经济得到发展,这样便产生了扩散效应。这种效应与周边区域与增长极的距离成反比。

实际上,佩鲁研究的"增长极"只是一个纯经济概念,尽管他也使用"经济空间"的表达,但它并不具有地理空间的含义。法国经济学家布德维尔提出了"区域增长极"的概念,使增长极理论的含义从"经济空间"拓展到了"地理空间",使该理论"将不平衡发展思想、创新学说以及新古典人力资源与资本流动的观点结合起来,转化为地理空间的概念"。[①] 布德维尔进一步指出了增长极的地理和区域的概念。增长极理论强调点的开发,把有限的资源投入到区域的中心城市,使资金、技术、人才等各种经济要素向其集聚,使之逐步发展成为区域经济的增长极,并通过发展作为增长极的区域中心城市来促进整个城市群区域的经济发展。

3.1.1.2 核心边缘理论

核心边缘理论最早是由美国经济学家约翰·弗里德曼提出的,是解释城市经济空间相互作用和扩散的理论,阐释了城市群空间经济联系的基本规律。该理论认为,经济发展是不平衡的,快速发展通常会先出现在某一地区,并逐渐集聚更多的要素,最终使该地区发展成为工业发达、交通便利、人口密集、资本集中的城市或城市聚集区,即"核心区"。同时,在核心区的周围地区形成了相对落后的"边缘区"。该理论较好地解释了一个区域由互不关联、孤立发展的各个小区域逐渐发展成为彼此联系、发展不平衡的区域,进而由不平衡发展的格局演变为相互关联的一体化平衡发展的动态过程。

弗里德曼将空间经济发展划分为四个阶段:一是前工业化阶段。这个阶段区域资源要素流动性较差,经济区域内部由一些空间上分散、相对孤立的细小单元(城镇)构成,不存在城市等级,经济区域具有很强的同质性,内部经济联系很少。二是工业化初期阶段。随着资本、人口等要素向核心区域集中,有一部分区域中心城市开始崭露头角,逐步发展壮大,成为区域内的增长极,核心区与边缘区的空间格局逐步形成。三是工业化成熟阶段。随着核心区经济的集聚和增长,交通网络会以中心城市为核心向边缘蔓延,交通通达性大大提高,经济活动开始

---

① 徐传谌,谢地. 产业经济学 [M]. 北京:科学出版社, 2007.

向核心区域之外的区域扩散，使临近核心区域的周边区域逐渐成长为区域内次级增长中心。此时，核心区域依然在扩张，边缘次级中心之外的其他边缘区依然在衰落。四是后工业化阶段。资源和要素在区域范围内不断流动，专业化分工在不同的区域间进一步深化，区域经济经历一系列空间整合并达到均衡状态，区域空间趋向一体化，边缘特征基本消失，区域经济活动达到平衡稳定的状态。

在区域空间经济联系中，核心区突出发挥四个作用：一是核心区通过行政体系、市场体系等影响和组织外围区域；二是核心区会不断地向其所支配的外围区域通过传播有关创新成果来施加正面影响；三是核心区基于自身创新、资源禀赋等优势不断发展，强化区域的空间经济联系；四是区域间联系不断密切，边缘区不断发展，到了一定阶段，就会出现新的核心区。

Gibbs为了揭示城市、城镇以及乡村的人口集聚变化特征和趋势，建立了一个五阶段模型。Lauri Hautamaki利用Gibbs的五阶段模型，结合芬兰的数据进行了计量分析。

核心边缘理论认为通过经济的发展，可以促进边缘地区经济的增长，加强区域空间经济联系，实现区域空间的均衡发展。

3.1.1.3 点-轴系统理论

我国地理经济学家陆大道在研究工业布局的过程中，于1984年首次提出了"点-轴系统"理论模型，并于1986年正式发表在《地理科学》上。[1] 陆大道通过其专著《区域发展及其空间结构》及多篇相关论文，阐述了"点-轴系统理论"的形成机理、结构特征和类型、渐进式扩散原理等重要内容，逐步将这一理论发展成为一个较为完整的体系。[2]

"点-轴系统"理论是关于社会经济空间结构（组织）的理论之一。德国地理学家瓦尔特·克里斯塔勒和德国经济学家奥古斯特·勒施的中心地理论，法国经济学家弗朗索瓦·佩鲁的增长极理论，德国社会学家、经济学家桑巴特的生长轴理论等构成了"点-轴系统"理论的科学基础。[3]"点-轴系统"理论中的"点"是指聚集着大量人口、具有各种社会经济职能的中心城市以及各级居民点，它们是优先和重点发展的区域；"轴"则是由陆海空等交通干线、网络与信息通信干线以及能源和水源通道等组成的基础设施束，它对轴线沿线周边地区具有很强的吸引力，而轴线上较集中的社会经济设施会通过资本、技术、商品、人

---

[1] 陆大道. 二〇〇〇年我国工业生产力布局总图的科学基础[J]. 地理科学, 1986 (2): 110-118.
[2] 陆大道. 关于"点-轴"空间结构系统的形成机理分析[J]. 地理科学, 2002 (1): 1-6.
[3] 陆大道. 论区域的最佳结构与最佳发展——提出"点-轴系统"和"T"型结构以来的回顾与再分析[J]. 地理学报, 2001 (2): 127-135.

员、信息等要素的流动推动周边区域的发展。① 他提到，信息通信系统和公共数据库等信息通信网的大规模建设，使空间距离缩短，产业布局分散化。②

"点-轴系统"理论认为，经济社会发展的客体主要在点上集聚，并通过交通、通信、能源、河流等基础设施形成轴线，有许多"点"连接成为"轴"，并最终交织形成有机的空间结构体系。随着核心区的不断发展，轴线不断延伸，并逐步延伸到欠发达地区，最终实现整个区域的协调发展。城市群空间组织的重要作用之一就是通过加强城市群各级中心城市之间的交通、通信、能源等各类基础设施的互联互通，积极培育城市群的中心城市、次级中心城市，逐步形成"点-轴"发展格局，进而向网络化发展格局演变。"点-轴系统"理论阐明了城市群中心城市推动次级中心城市及周边区域发展的路径，对于人们研究城市群空间组织结构具有重大的借鉴意义。

3.1.1.4 网络城市理论

网络城市是一组相互独立又相互依赖的城市所组成的城市群，城市之间交通、通信等基础设施互联互通、高效连接，分工合作且富有活力。网络城市理论起源于 Friedmann 和 Miller 提出的城市场（Urban Field）。Castells 提出了流空间的概念，成为城市研究的新方向。Kunzmann 和 Wegener 基于城市间的互补与协作关系，提出了欧洲多中心城市网络结构。Batten 则提出了网络城市（Network City）的概念，他认为，网络城市由交通、信息、能源等基础设施和范围经济的地域空间组成。网络城市理论认为，城市间的互动会产生外部性，而且这种外部性具有空间动态特征。

城市网络有多种不同的类型，常见的分类包括 Dematteis 提出的纵向、横向和多中心城市网络，Camagni 和 Salone 提出的协同与互补城市网络，Trullén 和 Boix 提出了基于知识产生和传播的分类方法。1999 年，在阿姆斯特丹举办的国际学术会议第一次把关注的焦点定位在区域层面的网络城市上。

网络城市理论对城市群空间组织结构研究具有较大的启示。作为理想的城市化模式之一，多中心、网络化成为城市群发展的重要方向。网络城市中的节点城市通过交通、通信等基础设施实现连接，通过分工实现协作和功能互补，不仅有利于城市群中心城市的发展，而且有利于城市群整体利益的提升和协同发展。

3.1.2 区位理论

区位理论产生于 19 世纪二三十年代，最早是由经济学家在研究产业布局等

---

① 陆大道. 关于"点-轴"空间结构系统的形成机理分析［J］. 地理科学, 2002（1）: 1-6.
② 陆大道. 论区域的最佳结构与最佳发展——提出"点-轴系统"和"T"型结构以来的回顾与再分析［J］. 地理学报, 2001（2）: 127-135.

经济相关问题的过程中提出的，主要包括德国经济学家冯·杜能的农业区位理论、德国经济学家阿尔弗雷德·韦伯的工业区位理论、德国经济地理学家沃尔特·克里斯泰勒的中心地理论和德国经济学家奥古斯特·廖什的市场区位理论。区位理论将区位因子纳入分析框架，对一般经济学所忽视的空间经济领域的问题进行了新视角的研究，但是在研究方法上使用的仍然是抽象的、演绎的分析方法，这与一般经济学没什么区别，通过理论假定，运用一定的模型研究分析经济活动中的客体，分析其空间经济活动的一般规律，为研究空间经济联系打下了理论基础。

3.1.2.1 杜能农业区位理论

杜能于1826年出版的《孤立国同农业和国民经济的关系》是农业区位理论的奠基之作，在这本书中，他首次深入系统地阐释了农业区位理论的思想。他假想了一个"孤立国"，并假设其是同质的，即引起土地利用和农业生产类型的地域差异的许多自然因素（土壤、地形、气候、水文等）和社会经济因素（人口密度、居民劳动素养、经济文化水平等）没有区别，然后只考虑市场距离这一个因素的影响，得出地租与市场距离的函数关系，即在中心城市周围，在自然、交通、技术条件相同的情况下，各地因与中心城市的距离不同，运费也不一样，这个价格差则决定了不同地方农产品纯收益（杜能称作"经济地租"）的多少。他提出了区位分布的同心圆结构（又称"杜能圈"）的概念，成为区位论的重要理论基础。

3.1.2.2 韦伯工业区位理论

20世纪初，德国经济学家阿尔弗雷德·韦伯吸收了杜能的区位理论思想，在其代表著《工业区位论——区位的纯理论》中系统地研究了工业区位理论，建立了区位论体系，并提出了工业布局的基本思想。韦伯将影响工业区位的因素称为"区位因子"，并将其划分为一般因子和特殊因子、地方因子和集聚因子、自然技术因子和社会文化因子。在因子划分的基础上，韦伯提出了确定工业区位的基本方法，从而构成了工业区位"纯理论"的主要内容。他认为，运费、劳动力成本和聚集效应这三个"区位因素"是影响企业选择的重要因素。

3.1.2.3 克里斯泰勒中心地理论

1933年，德国经济地理学家克里斯泰勒在其著作《德国南部的中心地》一书中系统阐明了"中心地理论"，提出以聚落与市场的区位来确定中心地的方法，其中的很多模型被后来的学者经常用来研究城市等级问题。该理论"中心地"是指某个城市的中心点，通常表现为区域内的中心城市（城镇），承载了区域性贸易、金融、行政、医疗、文化等中心功能，而且一个大的中心通常包含若干规模小、级别低的中心，它们在市场、交通、行政等因素影响下形成一个等级均匀分布的城市体系。

实际上，克里斯泰勒的中心地理论和杜能的农业区位理论一样，将城市体系假设为一个基本封闭的、均质的区域，在市场作用下会出现最具效率的正六边形的市场区域，这样它就可以在没有任何重叠区域的情况下服务全体消费者。在克里斯泰勒的中心地理论中，消费者和厂商为了降低成本实现利益最大化，会选择距离能满足其所需商品和服务最近的城市。中心地理论成为研究城市群和城市联系的基础理论之一。在他之后，其他学者如 Losch 和 Berry 等又进一步深化了相关研究。尽管有学者对这一理论过于简单的假设提出质疑，但它确实揭示了城市群空间等级体系形成的一般规律，对城市群空间组织结构的研究具有重要启示。

3.1.2.4 廖什市场区位理论

1940年，德国经济学家奥古斯特·廖什在其代表作《经济的空间秩序》中提出了动态区位论模式，形成了市场区位理论。他利用基于消费地研究工业布局的理论新视角，提出了基于市场的区位理论体系。他假设在均质平原上有足够的无差别的工业原料、相同的运输条件和技术，但是消费者是不均匀分布的，这样就将空间均衡的思想引入区位分析中，探讨了市场区位体系和工业企业最大利润的区位选择，提出了一套有多种变动因素的新的区位模式。

3.1.2.5 新经济地理学区位理论

保罗·克鲁格曼在1991年发表了《收益递增与经济地理》一文，标志着新经济地理学正式产生。他在这篇文章中提出了著名的"中心—外围"模型。新经济地理学把空间因素引入经济分析体系中，认为经济活动的空间分布不是均质的，并且设置了规模经济等三个假设条件，以使理论更接近于现实。

在垄断竞争环境下，由于规模收益递增和运输成本的存在，会有一种内生力量（包括内生力、离心力）推动产业在空间上进行集聚与扩散，使区域经济进行空间分异。循环累积因果机制是产业空间向心力形成的核心机制，它通过本地市场效应、生活成本效应发挥作用。本地市场效应是企业在选择区位时，假如在其他条件一样的情况下，企业往往会以市场规模大的区位作为选址目的地。生活成本效应是基于消费者的商品多样性偏好，企业多、产品丰富的区域通过交通、贸易等转嫁给消费者的成本就会减少，消费者购买支出就相对少，相当于工资增长，吸引人、资本等要素向其聚集。在市场规模和劳动力的双重作用下会吸引更多的企业。所以，本地市场效应和生活成本效应相互作用形成向心力并实现循环累积增长。

与此同时，新经济地理学还研究了抑制集聚的离心力——市场拥挤效应，又称为"本地竞争效应"，在向心力作用下最终会导致企业过度集中到中心区，引发竞争加剧、边际效应递减甚至负效用，就会出现企业陆续向边缘区转移和扩散的现象，它就体现为离心力大于向心力。随着 Fujita 等《空间经济学：城市、区域与国际贸易》、Brakman 等《经济地理导论：贸易、区位与增长》、Baldwin 等《经济地理与公共政策》三部著作的出版，新经济地理理论体系逐步完善并趋于成熟。

3.1.2.6 信息产业区位理论

20 世纪 70 年代以来，信息通信技术的发展极大地改变了时空关系，产生了网络社会这样一种新的社会形态和与经济空间、地理空间相对应的虚拟空间，这种虚拟空间也称为信息空间，它是技术、社会和空间之间互动的复合体。

陈伟认为，信息产业本身所具有的规模经济、范围经济、网络效应等特性对信息产业的区域布局具有重要影响，资本、人力、技术等因素都是影响信息产业选择区位的重要方面。[①] 数字经济时代，信息空间区位理论进一步拓展了区位理论的外延，将人们的注意力从政治边界限定的、地方主导的"地方空间"和实体的经济空间向网络空间、信息空间转变。[②]

信息空间实际上也是以地理空间为基础建立的，它主要由信息要素构成，通过信息流实现信息的联通共享。[③] 对于流数据的分析使学者对空间区位的研究拓展到信息空间，随着信息要素在全球范围内的积累和流动，其引起了国内外学者的关注，成为经济地理学、信息地理学、经济学、信息科学以及社会学等学科的研究热点。

在信息技术作用下的区域空间，地理空间被明显地压缩，信息要素的快捷流动促进了空间的流动性不断增强，逐渐克服了垂直和水平方向上的摩擦，从而超越了原有的物理空间的含义，空间实体的相互作用不断增强，联系愈加紧密，具体表现为以多个中心为节点的网络化空间结构。区域与城市之间的等级结构被竞争、互补和协同关系替代，空间中各个区域以及城市的地位和作用进一步平衡化，此时的区域空间结构更加关注的是城市网络中的联系关系。信息技术重构的区域空间是城市全球网络化发展的先导因素，逐渐弱化了城市的地理区划，使区域空间结构体系不断优化。信息流视角下的区域信息空间日益成为当前国际区域研究的重要领域，为区域信息化的发展提供进一步的科学支撑。[④] 王如玉等对虚拟集聚这个在新一代信息技术与实体经济深度融合背景下产生的空间组织新形态进行了深入分析，认为虚拟集聚是依托互联网上的虚拟空间进行资源空间配置的

---

① 陈伟. 中国信息产业区位论 [D]. 成都：西南财经大学，2006.
② 马学广，李贵才. 全球流动空间中的当代世界城市网络理论研究 [J]. 经济地理，2011，31 (10)：1630-1637.
③ 王宁宁，陈锐，赵宇. 基于网络分析的城市信息空间与经济空间的综合研究 [J]. 地理与地理信息科学，2018 (4)：60-68.
④ 王宁宁. 基于复杂网络分析的省市信息空间研究 [D]. 北京：中国科学院大学，2016.

方式，所有关于生产要素空间集聚的理论，均可向虚拟集聚扩展。①

随着信息技术尤其是智能终端应用的不断发展，人们的生产生活方式正在发生深刻变革。比如，电子商务的发展不断把平台经济推向新的高度，智能手机、移动互联网将生活日常逐渐"植入"互联网，线上线下深度融合，经济活动由传统的地理空间不断向信息空间拓展，而且这种趋势在加快，甚至有些方面信息空间超过了地理空间。

在数字经济时代，传统的地域概念和地理空间不断在弱化，经济社会活动日益由地理空间向信息空间拓展，借助信息空间，信息的快捷流通使一部分经济社会活动得以在地理空间上延展。② 数字经济时代，区域协调发展呈现出一些新的特征。一是经济活动空间无限延展。经济社会活动的空间不断延展，距离对经济社会活动的限制正在淡化，地理空间虚拟化趋势不断增强，基于互联网的各种经济模式快速发展，信息空间已经在一定程度上取代了城市空间。二是工业区位向信息区位转化。信息区位与地理区位相比，更容易使企业摆脱人口、交通、距离等方面的约束，所以，信息区位对经济活动的影响日益加深。三是区域比较优势向信息优势转变。传统经济社会模式下，优越的地理区位、丰富的自然资源及廉价的劳动力资源容易形成区域比较优势。而在数字经济时代，信息活动日益频繁，成为经济社会生活不可分割的一部分，信息资源逐步成为经济发展的核心要素之一，信息获取与利用的差距成为区域差距的另一种表现形式。

3.1.3 马克思主义城市空间理论

马克思主义城市空间理论可以分为传统马克思主义城市空间理论和新马克思主义城市空间理论。

3.1.3.1 传统马克思主义城市空间理论

传统马克思主义城市空间理论认为，城市作为独立的客体是资本主义发展的结果，并没有考虑城市体系及城市空间的问题。这是因为在马克思所处的19世纪，资本家、工人之间的矛盾及城乡对立等是当时城市问题研究的主要内容。传统的马克思主义将城市看作是资本主义发展的空间载体而不是资本主义发展的动因③，是生产要素空间聚集的主要载体。④ 在《共产党宣言》《英国工人阶级状

---

① 王如玉，梁琦，李广乾. 虚拟集聚：新一代信息技术与实体经济深度融合的空间组织新形态[J]. 管理世界，2018，34（2）：13-21.

② 胡伟，陈晓东，金碚. 信息社会背景下区域协调发展的新思考[J]. 区域经济评论，2017（6）：39-47.

③ 方环非，周子钰. 马克思主义城市空间理论的重构——一个新马克思主义的视角[J]. 中共浙江省委党校学报，2015（6）：44-49.

④ 张继龙. 论大卫·哈维的城市空间思想及其现实意义[J]. 科学·经济·社会，2016（3）：1-7.

况》《政治经济学批判》《德意志意识形态》《论住宅问题》和《资本论》等著作中，马克思、恩格斯对资本主义城市现象开展了相关研究。[①]

马克思在《资本论》中指出，资本力求使一切事物服从尽量少损耗时间这道无上的命令，从而导致了城市区位结构不断突破，克服自己存在的现有空间界限。城市发展由内向外扩张、延伸，已是资本和雇佣劳动发展的空间表现。恩格斯通过对城市空间的描述，将资本主义的发展与人们的活动置于其中：一方面，城市空间作为动态的变化领域影响和塑造人们的行为习惯与精神意识；另一方面，城市居民的行为和活动随着空间进程的发展和变化来实现。空间成为城市生活中人与人世间社会关系的主要因素。《英国工人阶级状况》中有对当时大城市区位结构的分析：市中心是一个广阔的商业区，周围环绕着带状的工业区和贫民窟，外面住着中等资产阶级，郊外则住着高等资产阶级。

传统马克思主义城市空间理论认为，区域空间中城乡的产生是资本主义发展的结果，生产力的发展和社会分工的扩大是导致城乡分离的原因，而且"城市人口比农村人口大大增加起来"，表明城乡不仅从空间形态完成分离而且生产要素也向城市聚集，使城市渐渐成为区域发展的中心。[②] 马克思认为，资本关系推动着城市的发展，城市是生产要素空间集聚的主要场所。[③]实际上，在关注城乡空间分离问题的同时，传统马克思主义城市空间理论也非常关注城乡对立的问题。产业革命推动城乡加剧分离，这种分离和对立，最终会导致农村破产。而随着资本主义进入城市化、全球化时代，城市矛盾多元化，围绕城市空间的生产、消费引发的城市问题日益突出，给传统马克思主义城市空间理论带来挑战。

3.1.3.2 新马克思主义城市空间理论

20世纪60年代以来，城市化、全球化进程都不断加快，两者相互交织、相互促进。在这一发展浪潮中，资本主义国家普遍出现了城市郊区化的现象，使传统的中心城市面临诸如就业机会锐减、失业率上升、税收下降、财政危机等多种问题。为了适应和满足时代赋予城市研究的新要求，一批马克思主义城市空间理论学者开始针对城市的空间结构、性质功能，全球化、信息化背景下的城市形态和城市平衡发展等展开系列研究[④]，亨利·列斐伏尔、曼纽尔·卡斯特和大卫·哈维是其中的主要代表，他们重构了新马克思主义城市理论体系。[⑤]

新马克思主义城市空间理论从空间维度重新审视城市的主体性地位。[⑥]资本

[①][⑥] 张继龙. 论大卫·哈维的城市空间思想及其现实意义 [J]. 科学·经济·社会, 2016 (3)：1-7.

[②] 夏一璞. 马克思资本空间化思想的现实启示 [J]. 重庆社会科学, 2018 (5)：13-21.

[③][⑤] 方环非, 周子钰. 马克思主义城市空间理论的重构——一个新马克思主义的视角 [J]. 中共浙江省委党校学报, 2015 (6)：44-49.

[④] 张佳. 新马克思主义城市空间理论的核心论题及其理论贡献 [J]. 江汉论坛, 2017 (9)：70-75.

主义条件下的空间本身已经进入了生产领域。亨利·列斐伏尔强调"要从关注空间中的事物转移到关注空间的生产"。曼纽尔·卡斯特从消费领域入手，以"集体消费"为核心概念分析了消费对当代城市空间的主导作用。大卫·哈维将马克思主义资本理论与地理学、空间思想有机结合，研究城市空间的问题，他在《资本的城市化》一书中从资本投资促使交通运输产业发展从而使"时间消灭空间"、国外贸易产生新的国际分工和资本主义世界性的危机、这种危机的地理特征以及解决的方式"空间修复"（指资本趋向高利润、低成本的外围地区从而缓解其内部危机的现象）三个方面作了系统阐释①，并从城市空间的资本化、城市与阶级运动的关系和城市空间想象等方面对未来城市建设作出富有创见的预测。② 他使用"时空压缩"来描述城市空间的特性，城市化进程中人的精神不能与新的城市空间相适应，城市空间呈现出异质化的特征。

新马克思主义城市理论认为，全球化造成城市建设更趋于同质化和城市发展失衡。城市的规划与建设让城市呈现千篇一律的空间形态，城市的地方属性不断丧失③，全球化导致的城市之间和城市内部的发展失衡。大卫·哈维指出，西方资本主义国家城市中心区发生的"去工业化"现象导致投资下降、失业增多、经济萧条等问题，而发展中国家的工业城市也逐步成为一座满足国际市场需要的制造业孤岛。城市边缘地区与大城市中心区的分化日益加重，大城市中心区土地短缺、地价上涨、交通拥堵、环境恶化等问题导致富裕的中产阶级又迁往郊区生活，继而形成人口、工业和服务业郊区化。大卫·哈维指出，全球化背景下资本的全球流动会造成空间经济内部分裂、动荡和发展的不平衡。④

新马克思主义城市理论还探讨了信息化对城市空间的影响。亨利·列斐伏尔认为，在信息化、网络化背景下，城市在全球经济中的枢纽地位是决定其成为"全球城市"的关键。曼纽尔·卡斯特指出，信息技术使城市空间分散成为可能。信息技术等引导世界各地兴建了很多"科技城"和"城市群"，城市布局更趋向于多中心的网状结构，而且信息技术让远距离工作成为现实，信息化"促进了新型空间即流动空间的兴起"。⑤

---

① 叶超. 马克思主义与城市问题结合研究的典范——大卫·哈维的《资本的城市化》述评[J]. 国际城市规划, 2011（4）: 98-101.

② 张继龙. 论大卫·哈维的城市空间思想及其现实意义[J]. 科学·经济·社会, 2016（3）: 1-7.

③⑤ 张佳. 新马克思主义城市空间理论的核心论题及其理论贡献[J]. 江汉论坛, 2017（9）: 70-75.

④ 大卫·哈维. 后现代的状况——对文化变迁之缘起的探究[M]. 阎嘉, 译. 北京: 商务印书馆, 2003.

3.2 理论分析框架

3.2.1 数字经济指数的测度

对城市群城市的数字经济水平进行科学测度和评估是本书的逻辑起点和基础。所以,如何科学测度数字经济指数来客观反映城市群城市数字经济发展水平至关重要,具体涉及测度的方法、测度指标体系的建立。

目前,国内外学界、政府部门对数字经济的测度开展了相关研究和实践。总体上,对数字经济的测度主要有两种途径:一是直接法,它是先界定数字经济的范围,然后对某区域的数字经济规模总量进行测算,得到的是绝对值。二是间接法,即通过选取多项指标构建指标体系,采用数学方法测算选定区域的数字经济发展水平,得到某个指数测度区域数字经济发展的相对水平,它是相对值。具体如表3-1所示。

表3-1　国内外数字经济相关指标体系一览[①]

	指数名称	发布方	相关度	一/二/三级指标数	首次发布时间	出处
国外	数字经济与社会指数(DESI)	欧盟	高	5/12/31	2014	*Digital Economy and Society Index (DESI) 2017*
	有关数字经济的评测建议	美国商务部	高	无	2016	*Measuring the Digital Economy-BEA*
	衡量数字经济	经济合作与发展组织	高	4/38	2014	*Measuring the Digital Economy: A New Perspective*
	网络准备度(NRI)	世界经济论坛	较高	4/10/53	2002	*The Global Information Technology Report 2016*
	ICT发展指数(IDI)	国际电信联盟	较高	3/11	1995	*Measuring the Information Society Report 2017*

---

① 徐清源,单志广,马潮江. 国内外数字经济测度指标体系研究综述 [J]. 调研世界, 2018 (11): 52-58.

续表

	指数名称	发布方	相关度	一/二/三级指标数	首次发布时间	出处
国内	数字经济指数	中国信通院	高	3/23	2017	中国数字经济发展白皮书（2017）
	数字经济指数	赛迪顾问	高	5/34	2017	2017中国数字经济指数（DEDI）
	全球数字经济竞争力指数	上海社科院	高	4/12/24	2017	全球数字经济竞争力发展报告（2017）
	"互联网+"数字经济指数	腾讯	高	4/14/135	2017	中国"互联网+"数字经济指数2017
	中国数字经济指数	财新等	较高	4/18	2017	中国数字经济指数报告（试行版）
	中国城市数字经济指数	新华三集团	较高	4/12/36	2017	中国城市数字经济指数白皮书（2017）
	信息经济指数	国家信息中心	高	4/9/14	2015	2017全球、中国信息社会发展报告
	全球数字经济发展指数	阿里研究院、毕马威	较高	5/14	2018	2018全球数字经济发展指数
	苏州数字经济指数	苏州大学等	较高	3/8/27	2017	基于大数据的苏州数字经济指数研究

资料来源：根据国内外数字经济测度指标体系研究综述及有关研究报告整理而得。

从国外看，美国商务部通过对美国数字经济范围的界定、分析数字化对经济的影响路径来测算数字经济的规模和影响。经济合作与发展组织（OECD）对数字经济的研究起步较早，兼顾使用两种方法测度数字经济，该组织出版的《衡量数字经济：一个新的视角》通过宽带普及率、互联网用户、移动数据通信、互联网发展、网络连接价格、ICT设备及应用、跨境电子商务等38个指标构建了数字经济指标体系。欧盟构建了数字经济与社会指数（Digital Economy and Society Index，DESI），用来反映欧盟各国数字经济发展程度。世界经济论坛（WEF）从2002年开始发布网络准备度指数（NRI），重点关注信息技术领域。联合国国际电信联盟（ITU）自1995年开始发布《衡量信息社会报告》和ICT发展指数（IDI），构建了包含11项内容的指标体系，这对我们数字经济测度指标的选取具有较好的参考价值。

从国内看，中国信息通信研究院研究发布的《中国数字经济发展白皮书》[①]兼顾使用了两种方法，测算中国数字经济总体规模时使用了直接法，并通过间接法利用大数据投融资、云计算服务、市场规模、物联网终端用户数、移动互联网

---

① 中国信息通信研究院2015年开始发布《中国信息经济研究报告》，2017年起报告名称改为《中国数字经济发展白皮书》。

接入流量、固定宽带接入时长、固定宽带用户数、移动宽带用户数、第三产业增加值、电子信息产业进出口总额、信息消费规模等指标构建了数字经济指数（DEI），用来观测数字经济发展情况。赛迪顾问中国数字经济指数（DEDI）将数字经济划分为基础型、资源型、技术型、融合型和服务型 5 个维度 34 项指标。

国家信息中心 2015 年发布了《全球、中国信息社会发展报告》，构建了信息社会指数（ISI），从信息经济、网络社会、在线政府和数字生活 4 个维度 14 项指标考察信息社会的发展水平。① 其中，经济发展指数、人力资源指数、产业结构指数与发展方式指数组成了信息经济指数，反映一个地区信息社会经济方面的可持续发展潜力。

腾讯联合京东、滴滴出行等从 2015 年起发布腾讯"互联网+"数字经济指数，反映全国 31 个省（自治区、直辖市）、351 个城市"互联网+"数字经济发展情况。这是国内较早针对城市发布的数字经济指数。该指数依托的指标数据行业特色鲜明、专属性强，但其他研究机构不易获得。

财新智库等机构发布的中国数字经济指数（CDEI）②，创新性强、亮点突出、时代特征明显，重点关注数字经济对整个社会效率提升的能力，能够较好反映数字经济的发展状况，但是抓取的数据有待进一步验证，理论基础有待深化。

新华三集团发布的城市数字经济指数（DEI）是国内较早针对中国城市数字经济发展水平的评估体系，该指数选择了城市信息基础、城市服务、城市治理以及产业融合这几个方面，并细化指标，综合测算我国城市数字经济发展水平，测算城市的范围从最初的 40 个已经扩大到 2018 年的 100 个。上海社科院发布的全球数字经济竞争力指数包含数字设施、数字产业、数字创新、数字治理这四大方面的指标。苏州发布的中国（苏州）数字经济指数是一个针对地方数字经济发展水平的指数，包含发展环境、信息产业和电子政务三个方面。

阿里研究院和毕马威联合发布的全球数字经济发展指数通过构建数字经济五因素模型③，用来描述数字经济的发展水平和发展路径，覆盖了 150 个国家和地区。

部分学者也做了一些这方面的探索。比如，张雪玲、焦月霞从信息通信基础

---

① 人均 GDP 指数、成人识字指数、教育投入指数、大学生指数、产值结构指数、就业结构指数、研发投入指数、创新指数、能效指数、固定宽带支付能力指数、人均寿命指数、城镇化指数、空气质量指数、移动电话指数。

② 数字经济产业指数：大数据产业、互联网产业的劳动投入、人工智能产业。数字经济融合指数：工业互联网智慧供应链、共享经济、金融科技。数字经济溢出指数：制造业占比、其他行业对数字经济的利用率、其他行业分别占比。数字经济基础设施指数：数据资源管理体系、互联网基础设施、数字化生活应用普及程度。

③ 包括：互联网渗透率，每百人移动电话用户，平均网速，移动电话消费能力指数，移动流量消费能力指数，社交网络渗透率，网购渗透率，移动支付渗透率，企业新技术吸收水平，独角兽数量，数字产业生态发展水平，在线服务覆盖水平，ICT 专利数量，数学、计算机科学高引用论文指数。

设施、ICT 初级应用、ICT 高级应用、企业数字化、信息和通信技术产业 5 个方面选取互联网、移动电话和宽带用户数、电子商务、信息和通信技术产业增加值占比等相关指标，构建数字经济发展评价指标体系，用熵值法等测算了 2007～2015 年我国数字经济发展状况。①

综上可见，鉴于数据和研究范围不同，对数字经济的衡量方法、构建的指标体系各具特色，学界、业界及政府部门等尚未取得一致意见。其中，以对全球、国家、省际等区域范畴作为整体研究对象进行数字经济指数测度的居多，以城市为研究对象进行数字经济指数测度的较少。为科学测度城市数字经济发展水平，在借鉴已有数字经济测度方法、指标选取的基础上，兼顾数据的可得性，遵循科学性与规范性原则、有效性与简明性原则，本书构建城市数字经济指数评价指标体系，包括数字基础设施、数字产业基础、科学教育支撑、人力资源支撑、经济发展基础 5 个一级指标，下设 13 个二级指标（见表 3-2），并采用间接方法测度城市的数字经济指数（Digital Economy Index，DEI），进而对相关城市群数字经济发展情况进行分析，并为本书后续研究打下基础。测度方法、指标体系运用及测度结果分析将在第 4 章进行论述。

表 3-2 城市数字经济指数指标体系

综合指标	一级指标	二级指标及计量单位
数字经济指数	数字基础设施	X1 固定电话年末用户数（万户）
		X2 移动电话年末用户数（万户）
		X3 互联网宽带接入用户（万户）
	数字产业基础	X4 邮政业务收入（万元）
		X5 电信业务收入（万元）
		X6 信息传输和计算机服务、软件业（人）
		X7 交通运输、仓储和邮政业（人）
	科学教育支撑	X8 科学技术支出（万元）
		X9 财政一般预算支出中教育支出（万元）
	人力资源支撑	X10 城镇从业人员期末人数（人）
		X11 普通高等学校在校学生数（人）
	经济发展基础	X12 人均 GDP（元）
		X13 第三产业占生产总值的比重（%）

---

① 张雪玲，焦月霞．中国数字经济发展指数及其应用初探［J］．浙江社会科学，2017（4）：32-40+157．

3.2.2 城市群全要素生产率的测度

数字经济的发展对于城市群及内部城市的发展究竟是有利还是不利？本书的基本假设是：数字经济可以促进城市群及内部城市的发展。这就需要进一步找一个衡量指标来检验数字经济对城市群及内部城市发展的促进效果是好还是不好。近年来，中国经济发展进入新常态，实现高质量发展成为经济社会发展的新要求、新目标。通过创新发展，加大创新要素投入来提高全要素生产率（Total Factor Productivity，TFP），推动国家和地区的经济增长、实现高质量发展成为其中重要的内容。鉴于此，本书选择全要素生产率作为这一衡量指标，并对城市群全要素生产率分别进行测度。

20世纪中期，新古典经济增长理论通过"索洛余值"TFP作为衡量某经济单元生产效率的指标，此后国外学者利用增长核算、扩展索洛余值法、数据包络分析（DEA）、随机前沿生产函数（SFA）等方法开展系列实证研究。国内学者在20世纪90年代开始对中国经济整体、省域等层面的TFP变化情况进行测算，具体如下：

第一，关于研究方法，主要有非参数类和参数类两种，基于DEA模型的Malmquist指数方法属于非参数类典型方法，随机前沿生产函数（SFA）方法属于参数类典型方法。从目前研究来看，学者更多采用DEA-Malmquist指数法对TFP变化进行测算与分解。DEA-Malmquist指数法是估算全要素生产率中应用较为广泛的非参数法，它以相对效率为基础，不用考虑市场竞争情况和估计参数，使用决策单元偏离确定性前沿面的程度作为该DMU的相对效率。所以，DEA-Malmquist指数法可以避免主观性假设带来的影响，并且可以分解为技术进步变化指数和技术效率变化指数。

第二，关于研究内容，主要有三种：一是基于新中国成立以来的全要素生产率变化情况，分析TFP对经济增长的贡献。大多数研究结果认为，TFP增长对经济增长贡献率逐渐提高。二是TFP的区域差异及空间特征。通过分析一定区域范围内TFP的区域差异，揭示该区域经济增长的原因及其空间特征。三是全要素生产率的影响因素分析，包括生产总值、人力资本、产业结构、基础设施和研发活动等。数字经济对提高作为新经济的重要组成部分，以及作为汇聚各种要素特别是创新要素空间载体的城市群全要素生产率具有重要影响。Chou倡导积极利用ICT提高区域TFP，因为ICT可以通过有效地推动创新来提高TFP。Jorgenson指出，美国在1947~2010年的投资推动了经济复苏，特别是信息技术投资大大推动了经济增长。

第三，关于研究尺度，以全国、省际或地区数据为基础进行研究的居多，近年来通过分析城市及城市群等微观主体数据研究 TFP 变化的逐渐增多,其中 DEA-Malmquist 指数法被广泛使用。刘秉镰和李清彬等基于地级市整体对 TFP 变化进行测算、分解。张钦和赵俊等分析了不同类型和区域城市的 TFP 时空特征及影响因素。李郇等采用 DEA 方法研究发现,规模效率的下降是造成中国城市效率普遍较低的主要因素。金相郁利用 Malmquist 指数法研究发现,城市规模与 TFP 负相关,并且技术进步是提高城市 TFP 的主要途径。高春亮估算我国 1998~2003 年 216 个城市的 Malmquist 指数,发现我国城市 TFP 改善明显。刘秉镰和李清彬利用基于 DEA 模型的 Malmquist 指数法研究了中国 196 个主要城市 1990~2006 年城市 TFP 的动态变化。戴永安研究了 2001~2007 年 266 个地级以上城市的 TFP 发现,城市间效率差异明显。

在中国,城市群尺度上关于 TFP 的研究才刚刚开始。方创琳和关兴良研究发现,中国城市群投入产出效率总体较低,TFP 呈下降趋势且由东向西逐渐降低。黄金川研究发现,13 个样本城市群平均综合技术效率有明显提升但空间不均衡。张学良和孙海鸣、王德利和王岩等也做了深入研究。余静文和王春超采用 Malmquist 指数对 2003~2007 年京津冀、长三角、珠三角 3 个城市群 TFP 全要素生产率进行了测算,发现城市群 TFP 出现了较低水平的负增长。

综上,本书将采用 DEA-Malmquist 指数法对长三角城市群、京津冀城市群、珠三角城市群、中原城市群、成渝城市群和关中平原城市群的全要素生产率进行测度并分解,为后文检验数字经济对城市群全要素生产率以及城市群空间联系的影响打下基础。

3.2.3 数字经济对城市群全要素生产率的影响

以信息通信技术为基础的数字经济,在与传统产业融合发展的过程中,创新产生很多新业态、新模式,不仅在深刻改变着传统产业的生产方式,而且在深刻改变着人们的生活方式,重塑产业竞争格局、空间分布和区域间的空间联系。20 世纪 80 年代,诺贝尔经济学奖获得者索洛(Robert Solow)发现了一个奇怪的现象:虽然美国投入大量资源到信息技术领域,但是效果不好,尽管到处都是计算机,但是对生产率的提升作用很小。这种现象被称为"索洛悖论",它引起很多学者的关注。但是,索洛当时并未真正意识到互联网的伟大作用。实际上,互联网可以加快信息的高效传播,而基于信息技术、互联网等发展的数字经济可以通过与其他产业融合,加快要素流动,降低流通成本,加快产业转型升级。特别是通过网络效应,可以进一步密切城市群空间经济联系。

内生经济增长理论认为,信息基础设施通过直接投资促进经济增长,并通过加快人力资本积累、降低信息不对称性等产生溢出效应,进而影响全要素生产率。所以，以信息技术为发展基础的数字经济应该也具有溢出效应，影响城市群全要素生产率。内生经济增长理论把基于整个社会的知识积累所开展的各类创新活动视为推动经济增长的重要动力，其中，信息的生产和传播效率对全社会知识的积累至关重要。实际上，数字经济的发展正是这种积累的直接体现。受基于信息技术、信息基础设施发展的数字经济的影响，区域之间、城市之间的经济联系正在加强，但是受区位、距离和经贸往来等方面因素的影响，数字经济的影响又是多方面的，它对生产要素、技术、人力资本等的流出区域和流入区域都有影响，会影响城市群及内部城市的全要素生产率的发展水平。所以，很有必要弄清楚数字经济对城市群、城市的全要素生产率的影响。

基于信息技术、信息基础设施发展的数字经济，作为一种新的经济形态，在发展过程中势必依赖并推动信息技术、信息基础设施的发展，也使自身不断突破时空局限，促进全社会知识的共享和整合，推动社会的技术进步和全要素生产率的提升。社会资本理论学的作用机理是，创新活动的高不确定性、资本家的风险规避倾向以及信息不对称引发的道德风险将导致研发投入的不足，这种情况就促使风险资本加强和研发人员的合作，推动创新，促进技术进步。数字经济则具备这些特点，为技术进步创造了良好的环境，会促进城市群的技术进步。信息技术可以降低信息传递成本，提高信息流动速度，消除信息壁垒。

科斯定理表明，如果产权明晰且可交易，在交易费用为零和信息对称的条件下，无论是否存在外部性，交易双方协调的最终结果都将是帕累托最优结果。但是，在经济活动中，信息往往是不对称的。而数字经济的发展，特别是平台经济的发展，减少了信息的不对称性，如淘宝、京东等，这在一定程度上会提高交易的效率。但是，数字经济的发展也可能会产生垄断，尽管随着技术迭代，垄断可能会被削弱，但是垄断的现象在数字经济中可能难以避免。一旦出现垄断，则必然会增加信息的不对称性，降低交易效率，出现规模不经济。所以，数字经济既可以促进技术效率，也可能会抑制技术效率。这需要结合城市群及内部城市的具体情况做分析。熊彼特针对经济增长理论曾提到"破坏性创新"，即技术进步推动创新是在曲折中进行的，呈螺旋形上升的状态。实际上，全要素生产率会受技术进步和技术效率的共同影响，不同城市群全要素生产率的提升可能是技术进步驱使的，也可能是技术效率提高驱使的。为此，可以通过DEAP软件计算城市群城市的全要素生产率并进行分解，分别得到全要素生产率变化指数（TFP）、技术进步变化指数（TECH）、技术效率变化指数（EFF），以作进一步检验。

我国不同区域的城市群发展数字经济的水平和阶段不尽相同，数字经济对城市群全要素生产率可能存在普遍性影响，也可能存在异质性影响。为此，我们假设，整体上数字经济会促进城市群全要素生产率的提升，但鉴于不同城市群数字经济发展水平、发展基础的差异性，在个别城市群可能会出现不同的情况。同时，数字经济对于城市群技术进步是促进的，但是对于技术效率则可能表现为抑制作用，当然，不同城市群可能会有不同的表现。

3.2.4 数字经济对城市群空间联系的网络效应

城市之间的网络关系一直是经济地理学家研究的热点，随着时代的变迁，学者用于研究城市之间网络联系的研究媒介、研究方法也在发生变化。荷兰学者 Zonneveld 在研究中利用城市间依托交通、信息情况产生的经济联系，提出了城市网络的概念。Goetz、Matsumoto 和 Mitchelson 等从交通、物流视角研究了航空、港口、铁路运输量及快递物流等影响城市网络形态的机理情况。

3.2.4.1 使用百度指数表征信息流

随着信息技术、大数据、互联网、物联网等技术的发展，其在新经济地理学、区域经济学等方面研究中的作用日益凸显，被越来越多的学者应用在研究中。数字经济时代，城市网络的表现形式更加多样。城市之间的信息、人才、资本、技术等要素的流动所织就的网络从交通、传统邮件、银行等媒介发展到微信、QQ 等即时通信及电子邮件、网购、科技金融等以互联网为基础的新媒介织就的城市空间联系网络。可以说，互联网在城市网络、城市联系中的作用越来越突出，城市之间的联系也逐渐从看得见的"物质联系"发展到看不见的"流量联系"，从现实世界的"物理空间"发展到虚拟世界的"流空间"。Castells 流空间理论从新的视角使用量化分析方法研究了城市网络问题。戴特奇等使用我国铁路客运流的数据，分析了城市群中的中心极化、区域重组、空间关联等问题。甄峰等基于新浪微博这一互联网媒介的数据，研究分析了我国城市网络分层聚集的现象。汪明锋等利用互联网城市网络节点的可达性分析了城市的等级体系。熊丽芳等基于长三角城市群、京津冀城市群和珠三角城市群的百度指数数据，分析了城市群的差异性和影响城市网络空间格局的因素。蒋大亮等利用百度指数分析了长江中游城市群城市网络特征。王方方和杨焕焕基于粤港澳大湾区城市群的经济联系数据，运用网络分析法分析了城市群空间经济网络结构及其影响因素。

在数字经济时代，信息技术、大数据、互联网的发展为城市群空间联系研究方法的创新提供了更多可能，如百度指数。百度拥有目前世界上最大的中文信息库，百度指数的城市用户关注度数据就是利用程序进行挖掘，并将其模拟成信息流，以此来反映城市之间的联系，它是城市综合实力的反映。所以，使用基于百度搜索引擎获取的城市关注度数据表征城市之间的信息流具有较好的代表性，可以借助其客观反映城市群内部城市之间的空间联系。本书使用百度指数表征的信息流作为研究城市群内部城市之间空间联系的媒介，采用社会网络分析方法深入分析城市群的百度指数中心度、网络密度和凝聚子群；运用 Ucinet 6 软件和 QAP 方法，使用城市群经济联系强度矩阵，分析城市群网络空间联系的影响因素。

3.2.4.2 社会网络分析（SNA）方法

社会网络分析（SNA）是通过图论、计量模型等对群体成员之间的关系和结构进行分析的一种方法。它可以通过 Ucinet 软件，运用网络密度、中心性、凝聚子群等指标对城市群内部城市的经济网络结构进行分析，可以更加直观地呈现城市群整体及城市间的经济联系。

（1）网络密度（Density）。网络密度通过城市群中城市之间实际存在的关系数与理论上可能存在的最大关系数之比来测算，它反映城市间的联系的紧密程度。网络密度越大，表明城市之间的联系越密切。其计算公式为：

$$D = \sum_{i=1}^{n} \sum_{j=1}^{n} m/n(n-1)$$

其中，D 为网络密度，n 为城市群城市节点总数，m 表示城市 i、城市 j 之间存在的关系数量。

（2）网络中心性（Network Centrality）。网络中心性用来表示城市在城市群中所处的中心位置的程度，反映城市在城市群中的影响力。某节点城市的中心度越高，表示该城市越居于城市群经济网络的中心位置，在共享各类资源、获取各类信息、对外实施影响力方面更具优势。本书用度中心度、接近中心度和结构洞来测度城市群网络中心性。

城市群经济联系是有向的，度中心度分为入度和出度，前者表示节点城市受其他城市影响的程度，后者表示节点城市影响其他城市的能力。度中心度公式为：

$$C = \sum_{i=1}^{n} \sum_{j=1}^{n} m/n(n-1)$$

其中，C 为网络中心度，n 为城市群城市节点总数，m 表示城市 i、城市 j 之间存在的关系数量。

接近中心度是用距离概念来测量节点城市在城市群网络中的中心位置，接近中心度越高，表明该城市与城市群经济网络中其他城市的联系越紧密，分享资源的能力越强。接近中心度公式为：

$$C' = n - 1/\sum_{j=1}^{n} d_i(n_i, n_j)$$

其中，C' 为接近中心度，$d_i(n_i, n_j)$ 为城市 i 和城市 j 之间的最短距离，n 为城市群城市节点总数。C' 值越大，表示该城市与城市群经济网络中其他城市的联系越紧密。

（3）凝聚子群（Cohesive Subgroup）。凝聚子群分析通过考察成员间相对稳定、紧密、积极的关系模式，从而对子群间亲疏关系进行界定。通过对城市群经济联系网络结构进行聚类分析，可以发现城市群中哪些节点城市间经济联系更为紧密、一共存在多少个子群及各子群中城市间相互作用的关系。

3.2.5 数字经济对城市群空间联系的溢出效应

新经济地理学理论创立以来，不少国内外学者试图运用一般空间均衡分析方法探索经济体的空间集聚模式及对区域经济增长的影响机理。有关学者研究发现，城市间存在显著的空间相关性。在数字经济背景下，城市群城市间的空间相关性如何？数字经济可能带来什么样的空间溢出效应？本书把空间要素考虑进来，通过空间计量模型检验数字经济对城市群经济增长的空间溢出效应。

首先，需要构建空间权重矩阵。它是描述空间观测单元相对位置关系和度量空间相关性的重要工具，矩阵中的权重代表的是各城市群城市之间的依赖程度，是进行空间检验的基础。地理空间权重矩阵、经济空间权重矩阵和经济地理权重矩阵是三种最常见的空间矩阵，在计量模型中是同时使用三种还是选择其中一种作以检验，具体可以根据检验结果作出选择。

其次，使用莫兰指数（Moran's I）分析城市群的空间相关性。Moran's I 指数和 Geary's C 指数等是进行空间相关性检验常用的方法，本书将使用莫兰指数来描绘城市群全局空间自相关。尽管全局空间自相关可以反映城市群整体空间分布的情况，但不能显示城市群内部城市间的空间集聚特征，所以，为了衡量城市群城市与群内其他城市间的空间相关性和空间差异程度，本书使用 Moran 散点图对城市群内部城市进行局部空间自相关检验。局部 Moran's I 散点图将把城市群内部城市空间关联分为第一、第二、第三、第四4个象限，分别为双高型、低高型、双低型和高低型空间联系。第一象限、第三象限表示城市间呈空间正相关，第二象限、第四象限则表示城市间同一观测值的空间负相关性。

最后，通过空间面板模型检验溢出效应。常用的空间面板模型主要有空间滞后模型（SAR）、空间误差模型（SEM）和空间杜宾模型（SDM），有些文献使用多种模型进行检验，有的文献选择其中一种。国内文献对于空间面板计量模型的选择，主要有两种处理方式：一是直接选用一种或几种模型，然后比较检验结果；二是根据 Anselin 提出的空间面板 LM 检验，即用分块对角矩阵代替传统计量模型中的空间权重矩阵 W。国内学者何江、张馨之和李婧等都采用了这种处理方式。具体做法是用分块对角矩阵 C＝Ti×W（其中，Ti 为 T 的单位矩阵）代替传统计量公式中的 W，就可以将 LM-Lag、LM-Err 及其稳健形式 Robust LM-Lag、Robust LM-Err 的检验比较方便地扩展到空间面板数据的分析中。

在模型选择的方法上，可以在进行空间面板数据分析后，根据 LM-Lag、LM-Err、Robust LM-Lag、Robust LM-Err 的显著情况进行计量模型选择。看 LM-Lag、LM-Err 检验结果的显著性情况，若只有 LM-Lag 显著，则选择空间滞后模型（SAR）；若只有 LM-Err 显著，则选择空间误差模型（SEM）；若两者均显著，则进一步看 Robust LM-Lag、Robust LM-Err 的显著情况。若只有 Robust LM-Lag 显著，则选择空间滞后模型；若只有 Robust LM-Err 显著，则选择空间误差模型；若两者都显著，则选择空间杜宾模型（SDM）。实际上，空间滞后模型、空间误差模型不能考察邻近区域解释变量对被解释变量的影响，也不能检验直接效应、溢出效应和总效应的情况，而空间杜宾模型则可以弥补这一缺陷。同时，空间杜宾模型是空间滞后模型和空间误差模型的一般表达形式，兼顾考虑了两者的特点，很多文献在分析中直接选用空间杜宾模型进行进一步的空间计量分析。

3.3 简要述评

本章从三个方面概述了相关基础理论，并阐释了全书的理论分析框架。首先，对增长极理论、核心边缘理论、点-轴系统理论和网络城市理论等空间经济联系相关理论进行了系统梳理。这些理论主要描述了城市群发展及其空间经济联系的客观规律，是研究城市群空间经济联系的理论基础。其次，对区位理论及其在数字经济时代的理论延展进行了综述，主要包括杜能农业区位理论、韦伯工业区位理论、克里斯泰勒中心地理论、廖什市场区位理论等古典区位理论，新经济地理学区位理论和信息产业区位理论。此外，对马克思主义城市空间理论进行了综述。最后，本书从数字经济指数及城市群全要素生产率的测度、数字经济对城市群全要素生产率的影响、数字经济对城市群空间联系的溢出效应、数字经济背景下城市群空间联系的网络效应等方面系统梳理了本书的理论分析框架，为后文的计量分析打下基础。

第4章 城市群数字经济指数测度及时空特征分析

当前,随着数字经济的快速发展,如何测度和衡量各地数字经济的发展水平成为理论界亟待回答的现实问题。由于数字经济以数据资源为关键要素,涉及跨行业、跨区域等很多问题,特别是现行基于传统经济条件的统计模式、统计口径、产业分类体系等与数字经济的发展实际不相适应。这使研究者无法全面掌握数字经济的统计数据,难以对数字经济进行准确测量,制约了人们对数字经济总体发展形势的准确把握。因此,加强对数字经济发展水平的科学测度,客观反映数字经济发展水平、规模及其对经济社会发展的影响,其重要性、紧迫性日益突出。

4.1 指标体系与研究区域

为科学测度城市数字经济发展水平,在借鉴已有数字经济测度方法、指标选取的基础上,兼顾数据的可得性,遵循科学性与规范性原则、有效性与简明性原则,本书构建城市数字经济指数评价指标体系,包括数字基础设施、数字产业基础、科学教育支撑、人力资源支撑、经济发展基础5项一级指标,下设13个二级指标,具体如表3-2所示。

本书研究区域为长三角城市群、京津冀城市群、珠三角城市群、中原城市群、成渝城市群和关中平原城市群所涉及的106个地级市,具体为:

长三角城市群的上海、南京、无锡、常州、苏州、南通、盐城、扬州、镇江、泰州、杭州、宁波、嘉兴、湖州、绍兴、金华、舟山、台州、合肥、芜湖、马鞍山、铜陵、安庆、滁州、池州、宣城;京津冀城市群的北京、天津、石家庄、唐山、秦皇岛、邯郸、邢台、保定、张家口、承德、沧州、廊坊、衡水;珠三角城市群的广州、深圳、珠海、佛山、东莞、惠州、中山、江门、肇庆、汕尾、清远、云浮、河源、阳江；中原城市群的郑州、开封、洛阳、平顶山、安阳、鹤壁、新乡、焦作、濮阳、许昌、漯河、三门峡、南阳、商丘、信阳、周口、驻马店、长治、晋城、运城、聊城、菏泽、阜阳、宿州、淮北、蚌埠、亳州；成渝城市群的重庆、成都、自贡、泸州、德阳、绵阳、遂宁、内江、乐山、南充、眉山、宜宾、广安、达州、雅安、资阳；关中平原城市群的西安、铜川、宝鸡、咸阳、渭南、商洛、天水、平凉、庆阳、临汾。

4.2 评价方法

本书运用熵值法，对 2007~2016 年长三角城市群、京津冀城市群、珠三角城市群、中原城市群、成渝城市群和关中平原城市群所涉及的 106 个城市的数字经济指数，按年度分别进行测度。

熵是对系统不确定性的测度。熵值越大，不确定性越大，越不稳定；熵值越小，不确定性越小，就越稳定。熵值法通过对指标进行客观赋权，可以最大程度消除指标评价中的人为主观性，使结果更具客观性。因此，在对城市数字经济发展水平进行评价时，可以通过熵值法计算各项指标的权重，进而计算出各城市的数字经济指数。具体计算步骤如下：

（1）对数据进行标准化处理。假设需对 m 个对象进行评价，每个对象有 n 项评价指标，则可形成原始指标数据矩阵 $X=(x_{ij})_{m \times n}$，x_{ij} 为第 i 个研究对象的第 j 项指标值。要使不同单位的数据具有可比性，必须对其进行标准化处理。因本书选取的评价指标与城市数字经济指数均呈正相关关系，所以直接选用总和标准化法，其计算公式为：

$$P_{ij} = \frac{X_{ij}}{\sum_{i=1}^{m} x_{ij}} (j=1, 2, \cdots, n)$$

（2）计算第 j 项指标的熵值 e_j：

$$e_j = -K \cdot \sum_{i=1}^{m} X_{ij} \ln X_{ij} (j=1, 2, \cdots, n)$$

其中，K 为常数且 K>0，ln 为自然对数。一般令 $K=\frac{1}{\ln m}$，$e_j \geq 0$，$0 \leq e \leq 1$。

（3）计算第 j 项指标的差异系数 g_j：

$$g_j = 1-e_j$$

(4) 计算第 j 项指标的权重系数 W_j：

$$W_j = \frac{g_j}{\sum_{j=1}^{m} g_j} (j = 1, 2, \cdots, m)$$

(5) 计算各对象的综合得分 S_i：

将标准化后的值 P_{ij} 和每项评价指标的权重 W_j 相乘，得到第 i 个对象第 j 项评价指标的综合评价得分（即本书第 i 个城市的数字经济指数）：

$$S_i = \sum_{j=1}^{m} W_j \times P_{ij} (i = 1, 2, \cdots, n)$$

4.3 测算结果

4.3.1 指标体系权重

根据上述方法，计算得到 2007~2016 年数字经济指标体系所占权重，具体如表 4-1 所示。

表 4-1 2007~2016 年数字经济指标体系权重

二级指标及计量单位	2007年	2008年	2009年	2010年	2011年	2012年	2013年	2014年	2015年	2016年
X1 固定电话年末用户数（万户）	0.0408	0.0465	0.0470	0.0473	0.0518	0.0493	0.0516	0.0516	0.0580	0.0580
X2 移动电话年末用户数（万户）	0.0561	0.0521	0.0469	0.0446	0.0466	0.0448	0.0436	0.0435	0.0417	0.0384
X3 互联网宽带接入用户（万户）	0.0824	0.0781	0.0702	0.0787	0.0622	0.0507	0.0505	0.0505	0.0493	0.0371
X4 邮政业务收入（万元）	0.0715	0.0966	0.0926	0.0915	0.1041	0.1145	0.1161	0.1160	0.1157	0.1408
X5 电信业务收入（万元）	0.0848	0.0959	0.0983	0.1056	0.0657	0.0677	0.0744	0.0743	0.0744	0.0954
X6 信息传输和计算机服务、软件业（人）	0.1540	0.1576	0.1636	0.1527	0.1583	0.1470	0.1399	0.1399	0.1416	0.1393
X7 交通运输、仓储和邮政业（人）	0.0611	0.0521	0.0494	0.0495	0.0715	0.0659	0.0579	0.0579	0.0685	0.0490
X8 科学技术支出（万元）	0.1529	0.1379	0.1475	0.1592	0.1685	0.1507	0.1570	0.1569	0.1671	0.1704

续表

二级指标及计量单位	2007年	2008年	2009年	2010年	2011年	2012年	2013年	2014年	2015年	2016年
X9 财政一般预算支出中教育支出（万元）	0.1117	0.1096	0.1080	0.1092	0.1047	0.1318	0.1238	0.1238	0.1137	0.1104
X10 城镇从业人员期末人数（人）	0.0572	0.0544	0.0543	0.0539	0.0560	0.0666	0.0658	0.0662	0.0644	0.0556
X11 普通高等学校在校学生数（人）	0.0984	0.0910	0.0969	0.0861	0.0898	0.0902	0.0907	0.0907	0.0871	0.0865
X12 人均GDP（元）	0.0028	0.0031	0.0030	0.0033	0.0039	0.0041	0.0041	0.0041	0.0028	0.0028
X13 第三产业占生产总值的比重（%）	0.0262	0.0251	0.0223	0.0185	0.0169	0.0168	0.0245	0.0245	0.0156	0.0161

数据来源：根据计算整理所得。

4.3.2 城市数字经济指数及排名

进一步计算得到2007~2016年长三角城市群、京津冀城市群、珠三角城市群、中原城市群、成渝城市群和关中平原城市群106个城市的数字经济指数及其排名，具体如表4-2、表4-3所示。

表4-2 2007~2011年城市数字经济指数及排名

排名	城市	年份	指数	城市	年份	指数	城市	年份	指数	城市	年份	指数	城市	年份	指数
1	北京	2007	0.1345	北京	2008	0.1440	北京	2009	0.1489	北京	2010	0.1620	北京	2011	0.1542
2	上海	2007	0.0838	上海	2008	0.0988	上海	2009	0.1127	上海	2010	0.0854	上海	2011	0.0900
3	广州	2007	0.0401	深圳	2008	0.0482	深圳	2009	0.0527	深圳	2010	0.0548	广州	2011	0.0441
4	天津	2007	0.0373	广州	2008	0.0462	广州	2009	0.0480	广州	2010	0.0444	深圳	2011	0.0439
5	深圳	2007	0.0350	天津	2008	0.0420	天津	2009	0.0414	天津	2010	0.0415	天津	2011	0.0377
6	重庆	2007	0.0335	重庆	2008	0.0346	杭州	2009	0.0306	重庆	2010	0.0395	重庆	2011	0.0375
7	杭州	2007	0.0272	成都	2008	0.0312	重庆	2009	0.0280	南京	2010	0.0344	杭州	2011	0.0317
8	成都	2007	0.0240	杭州	2008	0.0284	西安	2009	0.0250	杭州	2010	0.0314	苏州	2011	0.0272
9	南京	2007	0.0230	苏州	2008	0.0226	南京	2009	0.0241	西安	2010	0.0248	成都	2011	0.0254
10	珠海	2007	0.0217	南京	2008	0.0225	苏州	2009	0.0226	成都	2010	0.0232	南京	2011	0.0249
11	中山	2007	0.0214	宁波	2008	0.0211	成都	2009	0.0215	苏州	2010	0.0215	西安	2011	0.0236
12	西安	2007	0.0212	西安	2008	0.0203	宁波	2009	0.0183	宁波	2010	0.0174	合肥	2011	0.0209
13	苏州	2007	0.0192	郑州	2008	0.0160	郑州	2009	0.0179	郑州	2010	0.0160	宁波	2011	0.0175
14	宁波	2007	0.0176	佛山	2008	0.0152	佛山	2009	0.0146	佛山	2010	0.0150	石家庄	2011	0.0165

续表

排名	城市	年份	指数	城市	年份	指数	城市	年份	指数	城市	年份	指数	城市	年份	指数
15	郑州	2007	0.0166	石家庄	2008	0.0144	无锡	2009	0.0136	无锡	2010	0.0131	郑州	2011	0.0160
16	石家庄	2007	0.0166	东莞	2008	0.0134	合肥	2009	0.0129	合肥	2010	0.0126	无锡	2011	0.0138
17	惠州	2007	0.0164	无锡	2008	0.0128	石家庄	2009	0.0124	石家庄	2010	0.0126	东莞	2011	0.0126
18	江门	2007	0.0161	合肥	2008	0.0105	东莞	2009	0.0119	东莞	2010	0.0110	佛山	2011	0.0120
19	佛山	2007	0.0135	南通	2008	0.0103	南通	2009	0.0093	南通	2010	0.0091	南通	2011	0.0107
20	无锡	2007	0.0122	唐山	2008	0.0095	金华	2009	0.0088	金华	2010	0.0085	常州	2011	0.0089
21	东莞	2007	0.0109	常州	2008	0.0087	常州	2009	0.0088	常州	2010	0.0082	金华	2011	0.0087
22	云浮	2007	0.0105	金华	2008	0.0087	绍兴	2009	0.0082	唐山	2010	0.0081	唐山	2011	0.0086
23	合肥	2007	0.0103	绍兴	2008	0.0081	唐山	2009	0.0077	中山	2010	0.0080	绍兴	2011	0.0083
24	唐山	2007	0.0101	保定	2008	0.0079	中山	2009	0.0074	绍兴	2010	0.0077	盐城	2011	0.0080
25	保定	2007	0.0094	中山	2008	0.0079	台州	2009	0.0073	保定	2010	0.0076	台州	2011	0.0076
26	清远	2007	0.0092	台州	2008	0.0077	嘉兴	2009	0.0073	台州	2010	0.0074	嘉兴	2011	0.0073
27	南通	2007	0.0088	嘉兴	2008	0.0073	保定	2009	0.0072	嘉兴	2010	0.0072	扬州	2011	0.0071
28	金华	2007	0.0083	邯郸	2008	0.0071	邯郸	2009	0.0066	盐城	2010	0.0069	保定	2011	0.0070
29	常州	2007	0.0083	江门	2008	0.0066	扬州	2009	0.0065	扬州	2010	0.0066	珠海	2011	0.0070
30	肇庆	2007	0.0080	珠海	2008	0.0065	珠海	2009	0.0065	江门	2010	0.0065	邯郸	2011	0.0066
31	河源	2007	0.0078	扬州	2008	0.0063	盐城	2009	0.0064	珠海	2010	0.0065	芜湖	2011	0.0066
32	台州	2007	0.0075	盐城	2008	0.0061	洛阳	2009	0.0062	宣城	2010	0.0064	中山	2011	0.0064
33	绍兴	2007	0.0073	南阳	2008	0.0061	南阳	2009	0.0062	邯郸	2010	0.0060	惠州	2011	0.0059
34	邯郸	2007	0.0071	洛阳	2008	0.0060	江门	2009	0.0058	南阳	2010	0.0059	洛阳	2011	0.0058
35	嘉兴	2007	0.0071	沧州	2008	0.0057	芜湖	2009	0.0057	芜湖	2010	0.0058	绵阳	2011	0.0057
36	盐城	2007	0.0067	自贡	2008	0.0057	达州	2009	0.0057	达州	2010	0.0057	镇江	2011	0.0055
37	沧州	2007	0.0065	镇江	2008	0.0056	泰州	2009	0.0057	惠州	2010	0.0056	泰州	2011	0.0055
38	南阳	2007	0.0063	惠州	2008	0.0056	惠州	2009	0.0055	洛阳	2010	0.0056	南阳	2011	0.0053
39	洛阳	2007	0.0062	泰州	2008	0.0054	镇江	2009	0.0055	泰州	2010	0.0055	南充	2011	0.0052
40	扬州	2007	0.0062	南充	2008	0.0053	临汾	2009	0.0051	镇江	2010	0.0052	江门	2011	0.0049
41	秦皇岛	2007	0.0055	宜宾	2008	0.0049	肇庆	2009	0.0050	临汾	2010	0.0051	达州	2011	0.0048
42	泰州	2007	0.0054	秦皇岛	2008	0.0049	新乡	2009	0.0050	沧州	2010	0.0050	宜宾	2011	0.0047
43	廊坊	2007	0.0054	新乡	2008	0.0048	沧州	2009	0.0049	新乡	2010	0.0048	新乡	2011	0.0045
44	镇江	2007	0.0052	芜湖	2008	0.0048	张家口	2009	0.0048	秦皇岛	2010	0.0045	廊坊	2011	0.0045
45	新乡	2007	0.0051	廊坊	2008	0.0046	秦皇岛	2009	0.0044	商丘	2010	0.0042	蚌埠	2011	0.0044
46	临汾	2007	0.0047	肇庆	2008	0.0045	安庆	2009	0.0044	周口	2010	0.0042	沧州	2011	0.0043

续表

排名	城市	年份	指数	城市	年份	指数	城市	年份	指数	城市	年份	指数	城市	年份	指数
47	邢台	2007	0.0046	运城	2008	0.0045	运城	2009	0.0043	廊坊	2010	0.0041	商丘	2011	0.0043
48	绵阳	2007	0.0046	商丘	2008	0.0044	商丘	2009	0.0042	信阳	2010	0.0041	安庆	2011	0.0042
49	阳江	2007	0.0045	临汾	2008	0.0044	信阳	2009	0.0042	湖州	2010	0.0040	湖州	2011	0.0042
50	芜湖	2007	0.0044	绵阳	2008	0.0042	邢台	2009	0.0042	安阳	2010	0.0040	秦皇岛	2011	0.0042
51	信阳	2007	0.0043	湖州	2008	0.0042	湖州	2009	0.0041	安庆	2010	0.0040	临汾	2011	0.0041
52	商丘	2007	0.0043	张家口	2008	0.0041	聊城	2009	0.0041	邢台	2010	0.0039	邢台	2011	0.0041
53	张家口	2007	0.0043	信阳	2008	0.0041	宜宾	2009	0.0041	咸阳	2010	0.0039	咸阳	2011	0.0041
54	湖州	2007	0.0040	菏泽	2008	0.0041	周口	2009	0.0040	绵阳	2010	0.0039	安阳	2011	0.0039
55	安阳	2007	0.0040	达州	2008	0.0040	安阳	2009	0.0040	菏泽	2010	0.0038	肇庆	2011	0.0038
56	咸阳	2007	0.0040	安阳	2008	0.0040	菏泽	2009	0.0039	宜宾	2010	0.0038	德阳	2011	0.0038
57	平顶山	2007	0.0039	咸阳	2008	0.0039	咸阳	2009	0.0039	阜阳	2010	0.0037	周口	2011	0.0038
58	自贡	2007	0.0039	内江	2008	0.0038	廊坊	2009	0.0039	驻马店	2010	0.0036	信阳	2011	0.0037
59	运城	2007	0.0038	宝鸡	2008	0.0038	清远	2009	0.0038	运城	2010	0.0036	泸州	2011	0.0037
60	承德	2007	0.0038	聊城	2008	0.0038	阜阳	2009	0.0037	清远	2010	0.0036	张家口	2011	0.0037
61	宜宾	2007	0.0038	安庆	2008	0.0038	宝鸡	2009	0.0036	聊城	2010	0.0036	菏泽	2011	0.0036
62	周口	2007	0.0038	平顶山	2008	0.0038	平顶山	2009	0.0036	宝鸡	2010	0.0035	乐山	2011	0.0035
63	菏泽	2007	0.0038	邢台	2008	0.0037	焦作	2009	0.0036	肇庆	2010	0.0035	宝鸡	2011	0.0034
64	驻马店	2007	0.0037	周口	2008	0.0037	驻马店	2009	0.0036	平顶山	2010	0.0034	宣城	2011	0.0034
65	聊城	2007	0.0037	清远	2008	0.0036	蚌埠	2009	0.0035	焦作	2010	0.0034	自贡	2011	0.0034
66	焦作	2007	0.0037	乐山	2008	0.0035	绵阳	2009	0.0035	南充	2010	0.0034	渭南	2011	0.0033
67	安庆	2007	0.0037	承德	2008	0.0035	开封	2009	0.0034	张家口	2010	0.0034	开封	2011	0.0033
68	衡水	2007	0.0036	德阳	2008	0.0035	长治	2009	0.0032	开封	2010	0.0033	平顶山	2011	0.0033
69	南充	2007	0.0036	焦作	2008	0.0035	承德	2009	0.0031	长治	2010	0.0031	驻马店	2011	0.0033
70	宝鸡	2007	0.0035	驻马店	2008	0.0035	南充	2009	0.0031	蚌埠	2010	0.0030	阜阳	2011	0.0033
71	长治	2007	0.0035	泸州	2008	0.0033	许昌	2009	0.0030	渭南	2010	0.0030	运城	2011	0.0033
72	汕尾	2007	0.0034	蚌埠	2008	0.0033	渭南	2009	0.0030	承德	2010	0.0030	焦作	2011	0.0032
73	许昌	2007	0.0034	眉山	2008	0.0032	宣城	2009	0.0030	乐山	2010	0.0030	聊城	2011	0.0032
74	阜阳	2007	0.0033	长治	2008	0.0032	舟山	2009	0.0029	衡水	2010	0.0028	眉山	2011	0.0031
75	德阳	2007	0.0033	许昌	2008	0.0031	乐山	2009	0.0028	舟山	2010	0.0028	滁州	2011	0.0031
76	达州	2007	0.0032	阜阳	2008	0.0030	晋城	2009	0.0028	许昌	2010	0.0028	清远	2011	0.0030
77	开封	2007	0.0032	渭南	2008	0.0029	衡水	2009	0.0027	滁州	2010	0.0027	承德	2011	0.0030
78	蚌埠	2007	0.0031	舟山	2008	0.0029	滁州	2009	0.0027	泸州	2010	0.0026	内江	2011	0.0029

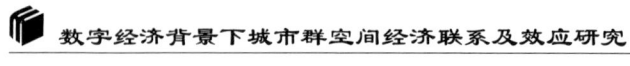

续表

排名	城市	年份	指数	城市	年份	指数	城市	年份	指数	城市	年份	指数	城市	年份	指数
79	乐山	2007	0.0030	衡水	2008	0.0029	宿州	2009	0.0027	晋城	2010	0.0026	长治	2011	0.0028
80	渭南	2007	0.0030	开封	2008	0.0029	云浮	2009	0.0025	宿州	2010	0.0026	广安	2011	0.0028
81	泸州	2007	0.0028	宿州	2008	0.0027	濮阳	2009	0.0025	德阳	2010	0.0025	舟山	2011	0.0027
82	舟山	2007	0.0028	滁州	2008	0.0027	德阳	2009	0.0025	云浮	2010	0.0024	马鞍山	2011	0.0027
83	宿州	2007	0.0027	云浮	2008	0.0026	泸州	2009	0.0024	自贡	2010	0.0022	资阳	2011	0.0027
84	滁州	2007	0.0027	晋城	2008	0.0026	汕尾	2009	0.0023	马鞍山	2010	0.0022	衡水	2011	0.0027
85	晋城	2007	0.0025	遂宁	2008	0.0025	三门峡	2009	0.0022	濮阳	2010	0.0022	许昌	2011	0.0026
86	濮阳	2007	0.0023	广安	2008	0.0023	马鞍山	2009	0.0022	三门峡	2010	0.0022	宿州	2011	0.0025
87	三门峡	2007	0.0022	濮阳	2008	0.0023	阳江	2009	0.0022	汕尾	2010	0.0021	阳江	2011	0.0023
88	内江	2007	0.0022	雅安	2008	0.0023	自贡	2009	0.0021	阳江	2010	0.0021	河源	2011	0.0023
89	马鞍山	2007	0.0021	阳江	2008	0.0022	河源	2009	0.0020	天水	2010	0.0021	遂宁	2011	0.0022
90	亳州	2007	0.0020	三门峡	2008	0.0022	天水	2009	0.0019	亳州	2010	0.0020	雅安	2011	0.0022
91	雅安	2007	0.0019	马鞍山	2008	0.0022	亳州	2009	0.0019	河源	2010	0.0020	天水	2011	0.0021
92	宣城	2007	0.0018	汕尾	2008	0.0022	漯河	2009	0.0019	资阳	2010	0.0018	亳州	2011	0.0020
93	淮北	2007	0.0018	资阳	2008	0.0021	内江	2009	0.0018	淮北	2010	0.0018	云浮	2011	0.0020
94	资阳	2007	0.0017	河源	2008	0.0020	眉山	2009	0.0018	商洛	2010	0.0017	濮阳	2011	0.0019
95	天水	2007	0.0017	亳州	2008	0.0019	淮北	2009	0.0018	漯河	2010	0.0017	晋城	2011	0.0019
96	广安	2007	0.0017	淮北	2008	0.0019	资阳	2009	0.0017	内江	2010	0.0017	汕尾	2011	0.0018
97	漯河	2007	0.0017	漯河	2008	0.0018	广安	2009	0.0016	广安	2010	0.0016	三门峡	2011	0.0018
98	遂宁	2007	0.0016	宣城	2008	0.0018	商洛	2009	0.0015	眉山	2010	0.0016	漯河	2011	0.0017
99	铜陵	2007	0.0016	天水	2008	0.0017	铜陵	2009	0.0015	池州	2010	0.0015	商洛	2011	0.0017
100	眉山	2007	0.0015	商洛	2008	0.0015	遂宁	2009	0.0014	雅安	2010	0.0014	淮北	2011	0.0016
101	商洛	2007	0.0014	铜陵	2008	0.0015	鹤壁	2009	0.0013	遂宁	2010	0.0014	池州	2011	0.0015
102	鹤壁	2007	0.0013	庆阳	2008	0.0014	雅安	2009	0.0013	铜陵	2010	0.0014	铜陵	2011	0.0015
103	庆阳	2007	0.0013	鹤壁	2008	0.0013	庆阳	2009	0.0013	庆阳	2010	0.0014	庆阳	2011	0.0015
104	池州	2007	0.0011	池州	2008	0.0013	池州	2009	0.0012	鹤壁	2010	0.0012	鹤壁	2011	0.0012
105	平凉	2007	0.0010	平凉	2008	0.0010	平凉	2009	0.0011	平凉	2010	0.0010	平凉	2011	0.0012
106	铜川	2007	0.0008	铜川	2008	0.0008	铜川	2009	0.0009	铜川	2010	0.0009	铜川	2011	0.0010

数据来源：根据计算结果整理所得。

表 4-3　2012~2016 年城市数字经济指数及排名

排名	城市	年份	指数	城市	年份	指数	城市	年份	指数	城市	年份	指数	城市	年份	指数
1	北京	2012	0.1178	北京	2013	0.1021	北京	2014	0.1025	北京	2015	0.1186	北京	2016	0.1108
2	上海	2012	0.0848	上海	2013	0.0954	上海	2014	0.0958	上海	2015	0.0839	深圳	2016	0.0955
3	重庆	2012	0.0546	深圳	2013	0.0616	深圳	2014	0.0615	深圳	2015	0.0625	上海	2016	0.0756
4	深圳	2012	0.0544	重庆	2013	0.0537	重庆	2014	0.0536	广州	2015	0.0539	广州	2016	0.0559
5	天津	2012	0.0526	广州	2013	0.0535	广州	2014	0.0535	重庆	2015	0.0482	成都	2016	0.0537
6	广州	2012	0.0465	成都	2013	0.0346	成都	2014	0.0337	成都	2015	0.0406	杭州	2016	0.0366
7	成都	2012	0.0305	南京	2013	0.0321	南京	2014	0.0322	天津	2015	0.0373	重庆	2016	0.0351
8	杭州	2012	0.0298	天津	2013	0.0307	天津	2014	0.0305	杭州	2015	0.0370	天津	2016	0.0325
9	苏州	2012	0.0278	苏州	2013	0.0291	苏州	2014	0.0291	南京	2015	0.0344	南京	2016	0.0318
10	西安	2012	0.0264	西安	2013	0.0275	西安	2014	0.0275	苏州	2015	0.0287	苏州	2016	0.0267
11	南京	2012	0.0239	杭州	2013	0.0259	杭州	2014	0.0260	西安	2015	0.0238	西安	2016	0.0247
12	石家庄	2012	0.0174	郑州	2013	0.0170	郑州	2014	0.0169	郑州	2015	0.0211	郑州	2016	0.0202
13	宁波	2012	0.0168	宁波	2013	0.0146	宁波	2014	0.0146	东莞	2015	0.0176	合肥	2016	0.0192
14	郑州	2012	0.0168	无锡	2013	0.0145	无锡	2014	0.0144	合肥	2015	0.0154	东莞	2016	0.0171
15	合肥	2012	0.0141	石家庄	2013	0.0133	石家庄	2014	0.0134	宁波	2015	0.0148	宁波	2016	0.0160
16	无锡	2012	0.0125	合肥	2013	0.0132	合肥	2014	0.0132	佛山	2015	0.0139	无锡	2016	0.0131
17	佛山	2012	0.0118	佛山	2013	0.0115	佛山	2014	0.0115	无锡	2015	0.0139	石家庄	2016	0.0123
18	东莞	2012	0.0110	东莞	2013	0.0115	东莞	2014	0.0115	石家庄	2015	0.0129	佛山	2016	0.0118
19	唐山	2012	0.0099	南通	2013	0.0103	南通	2014	0.0105	南通	2015	0.0104	南通	2016	0.0094
20	南通	2012	0.0096	常州	2013	0.0094	常州	2014	0.0094	珠海	2015	0.0086	珠海	2016	0.0087
21	常州	2012	0.0088	保定	2013	0.0085	保定	2014	0.0085	常州	2015	0.0086	常州	2016	0.0083
22	金华	2012	0.0088	金华	2013	0.0081	金华	2014	0.0082	中山	2015	0.0081	中山	2016	0.0080
23	保定	2012	0.0079	唐山	2013	0.0079	唐山	2014	0.0078	金华	2015	0.0079	保定	2016	0.0075
24	绍兴	2012	0.0078	宣城	2013	0.0075	盐城	2014	0.0075	盐城	2015	0.0079	芜湖	2016	0.0074
25	盐城	2012	0.0075	盐城	2013	0.0075	宣城	2014	0.0074	肇庆	2015	0.0077	金华	2016	0.0072
26	台州	2012	0.0073	绍兴	2013	0.0071	绍兴	2014	0.0072	保定	2015	0.0076	盐城	2016	0.0072
27	嘉兴	2012	0.0070	中山	2013	0.0071	中山	2014	0.0070	唐山	2015	0.0074	唐山	2016	0.0067
28	邯郸	2012	0.0068	扬州	2013	0.0068	扬州	2014	0.0069	绍兴	2015	0.0072	绍兴	2016	0.0064
29	芜湖	2012	0.0066	芜湖	2013	0.0066	嘉兴	2014	0.0065	芜湖	2015	0.0069	扬州	2016	0.0063
30	珠海	2012	0.0064	嘉兴	2013	0.0065	台州	2014	0.0064	扬州	2015	0.0069	江门	2016	0.0062
31	扬州	2012	0.0064	台州	2013	0.0064	芜湖	2014	0.0064	惠州	2015	0.0065	嘉兴	2016	0.0058

续表

排名	城市	年份	指数	城市	年份	指数	城市	年份	指数	城市	年份	指数	城市	年份	指数
32	中山	2012	0.0060	珠海	2013	0.0063	珠海	2014	0.0063	台州	2015	0.0064	惠州	2016	0.0057
33	洛阳	2012	0.0058	洛阳	2013	0.0062	洛阳	2014	0.0062	嘉兴	2015	0.0063	洛阳	2016	0.0055
34	惠州	2012	0.0057	资阳	2013	0.0059	资阳	2014	0.0059	泰州	2015	0.0059	泰州	2016	0.0055
35	镇江	2012	0.0055	邯郸	2013	0.0058	邯郸	2014	0.0058	江门	2015	0.0058	台州	2016	0.0053
36	泰州	2012	0.0054	南充	2013	0.0056	南充	2014	0.0057	邯郸	2015	0.0054	新乡	2016	0.0051
37	绵阳	2012	0.0053	南阳	2013	0.0055	南阳	2014	0.0055	洛阳	2015	0.0051	廊坊	2016	0.0049
38	南阳	2012	0.0052	镇江	2013	0.0054	镇江	2014	0.0054	镇江	2015	0.0050	南阳	2016	0.0049
39	南充	2012	0.0052	惠州	2013	0.0053	廊坊	2014	0.0053	廊坊	2015	0.0049	邯郸	2016	0.0048
40	秦皇岛	2012	0.0052	廊坊	2013	0.0053	惠州	2014	0.0053	沧州	2015	0.0048	镇江	2016	0.0046
41	廊坊	2012	0.0051	自贡	2013	0.0052	泰州	2014	0.0052	新乡	2015	0.0045	商丘	2016	0.0044
42	沧州	2012	0.0051	泰州	2013	0.0052	自贡	2014	0.0052	南阳	2015	0.0045	绵阳	2016	0.0043
43	江门	2012	0.0050	江门	2013	0.0050	江门	2014	0.0050	绵阳	2015	0.0041	信阳	2016	0.0040
44	宜宾	2012	0.0047	新乡	2013	0.0049	新乡	2014	0.0050	商丘	2015	0.0040	沧州	2016	0.0040
45	新乡	2012	0.0045	泸州	2013	0.0049	泸州	2014	0.0049	秦皇岛	2015	0.0040	秦皇岛	2016	0.0038
46	肇庆	2012	0.0044	绵阳	2013	0.0048	绵阳	2014	0.0048	湖州	2015	0.0039	周口	2016	0.0038
47	临汾	2012	0.0043	沧州	2013	0.0047	沧州	2014	0.0047	舟山	2015	0.0038	菏泽	2016	0.0037
48	咸阳	2012	0.0042	湖州	2013	0.0047	湖州	2014	0.0047	安庆	2015	0.0036	南充	2016	0.0036
49	湖州	2012	0.0042	德阳	2013	0.0046	德阳	2014	0.0046	安阳	2015	0.0036	安阳	2016	0.0036
50	德阳	2012	0.0042	秦皇岛	2013	0.0045	肇庆	2014	0.0046	咸阳	2015	0.0036	驻马店	2016	0.0036
51	商丘	2012	0.0042	肇庆	2013	0.0045	秦皇岛	2014	0.0045	邢台	2015	0.0035	邢台	2016	0.0035
52	达州	2012	0.0040	宜宾	2013	0.0043	商丘	2014	0.0044	信阳	2015	0.0034	湖州	2016	0.0035
53	周口	2012	0.0040	商丘	2013	0.0043	宜宾	2014	0.0043	周口	2015	0.0034	咸阳	2016	0.0034
54	邢台	2012	0.0040	周口	2013	0.0042	周口	2014	0.0042	临汾	2015	0.0034	临汾	2016	0.0034
55	安庆	2012	0.0039	菏泽	2013	0.0041	菏泽	2014	0.0041	菏泽	2015	0.0034	焦作	2016	0.0034
56	张家口	2012	0.0038	信阳	2013	0.0040	达州	2014	0.0040	焦作	2015	0.0033	运城	2016	0.0033
57	遂宁	2012	0.0038	达州	2013	0.0039	阜阳	2014	0.0040	南充	2015	0.0033	肇庆	2016	0.0033
58	安阳	2012	0.0038	阜阳	2013	0.0039	信阳	2014	0.0040	运城	2015	0.0033	阜阳	2016	0.0033
59	泸州	2012	0.0037	安阳	2013	0.0038	焦作	2014	0.0038	开封	2015	0.0032	舟山	2016	0.0032
60	菏泽	2012	0.0037	焦作	2013	0.0038	安阳	2014	0.0038	张家口	2015	0.0032	开封	2016	0.0032
61	信阳	2012	0.0037	聊城	2013	0.0038	乐山	2014	0.0037	驻马店	2015	0.0031	聊城	2016	0.0030
62	乐山	2012	0.0036	乐山	2013	0.0037	聊城	2014	0.0037	滁州	2015	0.0031	滁州	2016	0.0030
63	资阳	2012	0.0035	驻马店	2013	0.0037	驻马店	2014	0.0037	宝鸡	2015	0.0030	蚌埠	2016	0.0030

续表

排名	城市	年份	指数	城市	年份	指数	城市	年份	指数	城市	年份	指数	城市	年份	指数
64	宝鸡	2012	0.0034	咸阳	2013	0.0037	咸阳	2014	0.0037	渭南	2015	0.0030	泸州	2016	0.0030
65	平顶山	2012	0.0033	安庆	2013	0.0036	安庆	2014	0.0036	宿州	2015	0.0029	安庆	2016	0.0030
66	阜阳	2012	0.0033	邢台	2013	0.0035	邢台	2014	0.0035	聊城	2015	0.0029	濮阳	2016	0.0029
67	聊城	2012	0.0033	云浮	2013	0.0035	云浮	2014	0.0035	阜阳	2015	0.0029	达州	2016	0.0029
68	眉山	2012	0.0033	临汾	2013	0.0034	临汾	2014	0.0034	衡水	2015	0.0028	宿州	2016	0.0028
69	内江	2012	0.0032	眉山	2013	0.0034	眉山	2014	0.0033	泸州	2015	0.0028	渭南	2016	0.0028
70	宣城	2012	0.0032	开封	2013	0.0032	运城	2014	0.0032	蚌埠	2015	0.0027	德阳	2016	0.0027
71	运城	2012	0.0032	运城	2013	0.0032	开封	2014	0.0032	德阳	2015	0.0027	亳州	2016	0.0027
72	滁州	2012	0.0031	平顶山	2013	0.0032	平顶山	2014	0.0032	承德	2015	0.0026	宝鸡	2016	0.0026
73	驻马店	2012	0.0031	宝鸡	2013	0.0032	宝鸡	2014	0.0032	平顶山	2015	0.0025	张家口	2016	0.0026
74	渭南	2012	0.0031	蚌埠	2013	0.0031	蚌埠	2014	0.0031	清远	2015	0.0025	平顶山	2016	0.0026
75	焦作	2012	0.0031	内江	2013	0.0030	内江	2014	0.0031	宜宾	2015	0.0024	衡水	2016	0.0026
76	自贡	2012	0.0030	张家口	2013	0.0029	张家口	2014	0.0030	马鞍山	2015	0.0024	宜宾	2016	0.0026
77	承德	2012	0.0030	承德	2013	0.0029	承德	2014	0.0029	达州	2015	0.0024	许昌	2016	0.0026
78	衡水	2012	0.0029	渭南	2013	0.0028	滁州	2014	0.0028	乐山	2015	0.0023	马鞍山	2016	0.0024
79	开封	2012	0.0029	滁州	2013	0.0028	渭南	2014	0.0028	宣城	2015	0.0023	承德	2016	0.0024
80	舟山	2012	0.0028	马鞍山	2013	0.0028	衡水	2014	0.0028	河源	2015	0.0023	清远	2016	0.0024
81	清远	2012	0.0028	衡水	2013	0.0028	马鞍山	2014	0.0028	亳州	2015	0.0022	长治	2016	0.0023
82	蚌埠	2012	0.0028	许昌	2013	0.0028	许昌	2014	0.0028	许昌	2015	0.0022	云浮	2016	0.0022
83	长治	2012	0.0027	长治	2013	0.0027	长治	2014	0.0027	云浮	2015	0.0022	乐山	2016	0.0022
84	马鞍山	2012	0.0027	广安	2013	0.0027	广安	2014	0.0027	濮阳	2015	0.0022	宣城	2016	0.0022
85	广安	2012	0.0027	清远	2013	0.0026	清远	2014	0.0026	自贡	2015	0.0021	河源	2016	0.0021
86	雅安	2012	0.0026	舟山	2013	0.0025	舟山	2014	0.0026	长治	2015	0.0021	眉山	2016	0.0020
87	许昌	2012	0.0025	宿州	2013	0.0025	宿州	2014	0.0025	汕尾	2015	0.0020	内江	2016	0.0020
88	阳江	2012	0.0022	雅安	2013	0.0024	雅安	2014	0.0025	天水	2015	0.0020	自贡	2016	0.0020
89	宿州	2012	0.0022	三门峡	2013	0.0024	三门峡	2014	0.0024	内江	2015	0.0020	阳江	2016	0.0020
90	天水	2012	0.0021	濮阳	2013	0.0023	濮阳	2014	0.0023	阳江	2015	0.0020	天水	2016	0.0019
91	河源	2012	0.0020	亳州	2013	0.0023	亳州	2014	0.0023	三门峡	2015	0.0019	三门峡	2016	0.0019
92	濮阳	2012	0.0020	遂宁	2013	0.0022	遂宁	2014	0.0022	晋城	2015	0.0018	晋城	2016	0.0018
93	云浮	2012	0.0019	晋城	2013	0.0021	晋城	2014	0.0021	铜陵	2015	0.0017	汕尾	2016	0.0018
94	晋城	2012	0.0019	阳江	2013	0.0019	阳江	2014	0.0019	眉山	2015	0.0017	铜陵	2016	0.0017
95	亳州	2012	0.0018	天水	2013	0.0019	天水	2014	0.0019	资阳	2015	0.0016	遂宁	2016	0.0017

续表

排名	城市	年份	指数	城市	年份	指数	城市	年份	指数	城市	年份	指数	城市	年份	指数
96	铜陵	2012	0.0018	铜陵	2013	0.0018	铜陵	2014	0.0019	广安	2015	0.0015	广安	2016	0.0016
97	商洛	2012	0.0018	河源	2013	0.0018	河源	2014	0.0018	淮北	2015	0.0015	淮北	2016	0.0015
98	三门峡	2012	0.0017	淮北	2013	0.0017	淮北	2014	0.0017	商洛	2015	0.0014	资阳	2016	0.0014
99	汕尾	2012	0.0017	汕尾	2013	0.0017	汕尾	2014	0.0016	庆阳	2015	0.0014	平凉	2016	0.0013
100	淮北	2012	0.0017	漯河	2013	0.0016	漯河	2014	0.0016	遂宁	2015	0.0013	商洛	2016	0.0013
101	铜川	2012	0.0016	池州	2013	0.0015	池州	2014	0.0015	漯河	2015	0.0013	雅安	2016	0.0013
102	漯河	2012	0.0015	商洛	2013	0.0015	商洛	2014	0.0015	平凉	2015	0.0013	漯河	2016	0.0013
103	池州	2012	0.0014	庆阳	2013	0.0014	庆阳	2014	0.0014	池州	2015	0.0013	庆阳	2016	0.0012
104	庆阳	2012	0.0012	鹤壁	2013	0.0012	鹤壁	2014	0.0012	雅安	2015	0.0011	池州	2016	0.0011
105	平凉	2012	0.0012	平凉	2013	0.0011	平凉	2014	0.0011	鹤壁	2015	0.0010	鹤壁	2016	0.0010
106	鹤壁	2012	0.0011	铜川	2013	0.0008	铜川	2014	0.0008	铜川	2015	0.0008	铜川	2016	0.0007

数据来源：根据计算结果整理所得。

4.3.3 结果分析

4.3.3.1 城市群数字经济总指数

按照长三角城市群、京津冀城市群、珠三角城市群、中原城市群、成渝城市群和关中平原城市群所涉及的地级市，将城市数字经济指数加总，得到各城市群的数字经济总指数，具体如表4-4所示。

表4-4 2007~2016年六大城市群数字经济指数及排名

排名	城市群	年份	总指数	排名	城市群	年份	总指数
1	长三角城市群	2007	0.2882	1	长三角城市群	2012	0.3137
2	京津冀城市群	2007	0.2487	2	京津冀城市群	2012	0.2415
3	珠三角城市群	2007	0.2184	3	珠三角城市群	2012	0.1620
4	中原城市群	2007	0.1178	4	成渝城市群	2012	0.1380
5	成渝城市群	2007	0.0961	5	中原城市群	2012	0.1063
6	关中平原城市群	2007	0.0463	6	关中平原城市群	2012	0.0523
1	长三角城市群	2008	0.3161	1	长三角城市群	2013	0.3313
2	京津冀城市群	2008	0.2544	2	京津冀城市群	2013	0.1950
3	珠三角城市群	2008	0.1667	3	珠三角城市群	2013	0.1778
4	成渝城市群	2008	0.1166	4	成渝城市群	2013	0.1451
5	中原城市群	2008	0.1151	5	中原城市群	2013	0.1129
6	关中平原城市群	2008	0.0463	6	关中平原城市群	2013	0.0505

续表

排名	城市群	年份	总指数	排名	城市群	年份	总指数
1	长三角城市群	2009	0.3362	1	长三角城市群	2014	0.3321
2	京津冀城市群	2009	0.2523	2	京津冀城市群	2014	0.1952
3	珠三角城市群	2009	0.1703	3	珠三角城市群	2014	0.1777
4	中原城市群	2009	0.1193	4	成渝城市群	2014	0.1442
5	成渝城市群	2009	0.0853	5	中原城市群	2014	0.1129
6	关中平原城市群	2009	0.0517	6	关中平原城市群	2014	0.0505
1	长三角城市群	2010	0.3189	1	长三角城市群	2015	0.3294
2	京津冀城市群	2010	0.2644	2	京津冀城市群	2015	0.2150
3	珠三角城市群	2010	0.1676	3	珠三角城市群	2015	0.1956
4	中原城市群	2010	0.1122	4	成渝城市群	2015	0.1202
5	成渝城市群	2010	0.0993	5	中原城市群	2015	0.1051
6	关中平原城市群	2010	0.0511	6	关中平原城市群	2015	0.0469
1	长三角城市群	2011	0.3336	1	长三角城市群	2016	0.3123
2	京津冀城市群	2011	0.2570	2	珠三角城市群	2016	0.2227
3	珠三角城市群	2011	0.1520	3	京津冀城市群	2016	0.1986
4	成渝城市群	2011	0.1135	4	成渝城市群	2016	0.1219
5	中原城市群	2011	0.1087	5	中原城市群	2016	0.1096
6	关中平原城市群	2011	0.0492	6	关中平原城市群	2016	0.0466

数据来源：根据计算结果整理所得。

从表4-4、图4-1可见，2007~2016年，六大城市群数字经济发展水平差异明显。长三角城市群在六大城市群中的数字经济总指数均处在第一位，具有明显优势，从趋势线分析，其数字经济有增长趋势。京津冀城市群数字经济总指数处于第二位，但是总体影响呈下降趋势。珠三角城市群数字经济发展水平呈现增长趋势，而且2016年数字经济总指数超过了京津冀城市群，跃居第二位。成渝城市群数字经济自2011年超过中原城市群之后基本保持增长趋势，逐步缩小与前三名城市群的差距。多年来，中原城市群、关中平原城市群数字经济发展起色不大，特别是关中平原城市群在六大城市群中一直处于最低水平，并且与其他城市群发展差距较大。这一点从六大城市群2007~2016年数字经济指数排名前30的城市个数也可看出，具体如表4-5所示。

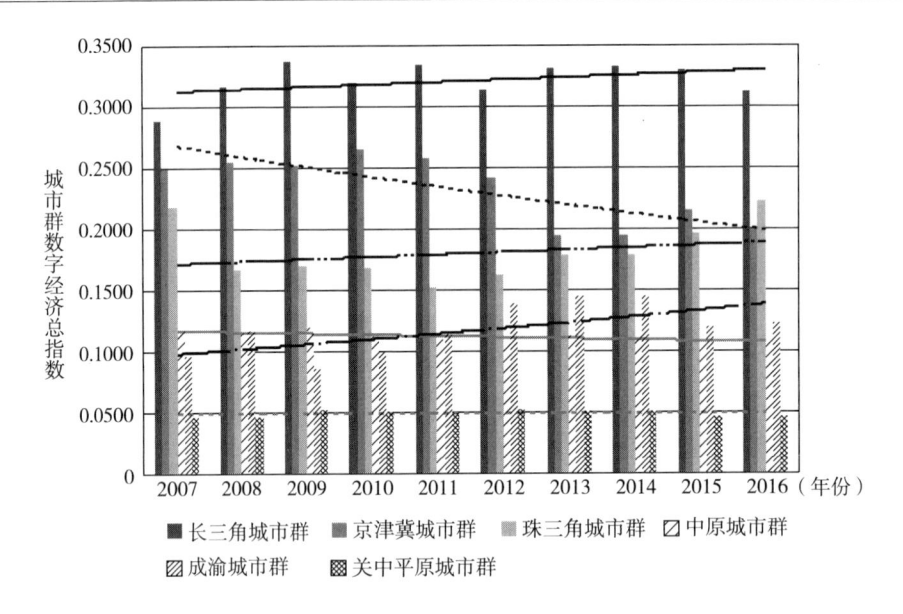

图 4-1 2007~2016 年六大城市群数字经济总指数及增长趋势

表 4-5 2007~2016 年各城市群数字经济指数排名前 30 城市数

年份 \ 城市群个数	长三角城市群	京津冀城市群	珠三角城市群	中原城市群	成渝城市群	关中平原城市群
2007	10	5	11	1	2	1
2008	13	6	7	1	2	1
2009	14	6	6	1	2	1
2010	15	5	6	1	2	1
2011	15	6	5	1	2	1
2012	15	6	5	1	2	1
2013	16	5	5	1	2	1
2014	16	5	5	1	2	1
2015	14	5	7	1	2	1
2016	14	5	7	1	2	1

数据来源：根据计算结果整理所得。

以 2016 年的情况分析，长三角城市群 14 个城市进入前 30 名，占 30 个城市的 46.7%，占长三角城市群内城市数的 53.8%；京津冀城市群有 5 个进入前 30

名，占 30 个城市的 16.7%，占京津冀城市群内城市数的 38.5%；珠三角城市群有 7 个城市进入前 30 名，占 30 个城市的 23.3%，占珠三角城市群内总城市数的 50%。而成渝城市群、中原城市群、关中平原城市群分别有 2 个、1 个、1 个城市进入前 30 名。可见，东部地区城市群的数字经济发展水平明显高于中西部地区城市群。

4.3.3.2　2016 年城市群城市数字经济指数与人均 GDP 相关性

结合 2016 年的数据分析，北京、深圳、上海、广州、成都、杭州、重庆处于数字经济发展的第一方阵；排在之后的是天津、南京、苏州、西安、郑州、合肥、东莞、宁波，处于第二方阵；紧随其后的有无锡、石家庄、佛山、南通、珠海、常州、中山、保定，处于第三方阵。其余城市数字经济指数相对较低。具体如图 4-2 所示。

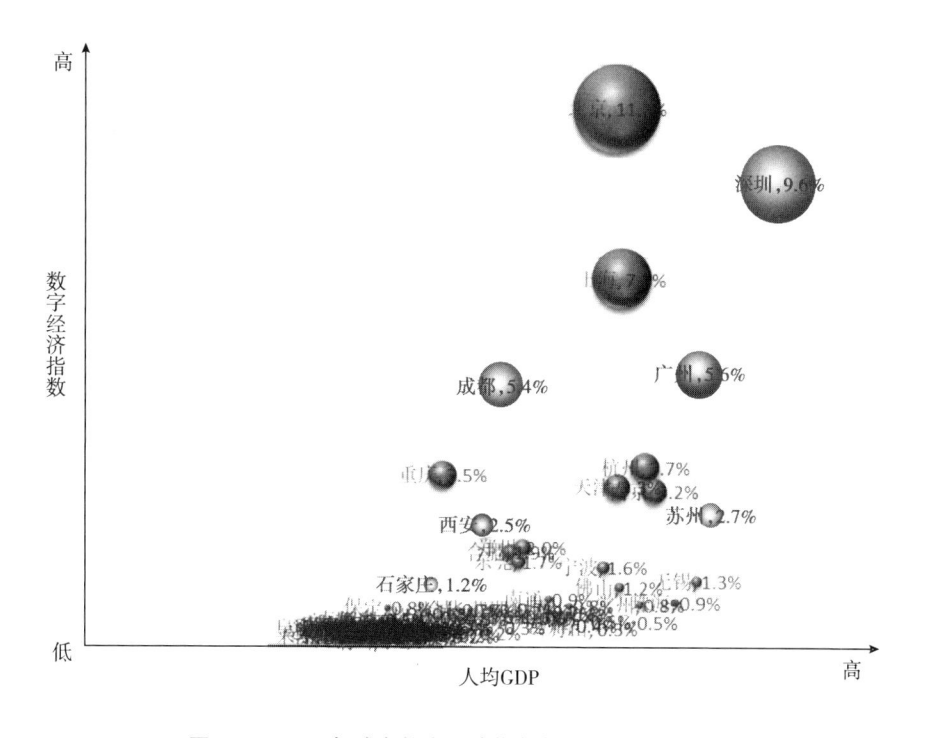

图 4-2　2016 年城市数字经济指数与人均 GDP 相关性

4.3.3.3　城市群内部城市数字经济发展比较分析

本小节分别对长三角城市群、京津冀城市群、珠三角城市群、中原城市群、成渝城市群、关中平原城市群的城市数字经济指数进行分析。总体来看，六大城市群内部城市的数字经济发展水平差异明显。长三角城市群、珠三角城市群、京津冀城市群内城市数字经济发展水平相对较高，数字经济发展指数较高的城市比较多。其中，长三角城市群中上海"头雁效应"明显，杭州、南京、苏州以及宁波、无锡、合肥等城市数字经济发展水平与上海虽有明显差距，但在六大城市群内城市中发展水平相对较高，具体如图4-3所示。

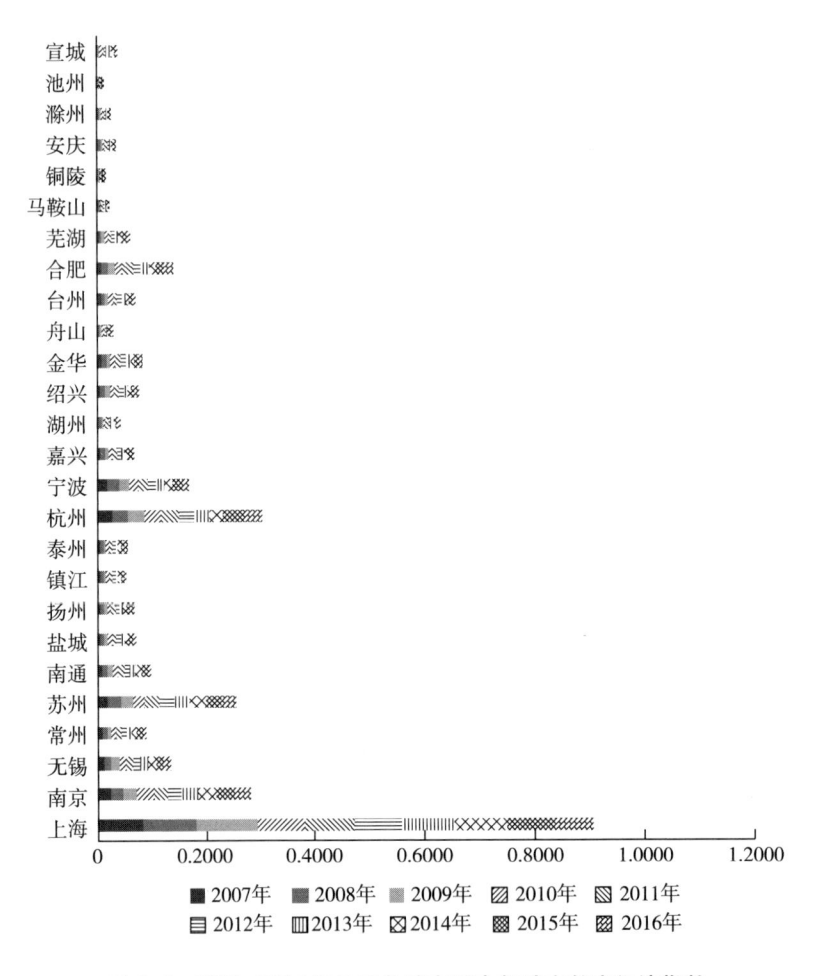

图4-3 2007~2016年长三角城市群内部城市数字经济指数

京津冀城市群中北京、天津作为直辖市，数字经济发展水平高，尤其是北京，2007~2016年数字经济发展水平在106个城市中均居首位。石家庄作为河北省会城市，发展水平居于北京、天津之后，成为京津冀城市群数字经济的重要支撑城市，保定、唐山次之，具体如图4-4所示。

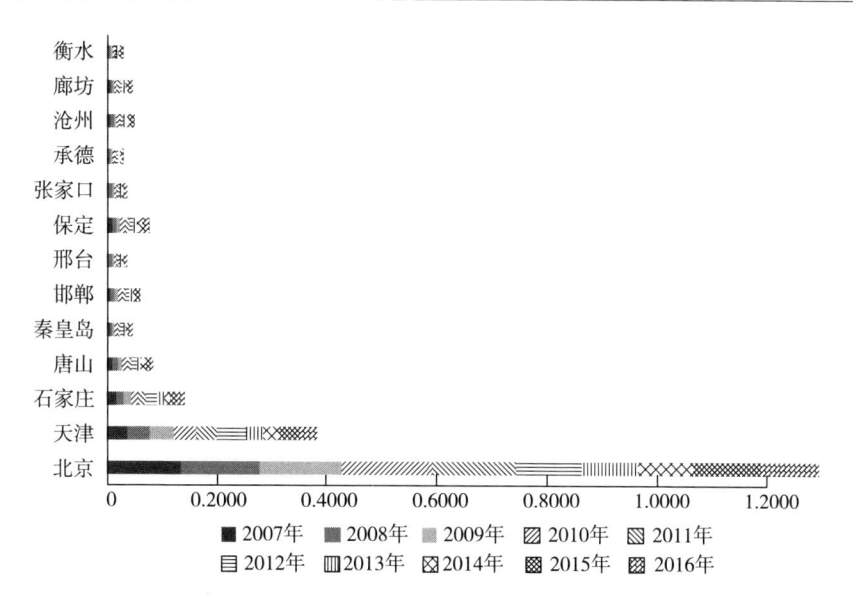

图 4-4　2007~2016年京津冀城市群内部城市数字经济指数

珠三角城市群除汕尾、阳江、河源外，城市的数字经济发展水平普遍较高。深圳、广州作为珠三角城市群的两大门户，数字经济发展优势突出，尤其是深圳近年来转型发展、提档升级，数字经济发展突飞猛进，在六大城市群城市数字经济发展的第一阵营中居于前列，具体如图4-5所示。

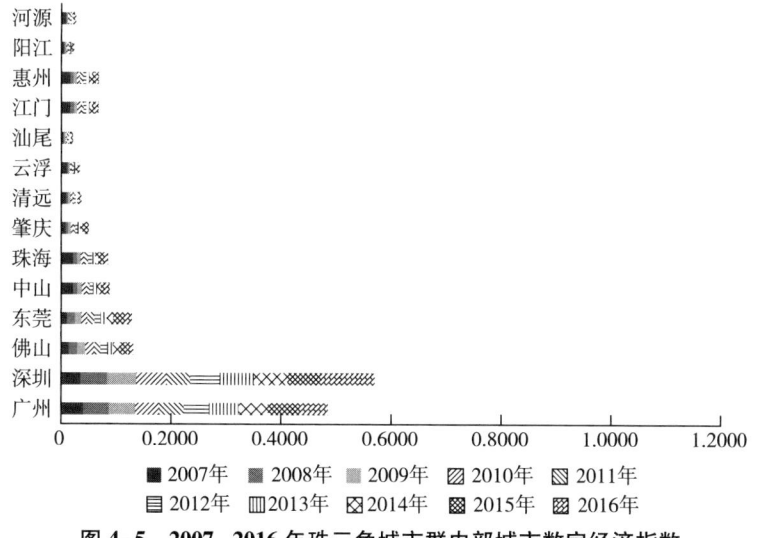

图 4-5　2007~2016年珠三角城市群内部城市数字经济指数

中原城市群虽然在六大城市群中所含城市数目最多，但是数字经济发展水平普遍不高，即使数字经济发展水平最高的郑州，在六大城市群106个城市中也不突出。城市群内部城市比较而言，洛阳、南阳、新乡等城市相对较好，具体如图4-6所示。

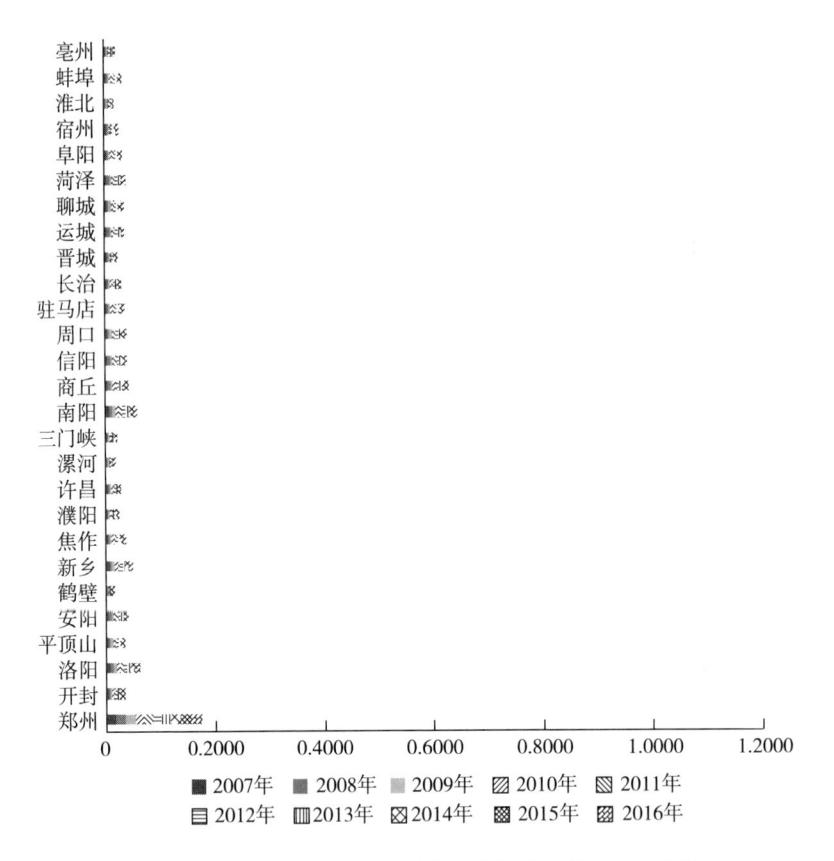

图4-6 2007~2016年中原城市群内部城市数字经济指数

成渝城市群数字经济发展中成都、重庆的双核作用明显，不仅如此，成都、重庆数字经济发展水平在西部和六大城市群中都处于比较靠前的位置，发展水平较高，具体如图4-7所示。

关中平原城市群中西安的数字经济指数最高，在该城市群中属于"一枝独秀"，并且西安数字经济在中西部地区城市中处于较高的发展水平，但是与成都、重庆有一定差距。城市群中咸阳、临汾、宝鸡的数字经济指数相对较高，具体如图4-8所示。

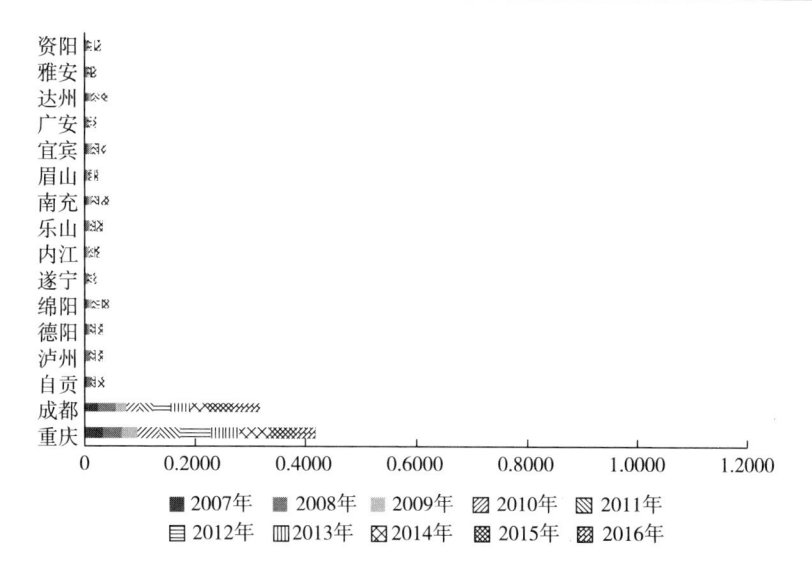

第4章 城市群数字经济指数测度及时空特征分析

图 4-7 2007~2016年成渝城市群内部城市数字经济指数

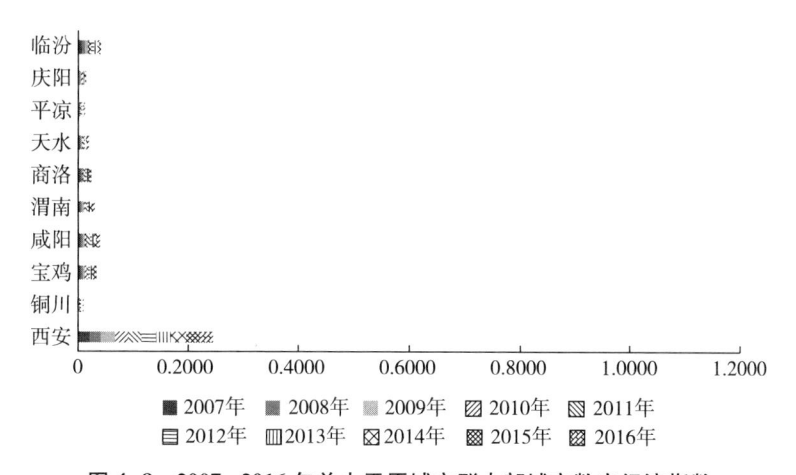

图 4-8 2007~2016年关中平原城市群内部城市数字经济指数

4.4 城市群数字经济空间分布差异

为了更直观地分析每个城市群数字经济发展情况的时空分布情况，我们选取2007年、2012年、2016年三个时段，利用ArcGIS 12软件对长三角城市群、京津冀城市群、珠三角城市群、中原城市群、成渝城市群和关中平原城市群数字经济指数的分布情况进行可视化处理并进行横向和纵向对比，分析不同年份、不同城市群数字经济发展水平的空间分布差异。

2007年，六大城市群中东部地区的长三角城市群、京津冀城市群和珠三角城市群数字经济发展指数普遍较高，特别是长三角城市群中的上海、杭州、南京，京津冀城市群中的北京、天津，珠三角城市群中的广州、深圳、珠海、中山等处于第一梯队，处于第二梯队的城市也比较多。这在数字经济指数空间分布图上一目了然。中西部地区的中原城市群、成渝城市群、关中平原城市群数字经济指数除了成渝城市群的重庆、成都列入第一梯队外，西安列入第二梯队，郑州列入第三梯队，其余城市数字经济指数相对较低。这么看，东部地区城市群和中西部地区城市群数字经济发展的差异非常明显，而且东部地区城市群数字经济发展水平内部差异相对较小，中西部地区城市群内部城市之间数字经济发展水平差异较大。

2012年，六大城市群中的东部地区的长三角城市群、京津冀城市群和珠三角城市群数字经济发展指数出现了不同程度的下降，主要原因是中西部地区城市群城市数字经济发展水平得到提升，与东部地区形成一定的竞争。长三角城市群的上海、杭州、南京、苏州，京津冀城市群的北京、天津，珠三角城市群的广州、深圳等处于第一梯队。中西部地区的中原城市群、成渝城市群、关中平原城市群数字经济指数除了成渝城市群的重庆、成都和关中平原城市群的西安列入第一梯队外，郑州处于第二梯队，其余有些城市数字经济指数处于第三梯队。特别是成渝城市群数字经济发展水平提升较为明显。总体上，六大城市群除了中原城市群没有处于第一梯队的城市外，其余五个城市群都有处于第一梯队的城市，这说明中原城市群数字经济发展仍然处于没有中心城市引领发展的阶段。

2016年，六大城市群中东部地区的长三角城市群、京津冀城市群和珠三角城市群三个城市群中，京津冀城市群数字经济发展指数下降幅度较大，第三梯队城市数量减少、第四梯队城市数量增加，长三角城市群和珠三角城市群相对稳定，长三角城市群中的上海、杭州、南京、苏州，京津冀城市群中的北京、天津，珠三角城市群中的广州、深圳等仍然处于第一梯队。中西部地区的中原城市群、成渝城市群、关中平原城市群数字经济也出现了小幅波动，中原城市群第三梯队城市数量减少、第四梯队城市数量增加，但是中原城市群依然没有城市进入第一梯队。成渝城市群中的重庆、成都依然在第一梯队，但是其第四梯队城市数量减少、第五梯队城市数量增加，城市数字经济发展水平差异拉大。关中平原城市群中的西安还在第一梯队，但是第三梯队城市消失，第五梯队城市数量增加。

4.5 结论与讨论

本章通过构建指标体系，运用熵值法对长三角城市群、京津冀城市群、珠三角城市群、中原城市群、成渝城市群和关中平原城市群的 106 个地级市 2007~2016 年的数字经济指数分别进行了测度。在此基础上，对比分析了六大城市群之间以及各城市群内部城市之间数字经济发展水平，剖析了东部、中部和西部地区不同城市群及城市间数字经济的时空差异特征，并选择 2007 年、2012 年和 2016 年三个节点数据，利用 ArcGIS 软件对其数字经济发展水平进行可视化处理，直观分析其横向、纵向的时空变化特征。这对客观认识不同区域城市群数字经济发展水平、探索城市群数字经济发展的空间分布状况和规律具有重要意义，为我国东部、中部、西部地区数字经济差异化的发展路径制定提供理论支撑。

第一，六大城市群数字经济发展水平差异较大。东部地区城市群数字经济发展水平明显高于中西部地区城市群数字经济发展水平。各城市群内部不同城市数字经济发展水平差异呈现不同特征：东部地区城市群城市间的数字经济发展水平相对较高，差异相对较小；中西部地区城市群内部城市之间的数字经济发展水平相对较低，不同城市间差异较大，特别是中原城市群发展数字经济方面缺乏龙头引领城市。长三角城市群在六大城市群中的数字经济总指数处在第一位，京津冀城市群数字经济总指数处于其后，珠三角城市群数字经济发展水平呈现增长趋势，而且 2016 年数字经济总指数超过了京津冀城市群，跃居第二位，近年来受粤港澳大湾区建设利好影响，数字经济发展水平持续提高。成渝城市群数字经济自 2011 年超过中原城市群，逐步缩小与东部地区三大城市群的差距，而且成都、重庆数字经济发展水平处于前列。多年来，中原城市群、关中平原城市群数字经济发展水平较低，且与其他城市群发展差距较大。

第二，城市群数字经济发展水平呈现动态波动性。从 2007~2016 年城市群数字经济指数来看，2007 年东部地区城市群相对中西部地区城市群而言，数字经济发展水平相对较高且优势明显，随着时间的推移，东部地区城市群的这一优势在下降，中西部地区城市群数字经济发展水平不断提高，对东部地区城市群数字经济发展有一定影响。就东部地区三大城市群而言，长三角城市群、珠三角城市群数字经济保持了较高水平、较为稳定的发展态势，京津冀城市群数字经济指数近年来出现了下滑波动现象。就西部地区三个城市群而言，数字经济发展呈现增长趋势，但竞争力依然无法和东部地区城市群相比，成渝城市群中的重庆、成都两强和关中平原城市群近年来迎头赶上的西安属于第一梯队,而中原城市群数字经济发展一直没有出现"头雁"城市。整体上看,城市群数字经济指数呈现东强西弱、东西差距缩小的态势。

第三,六大城市群内城市的数字经济发展水平差异明显。长三角城市群、珠三角城市群、京津冀城市群内城市数字经济发展水平相对较高,数字经济发展指数较高的城市比较多。其中,长三角城市群中上海"头雁效应"明显,杭州、南京、苏州以及宁波、无锡、合肥等城市数字经济发展水平与上海虽有明显差距,但在六大城市群内城市中发展水平相对较高。2016年,六大城市群106个城市数字经济指数前30名中,长三角城市群分布有14个,京津冀城市群有5个,珠三角城市群有7个,而成渝城市群、中原城市群、关中平原城市群分别有2个、1个、1个城市进入前30名。

总体而言,2007~2016年六大城市群之间及其内部城市之间的数字经济发展水平差异明显,呈现出明显的发展不均衡特征。

第5章 城市群全要素生产率测度及时空特征分析

——基于 DEA-Malmquist 指数法

本章使用 DEA-Malmquist 指数法，根据 2007~2016 年的面板数据，测算长三角城市群、京津冀城市群、珠三角城市群、中原城市群、成渝城市群和关中平原城市群所涵盖的 106 个城市的全要素生产率并进行分解。在此基础上，回归分析数字经济对城市群全要素生产率、技术进步、技术效率的影响，为城市群发展数字经济提供一定的依据与参考。

5.1 DEA-Malmquist 指数法

如上文所述，DEA-Malmquist 指数法是估算全要素生产率应用较为广泛的非参数法。它是在 Farrell 提出的确定性非参数前沿概念基础上，由 Chames、Cooper 和 Rhodes 等逐步发展起来的一种非参数方法。它以相对效率为基础，不用考虑市场竞争情况和估计参数，使用决策单元（Decision Marketing Units，DMU）偏离确定性前沿面的程度作为该 DMU 的相对效率。所以，通过 DEA-Malmquist 指数法确定不同变量的权重可以避免人为主观性，而且不受量纲和单位的影响，不用考虑投入、产出之间的具体关系，具有很多随机前沿分析等参数方法所不具有的优势。

鉴于非参数类方法 DEA 可以避免主观性假设带来的影响，且 Malmquist 指数法有一个好处就是它可以把 TFP 进一步分解为技术进步变化指数、技术效率变化指数，进而分析影响 TFP 的动力究竟是技术进步还是技术效率或者两者兼而有之。本章以长三角城市群、京津冀城市群、珠三角城市群、中原城市群、成渝城市群和关中平原城市群 106 个城市为研究对象，运用基于 DEA 模型的 Malmquist

指数方法测度 2007~2016 年城市及城市群的全要素生产率，进而分析技术效率变化与技术进步对全要素生产率的贡献度，找出城市群及城市全要素生产率变动的主要原因。

我们参照 Farrell 等的方法，构建出从 t~t+1 期的规模效率不变（CRS）的 Malmquist 生产率指数公式：

$$M_0^{t+1}(x_t, y_t, x_{t+1}, y_{t+1}) = \left[\frac{D_0^t(x_{t+1}, y_{t+1})}{D_0^t(x_t, y_t)} \times \frac{D_0^{t+1}(x_{t+1}, y_{t+1})}{D_0^{t+1}(x_t, y_t)}\right]^{1/2}$$

其中，(x_t, y_t) 和 (x_{t+1}, y_{t+1}) 用来表示第 t 期和第 t+1 期的投入、产出向量；而 D_0^t 和 D_0^{t+1} 则用来表示以第 t 期技术 T(t) 为参照情况下第 t 期和第 t+1 期的距离函数。

对上式加以调整，可以将 Malmquist 指数分解为技术效率变化指数（effch）和技术进步变化指数（techch）两部分，全要素生产率（tfp）变动 = effch × techch。当 tfpch 大于 1 时，就表示 TFP 增长；当 tfpch 等于 1 时，表示 TFP 保持不变；当 tfpch 小于 1 时，则表示 TFP 下降。即：

$$M_0^{t+1}(x_t, y_t, x_{t+1}, y_{t+1}) = \frac{D_0^t(x_{t+1}, y_{t+1})}{D_0^t(x_t, y_t)} \times \left[\frac{D_0^t(x_{t+1}, y_{t+1})}{D_0^t(x_t, y_t)} \times \frac{D_0^t(x_t, y_t)}{D_0^{t+1}(x_t, y_t)}\right]^{1/2}$$

5.2 解释变量与数据来源

我们将城市群内的每一个城市当作一个经济单元（DMU），测算时所用的产出变量为各个城市的生产总值，投入变量为劳动投入和资本存量。具体如下：

（1）产出变量：统计年鉴中的城市 GDP 是以当年价格计算的，对于不同年度的 GDP 不能直接进行比较，需要按照不变价格进行折算实际 GDP，消除价格因素的影响。我们利用 2007~2016 年六大城市群所涉及的 106 个地级市的生产总值和生产总值指数（以上年为 100 计算）进行计算，换算成以 2007 年为不变价格计算的城市生产总值，作为衡量各城市产出的变量。

（2）劳动投入变量：在参考众多文献的基础上，本书采用统计年鉴中各地级市全市从业人员数据作为城市劳动投入变量的衡量指标，即城市单位从业人员、私营和个人从业人员人数之和。

（3）资本存量：对城市资本存量的测量一直以来是个热点、难题问题，截至目前，中国对资本存量没有直接的统计数据，学界对资本存量也没有形成完全一致的数据，但在测量方法上普遍采用的是戈登史密斯（Goldsmith）在 1951 年开创的永续盘存法，其计算公式如下：

$K_{it} = K_{it-1}(1-\delta) + I_{it}/P_t$

考虑到 DEA-Malmquist 方法是一个测相对指标的方法，当各个指标标准相对一致时，一般误差不大[①]。我国统计年鉴中没有公布资本存量的数据和固定资产价格指数，所以我们利用各个地级市 GDP 指数（以上年为 100）代替固定资产价格指数，计算各期消除价格因素影响的资本存量。对于基期资本存量，上式中 i 代表城市，t 代表年份，K 代表实际的资本存量，I 代表固定资产投资额（当年价），P 为固定资产投资价格指数，δ 为资本折旧率。本书借鉴 Young 和 Alwyn[②]、张军等[③]运用的基年固定资产投资总额除以 10% 作为初始资本存量的方法，对于折旧率的处理我们参考张军在计算中国资本存量中使用的 9.6% 的数值。

以上数据指标的数据来源于历年《中国城市统计年鉴》《中国区域经济统计年鉴》《中国统计年鉴》及部分省市统计年鉴及部分城市的年度国民经济和社会发展统计公报等。

5.3 实证结果分析

本书利用 DEAP 2.1 软件基于样本六大城市群 106 个地级市 2007~2016 年的数据计算 Malmquist 指数，得出 106 个城市的 Malmquist 生产率指数及其分解情况。其中，EFFCH 表示技术效率变化指数，TECHCH 表示技术进步率变化指数，TFP 变化表示全要素生产率变化指数（Malmquist 生产率指数）。

5.3.1 城市群全要素生产率情况分析

5.3.1.1 城市群全要素生产率总体情况分析

总体来看，长三角城市群、京津冀城市群、珠三角城市群、中原城市群、成渝城市群、关中平原城市群在 2007~2016 年全要素生产率的动态变化平均值为 1.013，表明六大城市群的全要素生产率整体上提升了 1.3%（见表 5-1）。

---

① 王德利，王岩. 京津冀城市群全要素生产率测度及特征分析 [J]. 城市问题，2016 (12)：56-62.
② Young, Alwyn. Gold into Base Metals: Productivity Growth in the People's Republic of China during the Reform Period [J]. Journal of Political Economy, 2003, 111 (1): 1220-1261.
③ 张军，吴桂英，张吉鹏. 中国省际物质资本存量估算：1952—2000 [J]. 经济研究，2004 (10)：35-44.

表 5-1　2007~2016 年六大城市群 Malmquist 生产率指数及其分解

城市群名称	EFFCH	TECHCH	TFP 变化
长三角城市群	1.0057	1.0144	1.020
京津冀城市群	1.0315	1.0137	1.046
珠三角城市群	1.0164	1.0135	1.030
中原城市群	1.0251	0.9966	1.022
成渝城市群	1.0126	0.9993	1.012
关中平原城市群	0.9600	0.9907	0.951
均值	1.0086	1.0047	1.013

数据来源：根据统计结果整理所得。

从全要素生产率均值结果的分解来看，全要素生产率的改善主要得益于技术效率的改善，它在 2007~2016 年的动态变化平均值为 1.0086，整体上升了 0.86%；而效率变化的动态平均值提升了 0.47%。可见，2007~2016 年，六大城市群全要素生产率总体的提高主要是因为技术效率的提升，其次得益于技术进步。

从各个城市群 Malmquist 生产率指数及其分解情况来看，2007~2016 年，除关中平原城市群更多受技术效率下降影响导致 TFP 变化下降 4.9% 之外，长三角城市群、京津冀城市群、珠三角城市群、中原城市群、成渝城市群整体上全要素生产率都有所改善，分别提升了 2%、4.6%、3%、2.2%、1.2%。除长三角城市群 TFP 的改善更多受来自技术进步因素影响之外，京津冀城市群、珠三角城市群、中原城市群、成渝城市群 TFP 的改善更多得益于技术效率的提升。实际上，中原城市群、成渝城市群、关中平原城市群这三个中西部地区的城市群的技术进步指数分别下降了 3.4%、0.7%、9.3%，说明中西部地区城市群需要发展、引进新技术，进一步提高 TFP。从六大城市群 TFP 变化均值来看，东部地区 3 个城市群明显高于中西部地区 3 个城市群，东部地区 3 个城市群的 TECHCH 均值基本持平，均大于 1，且明显高于中西部地区 3 个城市群（见图 5-1）。

从表 5-2、图 5-2 可知，2007~2016 年六大城市群 TFP 变化均值总体呈现下降趋势，在 2012~2013 年降至波谷，之后出现缓慢回升。我们发现，在 2007~2016 年，六大城市群城市的 TFP 变化同时受到 TECHCH、EFFCH 的作用，其中，技术进步是其主要推动力，这与傅勇和白龙的研究成果很类似。具体分析，六大城市群 EFFCH 指数均值波动性较大，波峰、波谷轮替出现，总体呈下降趋势。TECHCH 指数均值先后在 2008~2009 年、2012~2013 年出现了两次明显的波谷，2009~2013 年持续下降，之后出现反弹回升，总体上呈下降趋势。在 2015~2016

年,六大城市群 TFP 变化、EFFCH 均值都小于 1(分别为 0.9972、0.9960),TECHCH 均值大于 1(为 1.0014)。

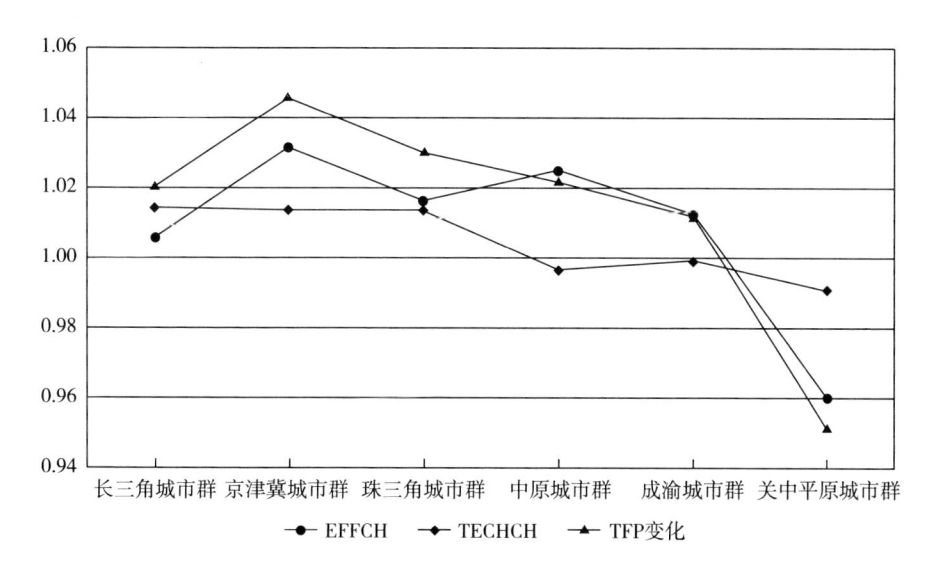

图 5-1　2007~2016 年六大城市群 TFP 变化、EFFCH、TECHCH 均值

数据来源:根据统计结果整理数据绘制。

表 5-2　2007~2016 年六大城市群 TFP 变化、EFFCH、TECHCH 均值

指数均值	2007~2008 年	2008~2009 年	2009~2010 年	2010~2011 年	2011~2012 年	2012~2013 年	2013~2014 年	2014~2015 年	2015~2016 年
TFP 变化	1.1009	1.0556	1.0546	1.0436	0.9630	0.9292	0.9726	0.9891	0.9972
EFFCH	1.0145	1.0663	0.9926	1.0363	0.9572	1.0551	0.9787	0.9804	0.9960
TECHCH	1.0864	0.9913	1.0628	1.0076	1.0032	0.8850	0.9958	1.0088	1.0014

数据来源:根据统计结果整理所得。

5.3.1.2　城市群全要素生产率时空变化情况分析

我们分别对六大城市群 2007~2016 年全要素生产率变化及其分解指数的年度变化情况进行分析。

从表 5-3、图 5-3 可知,六大城市群 2007~2016 年全要素生产率变化都出现了不同程度的波动,2016 年与 2007 年比,每个城市群的 TFP 指数均呈下降趋势。2015~2016 年与 2007~2008 年的城市群全要素生产率变动相比,六大城市群均出现不同程度的下降,而且,除京津冀城市群、珠三角城市群的 TFP 变化(分别为 1.0695、1.0062)大于 1 之外,长三角城市群、中原城市群、成渝城市

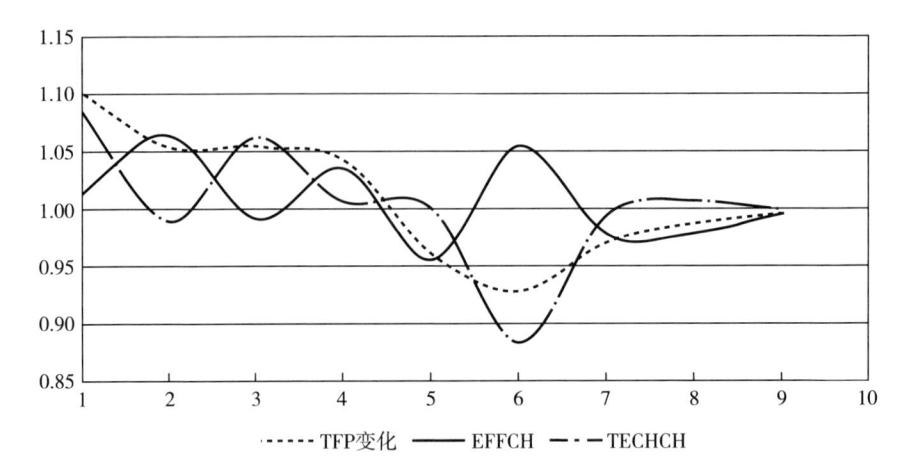

图 5-2　2007~2016 年六大城市群 TFP 变化、EFFCH、TECHCH 均值

数据来源：根据统计结果整理数据绘制。

群、关中平原城市群 4 个城市群的 TFP 变动均小于 1（分别为 0.9976、0.9623、0.9729、0.9744），均值为 0.9972，表明整体上城市群的全要素生产率下降了 2.8%。其中，关中平原城市群 2011~2012 年、2012~2013 年的 TFP 变动出现较大幅度下滑，2013 年之后出现持续回升，逐渐恢复到与其他城市群 TFP 变动基本一致的趋势。

表 5-3　2007~2016 年六大城市群 TFP 指数动态变化

城市群名称	2007~2008 年	2008~2009 年	2009~2010 年	2010~2011 年	2011~2012 年	2012~2013 年	2013~2014 年	2014~2015 年	2015~2016 年
长三角城市群	1.0352	1.0391	1.0695	1.0251	1.0410	0.9825	0.9614	1.0030	0.9976
京津冀城市群	1.0744	1.0575	1.0586	1.0446	1.0163	1.0096	1.0114	1.0358	1.0695
珠三角城市群	1.0636	1.0309	1.0707	1.0559	1.0270	1.0021	0.9999	0.9952	1.0062
中原城市群	1.0660	1.1516	1.0456	1.0463	0.9986	0.9612	0.9722	0.9618	0.9623
成渝城市群	1.1754	0.9982	1.0480	1.0541	0.9887	0.9468	0.9535	0.9658	0.9729
关中平原城市群	1.1906	1.0564	1.0352	1.0357	1.0199	0.9164	0.9371	0.9731	0.9744
均值	1.1009	1.0556	1.0546	1.0436	1.0153	0.9698	0.9726	0.9891	0.9972

数据来源：根据统计结果整理所得。

从表 5-4、图 5-4 来看，2007~2016 年六大城市群 EFFCH 均出现不同程度波动，其中，关中平原城市群 2011~2012 年、2012~2013 年的 EFFCH 指数出现明显下降。对于 2015~2016 年与 2007~2008 年的技术效率指数，东部地区的长

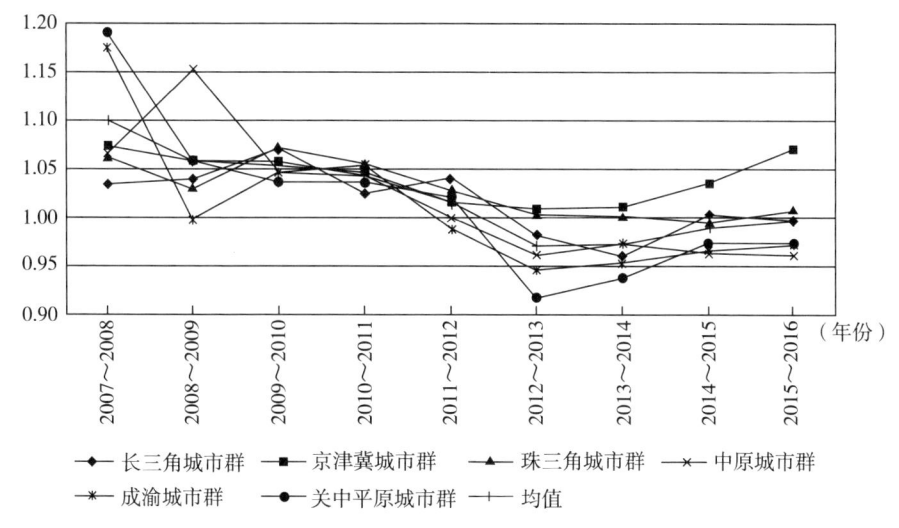

第5章 城市群全要素生产率测度及时空特征分析

图 5-3 2007~2016 年六大城市群 TFP 指数动态变化趋势对比

数据来源：根据统计结果整理数据绘制。

三角城市群、京津冀城市群、珠三角城市群均出现不同程度的提升，中西部地区的中原城市群、成渝城市群、关中平原城市群皆出现不同程度的下降。2015~2016年，京津冀城市群、珠三角城市群的 EFFCH 指数大于 1（分别为 1.0546、1.0075），长三角城市群、中原城市群、成渝城市群、关中平原城市群 4 个城市群的 EFFCH 指数小于 1（分别为 0.9833、0.9624、0.9834、0.9846），说明京津冀城市群、珠三角城市群的技术效率对全要素生产率的贡献为正，而长三角城市群、中原城市群、成渝城市群和关中平原城市群的技术效率还有待进一步提升。2015~2016 年 EFFCH 均值为 0.9960，表明城市群整体上的技术效率下降了 4%。

表 5-4 2007~2016 年六大城市群 EFFCH 动态变化

城市群名称	2007~2008年	2008~2009年	2009~2010年	2010~2011年	2011~2012年	2012~2013年	2013~2014年	2014~2015年	2015~2016年
长三角城市群	0.9816	1.0412	0.9966	0.9961	1.0291	1.0885	0.9476	0.9873	0.9833
京津冀城市群	1.0116	1.0645	0.9862	1.0123	0.9986	1.1613	0.9975	0.9972	1.0546
珠三角城市群	0.9689	1.0119	1.0002	1.0493	1.0108	1.0866	1.0167	0.9957	1.0075
中原城市群	0.9961	1.1734	0.9866	1.0381	0.9957	1.1246	0.9937	0.9555	0.9624
成渝城市群	1.0570	1.0066	0.9961	1.0646	0.9944	1.0629	0.9747	0.9742	0.9834
关中平原城市群	1.0720	1.1003	0.9899	1.0572	0.9802	1.0769	0.9420	0.9726	0.9846
均值	1.0145	1.0663	0.9926	1.0363	0.9572	1.0551	0.9787	0.9804	0.9960

数据来源：根据统计结果整理所得。

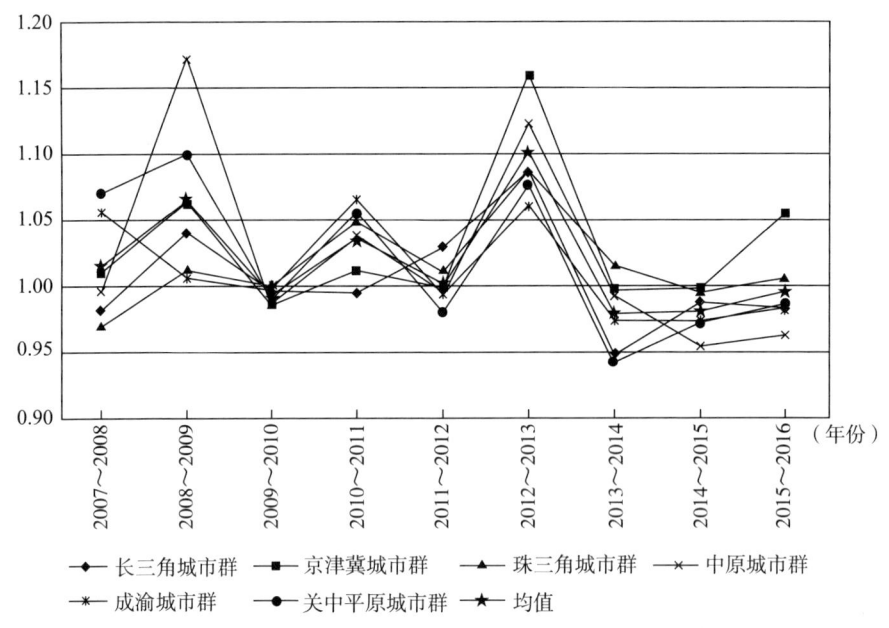

图 5-4　2007~2016 年六大城市群 EFFCH 动态变化趋势对比

数据来源：根据统计结果整理数据绘制。

从表 5-5、图 5-5 来看，2007~2016 年六大城市群 TECHCH 指数的波动趋势基本一致，2015~2016 年与 2007~2008 年相比，六大城市群的技术进步指数均呈现不同程度的下降。2007~2008 年六大城市群的技术进步指数都大于 1，但是 2015~2016 年只有长三角城市群、京津冀城市群的技术进步指数大于 1（分别为 1.0155、1.0157），珠三角城市群、中原城市群、成渝城市群、关中平原城市群 4 个城市群的这一指数都小于 1（分别为 0.9987、0.9998、0.9892、0.9892），均值为 1.0014，表明城市群整体上技术进步提升了 0.14%。另外，我们观察到 2008~2009 年和 2012~2013 年六大城市群技术进步指数出现了两次集体较大幅度的下降，这可能与 2008 年全球金融危机有关。

表 5-5　2007~2016 年六大城市群 TECHCH 动态变化

城市群名称	2007~2008 年	2008~2009 年	2009~2010 年	2010~2011 年	2011~2012 年	2012~2013 年	2013~2014 年	2014~2015 年	2015~2016 年
长三角城市群	1.0560	0.9993	1.0744	1.0289	1.0131	0.9069	1.0200	1.0159	1.0155
京津冀城市群	1.0643	0.9938	1.0734	1.0321	1.0178	0.8744	1.0130	1.0391	1.0157
珠三角城市群	1.0998	1.0191	1.0711	1.0080	1.0164	0.9251	0.9839	0.9992	0.9987
中原城市群	1.0734	0.9816	1.0602	1.0084	1.0030	0.8582	0.9785	1.0066	0.9998

续表

城市群名称	2007~2008年	2008~2009年	2009~2010年	2010~2011年	2011~2012年	2012~2013年	2013~2014年	2014~2015年	2015~2016年
成渝城市群	1.1137	0.9913	1.0521	0.9892	0.9942	0.8943	0.9784	0.9909	0.9892
关中平原城市群	1.1114	0.9628	1.0457	0.9790	0.9749	0.8511	1.0011	1.0010	0.9892
均值	1.0864	0.9913	1.0628	1.0076	1.0032	0.8850	0.9958	1.0088	1.0014

数据来源：根据统计结果整理所得。

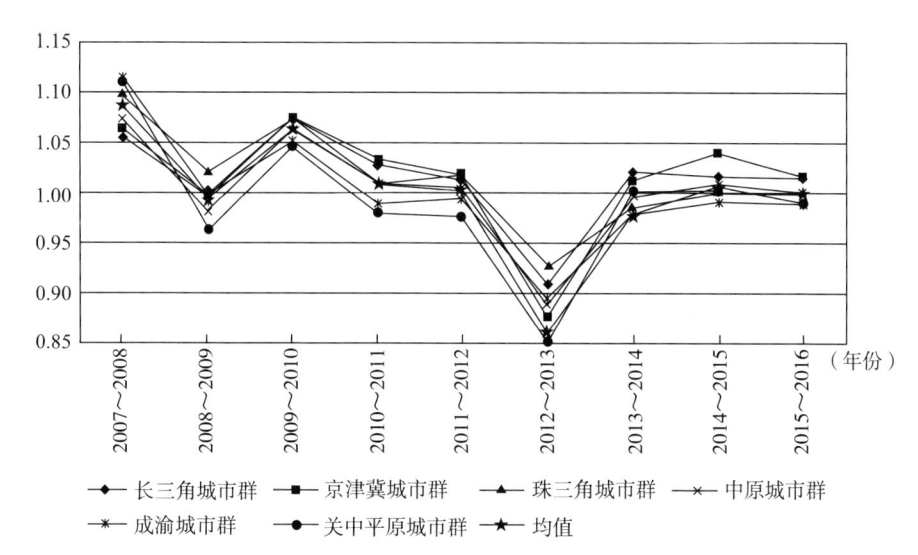

图 5-5　2007~2016 年六大城市群 TECHCH 指数动态变化趋势对比

数据来源：根据统计结果整理数据绘制。

5.3.2　城市群内部城市全要素生产率情况分析

5.3.2.1　城市群内部城市全要素生产率总体情况分析

通过对六大城市群 106 个城市的全要素生产率及其分解均值的结果进行分析发现，70.8% 的城市的全要素生产率得到改善，43.4% 的城市的技术进步效率得到提升，而技术效率方面，只有 12.3% 的城市技术效率变化取得改善。具体如表 5-6 所示。

表 5-6　六大城市群 106 个城市 TFP 变化及其分解均值统计特征

指标	最大值	最小值	均值	标准差	值大于 1 的城市个数（个）	效率改善的城市比重（%）
EFFCH 变化均值	1.061	0.605	0.943	0.068	13	12.3

续表

指标	最大值	最小值	均值	标准差	值大于1的城市个数（个）	效率改善的城市比重（%）
TECHCH 变化均值	1.093	0.963	1.004	0.025	46	43.4
TFP 变化均值	1.112	0.768	1.015	0.049	75	70.8

数据来源：根据统计结果整理所得。

我们按照如下标准将106个地级市全要素生产率变化指数分为三类：一是全要素生产率小于1的，我们称之为效率下降；二是大于全部地级市全要素生产率均值1.015的，我们称之为效率显著改善；三是介于1和全部地级市均值1.015之间的，我们称之为效率改善。根据统计结果我们发现，全要素生产率显著改善的城市有60个，占比56.6%。其中，33个城市集中于东部地区的长三角城市群、京津冀城市群、珠三角城市群，占比55%；16个城市集中于中部地区的中原城市群，11个集中于西部地区的成渝城市群、关中平原城市群。可以看出，东部地区效率显著改善的城市个数明显多于中西部地区。效率改善的城市有15个，其中，位于东部地区的有9个。在效率下降的31个城市中，位于中西部地区的有20个。可见，效率改善和显著改善的城市主要集中于东部地区的城市群，而效率下降的城市主要集中在中西部地区的城市群。

同样，我们按照如下标准将106个地级市技术效率变化指数分为三类：一是全要素生产率大于1的，我们称之为技术效率改善；二是小于全部地级市技术效率变化指数均值0.9428的，我们称之为技术效率显著下降；三是介于1和均值0.9428之间的，我们称之为效率下降。根据统计结果我们发现，技术效率改善的城市只有13个，而技术效率下降和显著下降的城市达93个，占比高达87.7%。其中，技术效率显著下降的城市有52个，占样本城市数的49.1%。可见，2007~2016年，六大城市群大部分城市的技术效率是下降的。进一步分析可以发现，在技术效率下降和显著下降的城市中，位于东部地区城市群的有47个，占比50.5%，即东部地区和中西部地区城市普遍出现了技术效率下降的趋势。

我们再对106个地级市技术进步变化指数按照以下标准进行分类：一是技术进步指数大于1的，我们称之为技术进步改善；二是小于全部地级市技术进步变化指数均值0.9979的，我们称之为技术进步显著滞后；三是介于1和均值0.9979之间的，我们称之为技术进步滞后。根据统计结果我们发现，技术进步得到改善的城市有46个，而技术进步滞后的城市有7个，技术进步显著滞后的城市达53个，即技术进步滞后和显著滞后的城市占样本城市数的比例达56.6%。可见，2007~2016年，六大城市群大部分城市的技术进步是下降的。进一步分析可以发现，在技术进步改善的46个城市中，位于东部地区的城市有34个，占比高达 73.9%，即技术进步改善的城市大部分属于东部地区的城市群，而技术进步滞后和显著滞后的城市大部分属于中西部地区的城市群。

5.3.2.2 城市群内部城市全要素生产率时间分布特征

为了进一步分析每个城市群内部城市全要素生产率的时间分布特征，我们选取 2007~2016 年中 2007~2008 年、2011~2012 年、2015~2016 年三个时间段各城市群城市的 Malmquist Index 即 TFP 变化指数进行分析。

由图 5-6、图 5-7 可知，2007~2008 年、2011~2012 年、2015~2016 年长三角城市群中城市的 TFP 变化具有波动性，从三个时期的 TFP 变化的趋势线来看，总体上长三角城市群 TFP 呈现下降趋势，但 2011~2012 年趋势线与 2007~2008 年趋势线有交叉。

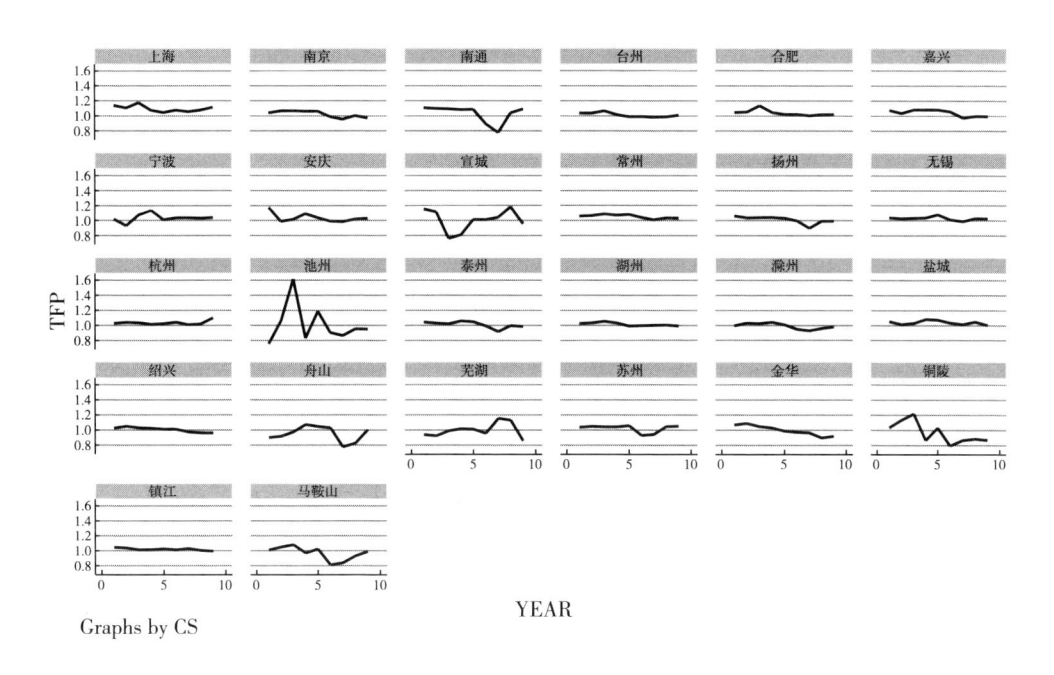

图 5-6 长三角城市群城市全要素生产率时间分布特征

由图 5-8、图 5-9 可知，2007~2008 年、2011~2012 年、2015~2016 年京津冀城市群中北京、天津、石家庄、唐山等城市的 TFP 变化时间分布特征是依次下降，而邢台、保定、张家口、沧州等城市出现先下降后上升的趋势。

由图 5-10、图 5-11 可知，2007~2008 年、2011~2012 年、2015~2016 年珠三角城市群中广州、深圳、佛山、东莞、中山等 TFP 变化呈现先下降后上升的趋势，珠三角城市群其他城市 TFP 变化趋势线呈现逐年下降的趋势。

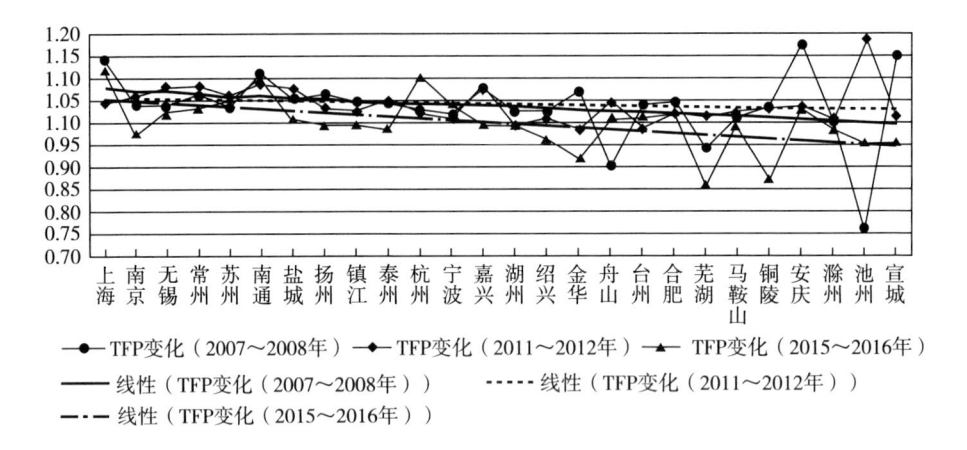

图 5-7 2007~2008 年、2011~2012 年、2015~2016 年长三角城市群城市 TFP 变化趋势
数据来源：根据统计结果整理数据绘制。

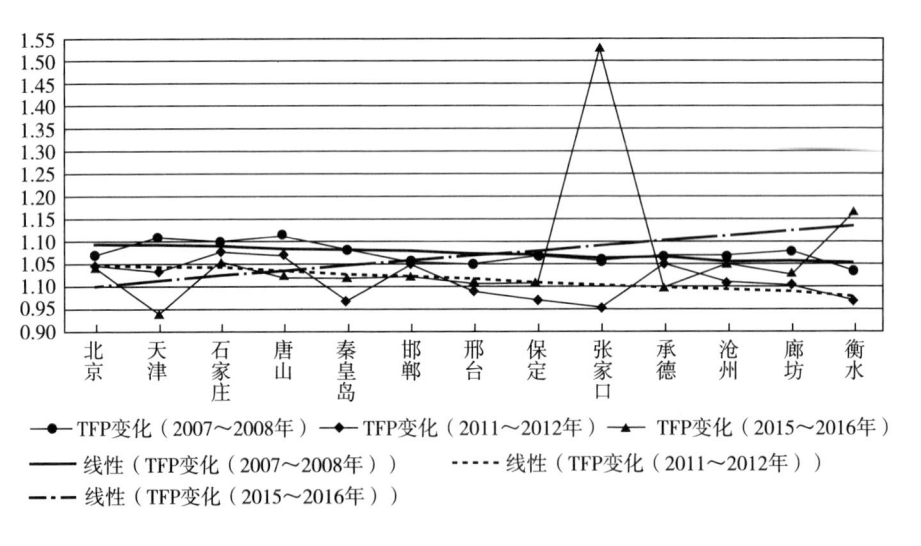

图 5-8 2007~2008 年、2011~2012 年、2015~2016 年京津冀城市群城市 TFP 变化趋势
数据来源：根据统计结果整理数据绘制。

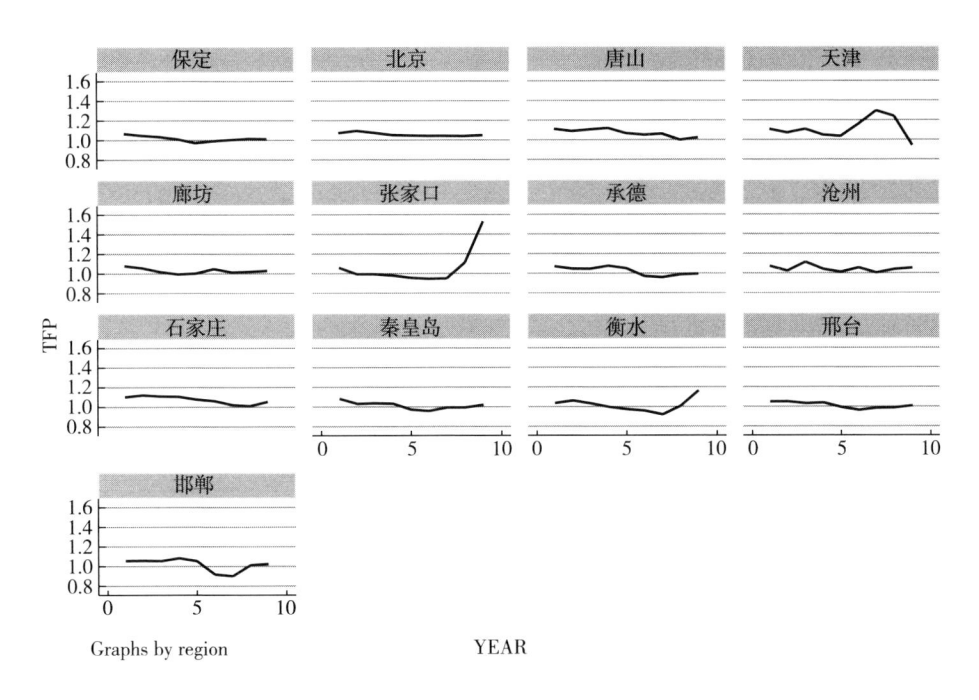

图 5-9 京津冀城市群城市全要素生产率时间分布特征

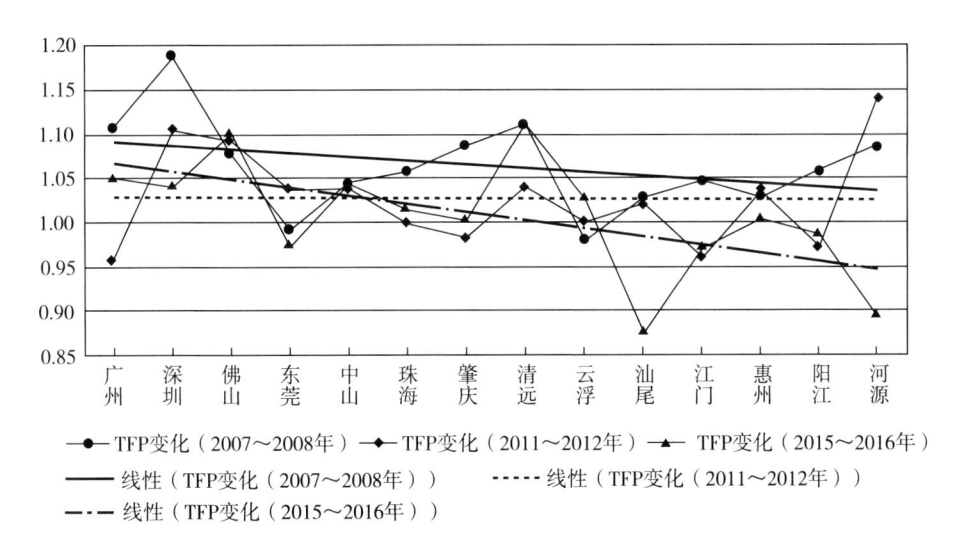

图 5-10 2007~2008 年、2011~2012 年、2015~2016 年珠三角城市群城市 TFP 变化趋势

数据来源：根据统计结果整理数据绘制。

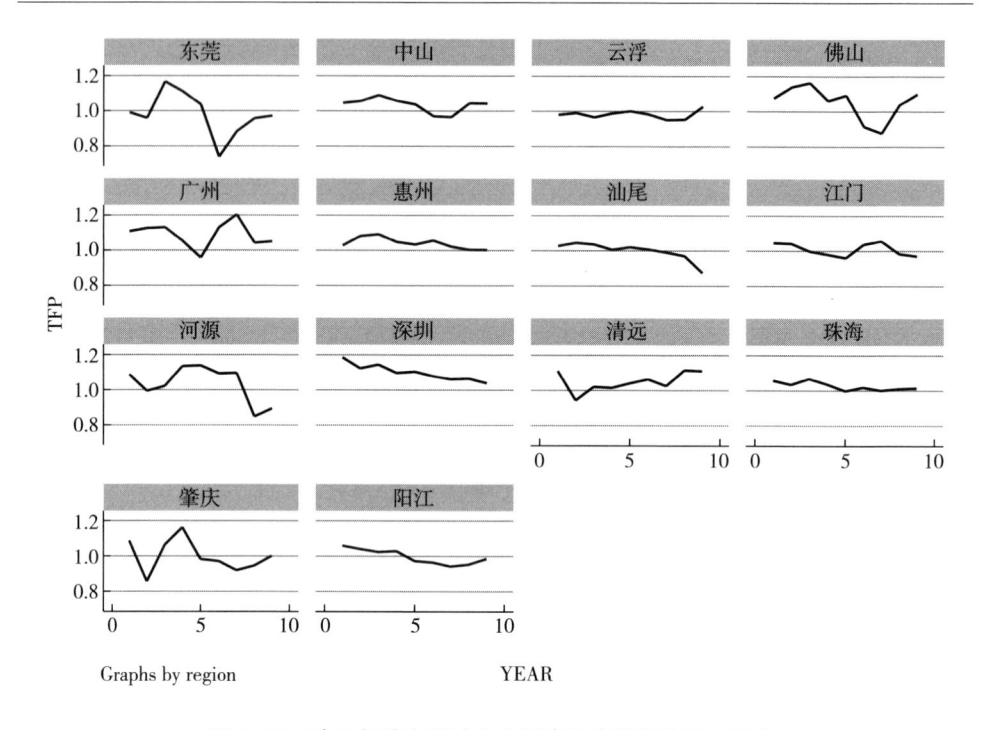

图 5-11 珠三角城市群城市全要素生产率时间分布特征

由图 5-12、图 5-13 可知，中原城市群 2007~2008 年、2011~2012 年、2015~2016 年各个城市的 TFP 变化虽然具有波动性，但是城市群城市的 TFP 变化趋势线呈现明显逐年下降趋势。

由图 5-14、图 5-15 可知，成渝城市群 2007~2008 年、2011~2012 年、2015~2016 年各个城市的 TFP 变化具有波动性，特别是 2011~2012 年与 2007~2008 年相比波动较大，但是从城市群城市的 TFP 变化趋势线来看，成渝城市群 TFP 变化呈逐年下降趋势，其中，2011~2012 年与 2007~2008 年相比下降幅度较大，2011~2012 年与 2015~2016 年相比只有较小的降幅。

由图 5-16、图 5-17 可知，关中平原城市群 2007~2008 年、2011~2012 年、2015~2016 年各个城市的 TFP 变化具有一定的波动性，特别是 2011~2012 年天水、平凉、庆阳出现断崖式下跌。总体上看，关中平原城市群城市的 TFP 变化趋势线时间动态分布呈现下降趋势，2015~2016 年关中平原城市群城市的 TFP 变化趋势线高于 2011~2012 年的 TFP 变化趋势线。

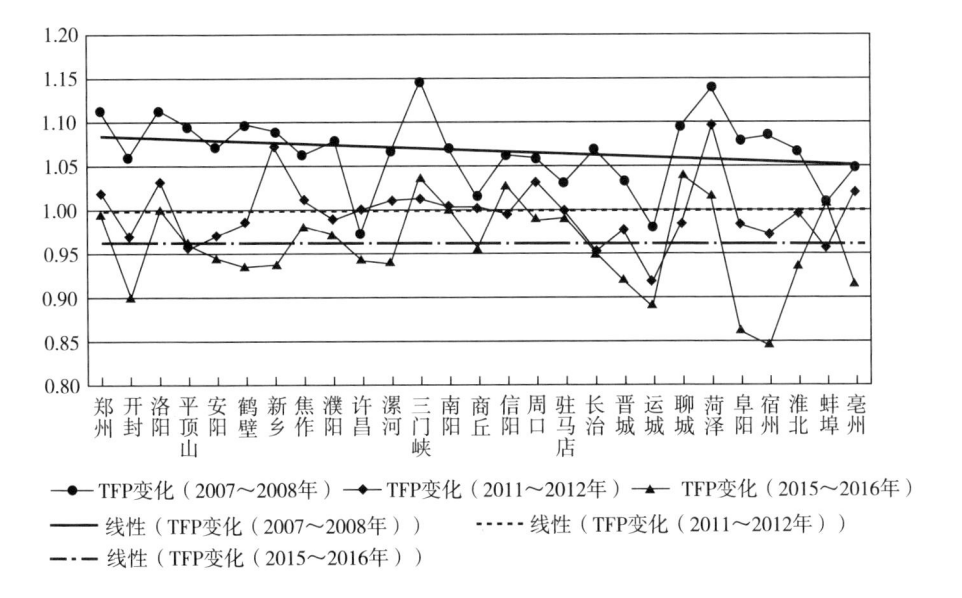

第 5 章 城市群全要素生产率测度及时空特征分析

图 5-12 2007~2008 年、2011~2012 年、2015~2016 年中原城市群城市 TFP 变化趋势
数据来源：根据统计结果整理数据绘制。

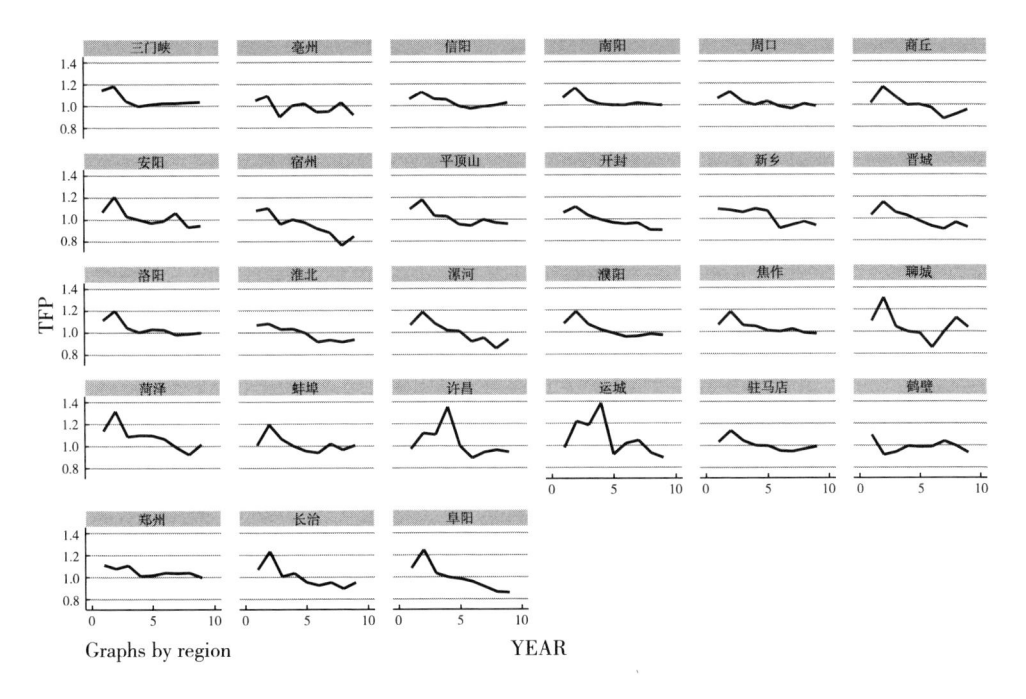

图 5-13 中原城市群城市全要素生产率时间分布特征

· 93 ·

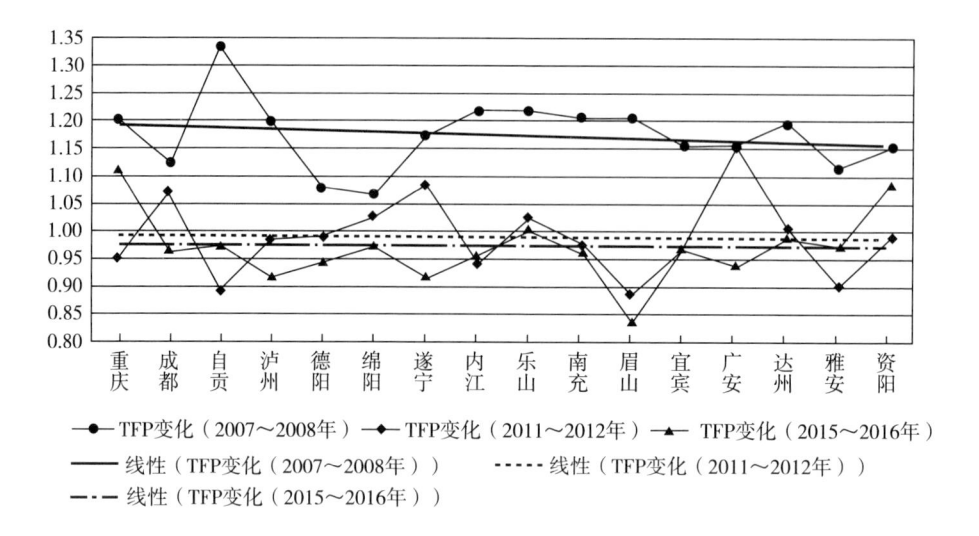

图 5-14　2007~2008 年、2011~2012 年、2015~2016 年成渝城市群城市 TFP 变化趋势

数据来源：根据统计结果整理数据绘制。

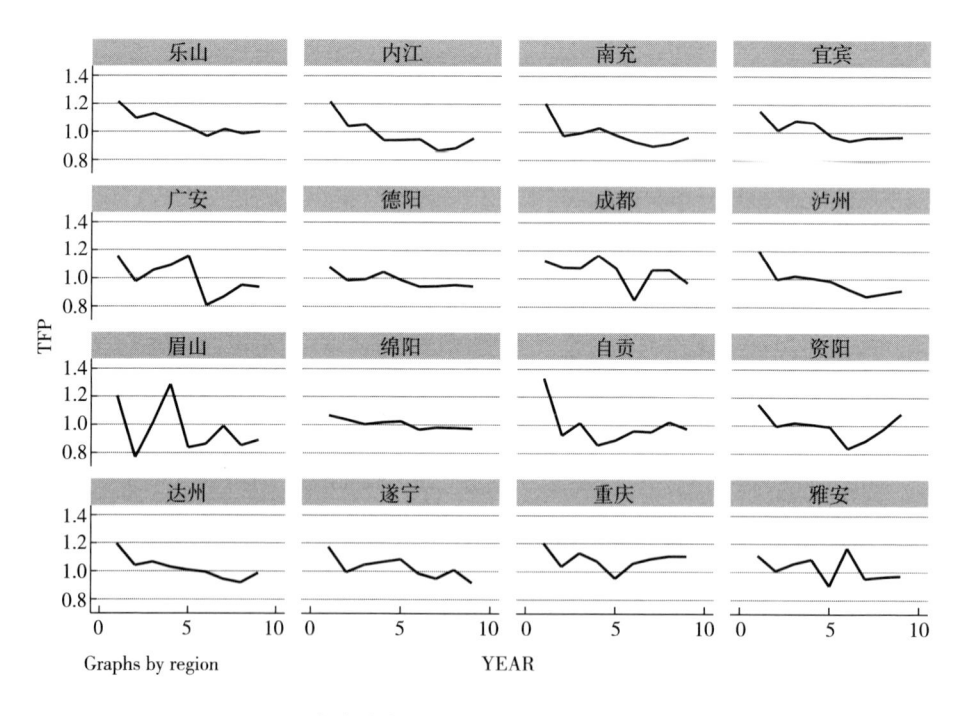

图 5-15　成渝城市群城市全要素生产率时间分布特征

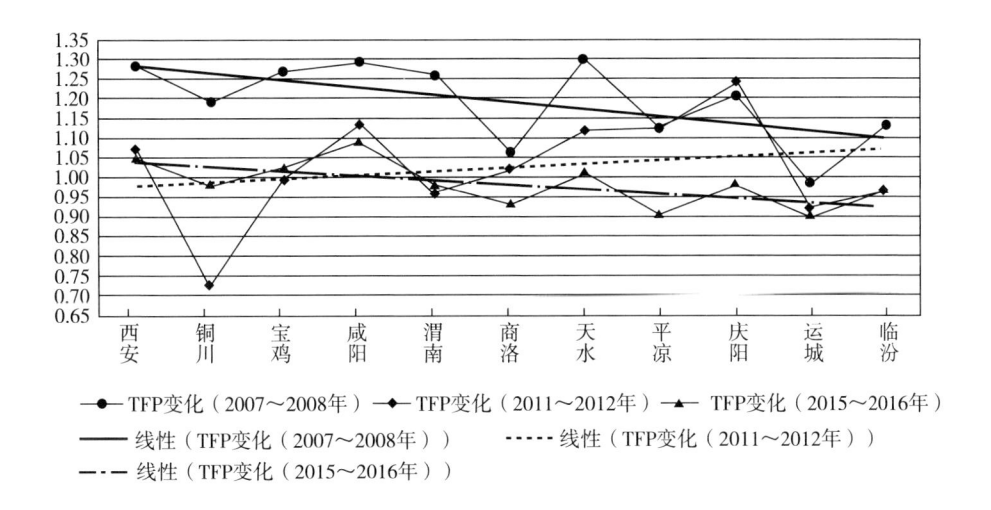

图 5-16 2007~2008 年、2011~2012 年、2015~2016 年关中平原城市群城市 TFP 变化趋势

数据来源：根据统计结果整理数据绘制。

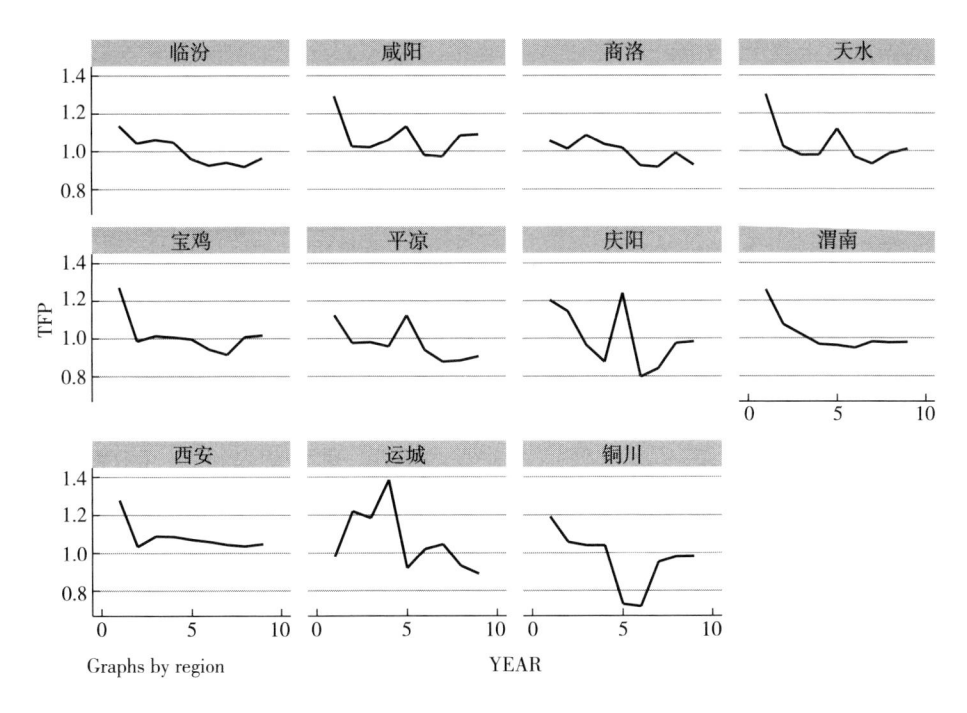

图 5-17 关中平原城市群城市全要素生产率时间分布特征

综合以上分析，可以得出六大城市群的全要素生产率的时空分布特征：

· 95 ·

第一，六大城市群的全要素生产率普遍呈现下降趋势。这方面有两种表现：一是城市群内城市的全要素生产率变化指数小于1，直接表现为下降；二是城市群内城市的全要素生产率大于1，但是增长的幅度在下降。

第二，六大城市群的全要素生产率空间分布特征还表现为东部地区城市群的全要素生产率高于中西部地区城市群的全要素生产率。位于东部地区的京津冀城市群、长三角城市群、珠三角城市群普遍高于位于中西部地区的中原城市群、成渝城市群、关中平原城市群的全要素生产率变化指数。其中，京津冀城市群最高，关中平原城市群最低。

第三，六大城市群城市的全要素生产率的时间分布特征有以下表现：一是六大城市群城市的全要素生产率在2007~2016年呈现出先下降后缓慢提升，但总体下降的趋势。二是从2007~2008年、2011~2012年、2015~2016年城市群城市全要素生产率的时间分布来看，中原城市群、成渝城市群的全要素生产率总体上呈现较明显的逐年下降的趋势，关中平原城市群城市总体上呈现出先降后升，但总体下降的趋势，而东部地区的3个城市群城市全要素生产率的时间分布则呈现出更强的波动性。

5.4 结论与讨论

本章使用 DEA-Malmquist 指数法测算了长三角城市群、京津冀城市群、珠三角城市群、中原城市群、成渝城市群和关中平原城市群106个城市2007~2016年的全要素生产率及其分解，分析了六大城市群TFP变化的时空特征。

对城市群全要素生产率及其分解进行分析发现：①2007~2016年六大城市群的全要素生产率的均值整体上提升了1.3%，这主要是因为技术效率的提升，其次得益于技术进步。按城市群来看，长三角城市群、京津冀城市群、珠三角城市群、中原城市群、成渝城市群整体上全要素生产率都有所改善。除长三角城市群更多受来自技术进步因素影响之外，京津冀城市群、珠三角城市群、中原城市群、成渝城市群的TFP的改善更多得益于技术效率的提升。②六大城市群的全要素生产率空间分布特征还表现为东部地区城市群的全要素生产率高于中西部地区城市群的全要素生产率。位于东部地区的京津冀城市群、长三角城市群、珠三角城市群普遍高于位于中西部地区的中原城市群、成渝城市群、关中平原城市群的全要素生产率变化指数。其中，京津冀城市群最高，关中平原城市群最低。六大城市群2007~2016年全要素生产率变化出现了不同程度的波动，2016年与2007

年相比，每个城市群的 TFP 指数均呈下降趋势。③六大城市群 EFFCH 出现不同程度的波动，东部地区的长三角、京津冀、珠三角三大城市群均出现不同程度的提升，中西部地区的中原城市群、成渝城市群、关中平原城市群皆出现不同程度的下降。六大城市群 TECHCH 指数的波动趋势基本一致，从城市群 TECHCH 指数均值来看，技术进步整体上提升了 0.14%，但 2016 年与 2007 年相比，六大城市群的技术进步指数则呈现不同程度的下降。

对城市群所涉及的 106 个城市进行分析发现：①六大城市群 106 个城市中有 75 个城市的全要素生产率得到改善，占比 70.8%；46 个城市的技术进步指数得到提升，占比 43.4%；而技术效率方面，只有 12.3% 的城市技术效率取得改善。效率改善和显著改善的城市主要集中于东部地区的城市群，而效率下降的城市主要集中在中西部地区的城市群；技术进步改善的城市大部分城市属于东部地区的城市群，而技术进步滞后和显著滞后的城市大部分属于中西部地区的城市群；东部地区和中西部地区城市普遍出现了技术效率下降的趋势。②六大城市群所涵盖城市的全要素生产率在 2007~2016 年呈现出先下降后缓慢提升，但总体下降的趋势。从 2007~2008 年、2011~2012 年、2015~2016 年城市群城市全要素生产率的时间分布来看，中原城市群、成渝城市群城市的全要素生产率总体上呈现较明显的逐年下降趋势，关中平原城市群城市总体上呈现出先降后升，但总体下降的趋势，而东部地区的 3 个城市群城市全要素生产率的时间分布则呈现出更强的波动性。

第6章 数字经济对城市群全要素生产率的影响

数字经济的发展对于城市群全要素生产率会有何影响？我们结合第4章计算的城市群数字经济指数和第5章计算的城市群全要素生产率，进一步分析长三角城市群、京津冀城市群、珠三角城市群、中原城市群、成渝城市群、关中平原城市群数字经济与其全要素生产率之间的关系。

6.1 数字经济与城市群全要素生产率变化趋势分析

需要说明的是，为了与Malmquist指数算法一致，我们对城市群2007~2016年数字经济指数也做延后一期处理，用本期和延后一期数字经济指数的均值来表示该城市群本区间年度的数字经济指数，具体如表6-1所示。

表6-1 六大城市群2007~2016年全要素生产率与数字经济指数

名称	指标	2007~2008年	2008~2009年	2009~2010年	2010~2011年	2011~2012年	2012~2013年	2013~2014年	2014~2015年	2015~2016年
长三角城市群	TFP	1.0352	1.0391	1.0695	1.0251	1.0410	0.9825	0.9614	1.0030	0.9976
长三角城市群	DEI	0.0116	0.0125	0.0126	0.0125	0.0124	0.0124	0.0128	0.0127	0.0123
京津冀城市群	TFP	1.0744	1.0575	1.0586	1.0446	1.0163	1.0096	1.0114	1.0358	1.0695
京津冀城市群	DEI	0.0194	0.0195	0.0199	0.0201	0.0192	0.0168	0.0150	0.0158	0.0159
珠三角城市群	TFP	1.0636	1.0309	1.0707	1.0559	1.0270	1.0021	0.9999	0.9952	1.0062
珠三角城市群	DEI	0.0138	0.0120	0.0121	0.0114	0.0112	0.0121	0.0127	0.0133	0.0149
中原城市群	TFP	1.0660	1.1516	1.0456	1.0463	0.9986	0.9612	0.9722	0.9618	0.9623
中原城市群	DEI	0.0039	0.0039	0.0039	0.0037	0.0036	0.0037	0.0038	0.0037	0.0037

续表

名称	指标	2007~2008年	2008~2009年	2009~2010年	2010~2011年	2011~2012年	2012~2013年	2013~2014年	2014~2015年	2015~2016年
成渝城市群	TFP	1.1754	0.9982	1.0480	1.0541	0.9887	0.9468	0.9535	0.9658	0.9729
	DEI	0.0066	0.0063	0.0058	0.0067	0.0079	0.0088	0.0090	0.0083	0.0076
关中平原城市群	TFP	1.1906	1.0564	1.0352	1.0357	0.9802	1.0769	0.9371	0.9731	0.9744
	DEI	0.0042	0.0045	0.0047	0.0046	0.0046	0.0047	0.0046	0.0044	0.0043

数据来源：根据统计结果计算整理所得。

根据表6-1数据，我们对六大城市群的数字经济指数与该城市群的全要素生产率变化情况进行分析（见图6-1）。从图6-1可以看到，东部地区长三角城市群、京津冀城市群、珠三角城市群和中部地区中原城市群的数字经济指数与全要

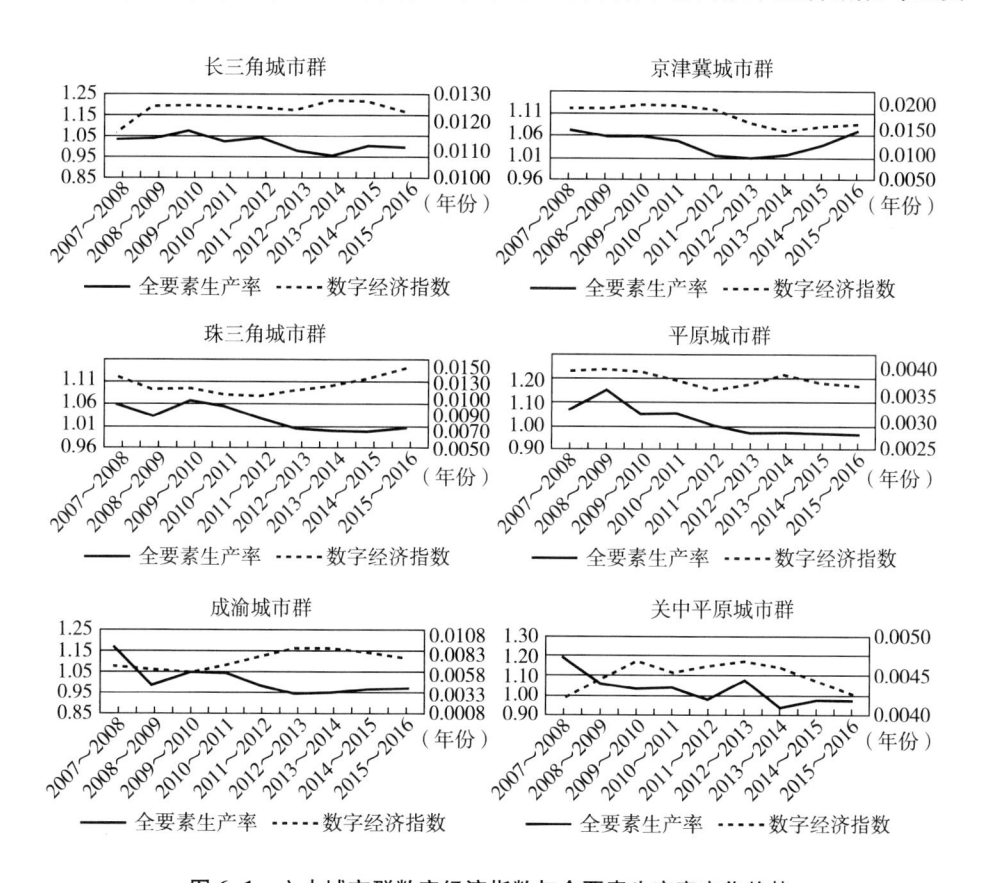

图6-1 六大城市群数字经济指数与全要素生产率变化趋势

数据来源：根据计算结果绘制。

素生产率之间总体上具有正向相关性，而西部地区的成渝城市群、关中平原城市群的数字经济指数与全要素生产率之间却表现出负相关的特征。这说明，长三角城市群、京津冀城市群、珠三角城市群、中原城市群的数字经济发展促进了城市群全要素生产率的提升，而成渝城市群、关中平原城市群的数字经济发展对全要素生产率的提升还未表现出推动作用，这种现象一个可能的解释是，成渝城市群、关中平原城市群的发育还不够成熟，数字经济促进全要素生产率提高的基础还不完全具备。

6.2 计量模型及变量设定

6.2.1 计量模型

为进一步科学分析数字经济对城市群全要素生产率的影响，我们利用计量模型进行定量分析。本书参考张军、Jeanneney、Hulten 等学者，通过实证从城市的数字经济发展水平、经济总体发展水平、经济开放程度、政府干预程度、社会消费能力五个方面来对全要素生产率以及技术效率的变动情况进行解释。建立如下面板回归模型：

$$\ln Y_{i,t} = \beta_0 + \beta_1 \ln DEI_{i,t} + \beta_c \ln CV_{i,t} + \varepsilon_{i,t}$$

其中，i 表示城市，t 表示时间（年份），ln 表示对该变量取对数，Y 表示被解释变量，DEI 表示数字经济，CV 表示控制变量，$\varepsilon_{i,t}$ 表示随机误差项。

在本书中，我们将全要素生产率（TFP）及其分解技术进步变化指数（TECH）和技术效率变化指数（EFF）分别作为被解释变量，将数字经济发展水平（DEI）作为核心解释变量，将经济总体发展水平（AGDP）、经济开放程度（FDI）、政府干预程度（GOV）、消费市场规模（CON）作为控制变量。这样，我们可以将上述面板回归模型公式分列为以下公式：

$$\ln TFP_{i,t} = \beta_0 + \beta_1 \ln DEI_{i,t} + \beta_2 \ln FDI_{i,t} + \beta_3 \ln GOV_{i,t} + \beta_4 \ln PTI_{i,t} + \beta_5 \ln CON_{i,t} + \varepsilon_{i,t}$$

$$\ln TF_{i,t} = \gamma_0 + \gamma_1 \ln DEI_{i,t} + \gamma_2 \ln FDI_{i,t} + \gamma_3 \ln GOV_{i,t} + \gamma_4 \ln PTI_{i,t} + \gamma_5 \ln CON_{i,t} + \varepsilon_{i,t}$$

$$\ln EFF_{i,t} = \delta_0 + \delta_1 \ln DEI_{i,t} + \delta_2 \ln FDI_{i,t} + \delta_3 \ln GOV_{i,t} + \delta_4 \ln PTI_{i,t} + \delta_5 \ln CON_{i,t} + \varepsilon_{i,t}$$

6.2.2 变量设定

本书将数字经济发展水平作为核心解释变量。本书用数字经济指数来衡量城市的数字经济发展水平（DEI）。

控制变量主要有：

（1）经济开放程度（FDI）：对外开放可以吸收国外的资金、技术、人才，加强与国外的技术交流，促进生产率的提高。本书用外商直接投资（FDI）占GDP的比重来衡量各城市的经济开放程度。

（2）政府干预程度（GOV）：政府支出对于市场和城市生产效率具有重要影响，本书用财政支出占GDP的比重来衡量政府在经济活动中的参与程度。

（3）产业结构（PTI）：产业结构特别是第三产业的发展会影响城市的发展水平和发展效率，本书用第三产业产值与GDP的比重来表示。

（4）消费市场规模（CON）：消费市场会影响数字经济和城市全要素生产率，本书用各地级市社会消费品零售总额与GDP的比重来表示。

6.3 数据来源及描述性统计

本书计算解释变量数据来自《中国城市统计年鉴》、《中国统计年鉴》、城市有关年度的国民经济和社会发展统计公报及Wind数据库。本书所涉及的所有变量的描述性统计如表6-2所示。

表6-2 变量的描述性统计

变量类型	变量名称	变量说明	个数	均值	标准差	最小值	最大值
被解释变量	TFP	全要素生产率指数	954	1.021071	0.087517	0.717476	1.61523
	TECH	技术进步指数	954	1.005371	0.067925	0.760929	1.270846
	EFF	技术效率指数	954	1.018234	0.090642	0.679327	1.55819
解释变量	DEI	数字经济发展水平	954	0.009434	0.018035	0.000603	0.161132
控制变量	FDI	经济开放程度=FDI/GDP	954	0.003581	0.00309	0	0.025957
	GOV	政府干预程度=政府财政支出/GDP	954	0.145449	0.06807	0.022272	0.566254
	PTI	产业结构=第三产业产值/GDP	954	0.366626	0.096253	0.1753	0.800023
	CON	消费市场规模=社会消费品零售总额/GDP	954	0.360727	0.082012	0.027664	0.740067

数据来源：根据测算结果整理。

6.4 实证结果分析

本书通过对上述主要解释变量进行多重共线性检验,得出的结果显示 max{vif1,vif2,…,vifk} = 1.16,它远远小于通常所要求的最低数值 10,这样就表明,我们有效控制了回归分析中多重共线性可能带来的影响,可以进一步做回归分析。下面,我们分别检验六大城市群整体及每个城市群的数字经济指数对 TFP 是否具有显著性影响。考虑到基于 DEA-Malmquist 指数法求得的 TFP,其数据是截尾的,我们借鉴王尧在测算信息通信技术对区域经济生产效率的影响时的做法,通过 Tobit 模型检验城市群数字经济对 TFP 及其分解技术进步 TE、技术效率 EFF 的影响。由于这个过程可能会发生面板自相关、异方差等方面的问题,为使分析准确并避免使用普通标准差导致高估显著性的问题,本书参考有关文献使用聚类稳健标准差。

6.4.1 六大城市群整体回归结果

表 6-3 显示了城市群整体的回归结果,tfp、tech、eff 分别表示 TFP、技术进步、技术效率的增长率。从六大城市群整体分析来看,数字经济对 TFP 和技术进步在 1% 的水平上影响显著且为正向,对技术效率在 10% 的水平上则呈现负向影响。技术进步反映各城市群的创新能力,技术效率则反映城市群的专业化、规模化水平和组织管理效率等。这说明,对于长三角城市群、京津冀城市群、珠三角城市群、中原城市群、成渝城市群、关中平原城市群这六大城市群的 106 个地级市来说,数字经济在整体上促进了其全要素生产率的提升,而且这一提升主要得益于技术进步的推动。

表 6-3 六大城市群数字经济与 TFP 及分解指数

变量	(1) lntfp	(2) lntech	(3) lneff
lndei	0.0216***	0.0248***	−0.00889*
	(0.00347)	(0.00248)	(0.00468)
lnfdi	−0.00415	−0.00463***	0.000909
	(0.00320)	(0.00176)	(0.00313)
lngov	−0.0244***	−0.0225***	−0.00290
	(0.00625)	(0.00420)	(0.00768)

续表

变量	(1) lntfp	(2) lntech	(3) lneff
lnpti	-0.0336***	-0.00702	-0.0261*
	(0.0124)	(0.00718)	(0.0135)
lncon	-0.0346**	-0.0340***	-0.0168
	(0.0171)	(0.00978)	(0.0180)
Constant	-0.0143	0.0201	-0.0912**
	(0.0314)	(0.0201)	(0.0395)

注：面板 Tobit 回归，括号内的数值是经过聚类稳健性误调整后的 t 值，*、**、*** 分别表示在 10%、5%、1%的水平上显著。以上由笔者基于 Stata 15 软件估计结果整理。

从表 6-3 整体回归结果也可以看到，经济开放程度对 TFP 的影响为负，但不显著；政府干预程度、产业结构对 TFP 在 1%水平上具有显著负向影响；消费市场规模对 TFP 在 5%水平上具有显著负向影响。所以，从整体上看，数字经济发展水平促进了六大城市群的全要素生产率的增长，而政府干预程度、产业结构和消费市场规模对于六大城市群的全要素生产率的增长为负向影响。这与有的研究可能存在不一致的结论。分析其中原因，应该与六大城市群之间的差异有关。所以，为准确分析数字经济及其他因素对全要素生产率的影响，有必要对这六大城市群分别作进一步的回归分析。

6.4.2 各城市群回归结果

表 6-4、表 6-5 分别按照城市群展示了数字经济对 TFP 及其分解指数 TE、EFF 的影响。

表 6-4 东部地区 3 城市群数字经济与 TFP 及分解指数

变量	长三角城市群 (1) lntfp	(2) lntech	(3) lneff	京津冀城市群 (1) lntfp	(2) lntech	(3) lneff	珠三角城市群 (1) lntfp	(2) lntech	(3) lneff
lndei	0.0102*	0.0216***	-0.0248***	0.0233***	0.0273***	-0.0343*	0.0273***	0.0261***	-0.00359
	(0.00639)	(0.00612)	(0.00760)	(0.00851)	(0.00360)	(0.0185)	(0.00386)	(0.00589)	(0.00420)
lnfdi	0.0203**	0.00342	0.0180*	0.00984	-0.0146***	0.0469**	0.00621	0.0202**	-0.0105
	(0.00833)	(0.00374)	(0.00959)	(0.0109)	(0.00473)	(0.0217)	(0.0112)	(0.00876)	(0.00930)

续表

变量	长三角城市群 (1) lntfp	(2) lntech	(3) lneff	京津冀城市群 (1) lntfp	(2) lntech	(3) lneff	珠三角城市群 (1) lntfp	(2) lntech	(3) lneff
lngov	0.00845 (0.0123)	-0.00870 (0.0134)	0.0151 (0.0162)	-0.0215*** (0.00818)	-0.0134*** (0.00413)	0.00740 (0.0142)	-0.00565 (0.0165)	-0.0526** (0.0261)	0.0203 (0.0192)
lnpti	-0.00169 (0.0242)	-0.0111 (0.0131)	-0.0167 (0.0314)	-0.0149 (0.0288)	0.0142 (0.0245)	-0.00534 (0.0421)	-0.0474 (0.0425)	0.0424 (0.0316)	-0.101*** (0.0373)
lncon	-0.000702 (0.0235)	-0.0197 (0.0167)	0.00433 (0.0299)	-0.0651 (0.0403)	-0.0550*** (0.0200)	-0.0686 (0.0513)	0.00454 (0.0290)	-0.00402 (0.0276)	-0.0268 (0.0275)
Constant	0.197*** (0.0628)	0.0947 (0.0578)	-0.0109 (0.0860)	0.0716 (0.0644)	-0.0124 (0.0389)	0.0654 (0.0809)	0.142 (0.0936)	0.175* (0.102)	-0.155 (0.105)

注：面板Tobit回归，括号内的数值是经过聚类稳健性误调整后的t值，*、**、***分别表示在10%、5%、1%的水平上显著。上述数据系笔者基于Stata 15软件估计结果整理。

表6-5　中西部地区3城市群数字经济与TFP及分解指数

变量	中原城市群 (1) lntfp	(2) lntech	(3) lneff	成渝城市群 (1) lntfp	(2) lntech	(3) lneff	关中平原城市群 (1) lntfp	(2) lntech	(3) lneff
lndei	0.0241** (0.0114)	0.0182*** (0.00534)	0.0125 (0.0121)	0.0243** (0.0110)	0.0297*** (0.00720)	0.00526 (0.00776)	-0.0480** (0.0189)	-0.0265** (0.0133)	-0.0136 (0.0224)
lnfdi	-0.0261*** (0.00654)	-0.0144*** (0.00472)	-0.0134** (0.00573)	0.00675 (0.0111)	-0.00365 (0.00784)	0.00705 (0.00681)	0.0116 (0.0108)	5.94e-05 (0.00614)	0.00332 (0.0117)
lngov	-0.0566** (0.0253)	-0.0347*** (0.0111)	-0.0178 (0.0186)	0.00320 (0.0221)	0.0234 (0.0185)	0.00800 (0.0172)	-0.168*** (0.0320)	-0.117*** (0.0280)	-0.0436 (0.0366)
lnpti	-0.0579** (0.0254)	-0.00997 (0.0157)	-0.0280 (0.0280)	-0.0410 (0.0439)	-0.0789** (0.0377)	0.00489 (0.0306)	-0.0615 (0.0471)	-0.00187 (0.0303)	-0.0876** (0.0422)
lncon	-0.0346 (0.0433)	-0.00974 (0.0173)	-0.0312 (0.0429)	-0.215** (0.0904)	-0.151** (0.0592)	-0.143** (0.0634)	0.0746* (0.0387)	0.0333* (0.0186)	0.0360 (0.0444)
Constant	-0.229*** (0.0700)	-0.0764* (0.0412)	-0.117 (0.0897)	-0.0746 (0.127)	-0.0778 (0.0810)	-0.0361 (0.0799)	-0.427*** (0.139)	-0.312** (0.119)	-0.152 (0.123)

注：面板Tobit回归，括号内的数值是经过聚类稳健性误调整后的t值，*、**、***分别表示在10%、5%、1%的水平上显著。上述数据系笔者基于Stata 15软件估计结果整理。

对于长三角城市群来说，数字经济在10%的水平上对TFP具有显著正向影响，在1%的水平上对技术进步有显著正向影响，在1%的水平上对技术效率有显著负向影响，即表现出对技术效率的显著抑制。因为数字经济对长三角城市群技术进步的促进作用高于对技术效率的抑制作用，所以总体上表现为数字经济对全要素生产率的促进。对于京津冀城市群来说，数字经济在1%的水平上对TFP和技术进步具有显著正向影响，在10%的水平上对技术效率的影响显著且为负。对于京津冀城市群来说，数字经济的发展体现出对技术进步即创新能力的提升、对技术效率的抑制作用，因为对技术进步的推动作用高于对技术效率的抑制作用，所以总体上体现为对全要素生产率的促进。对于珠三角城市群来说，数字经济在1%的水平上对TFP和技术进步具有正向显著影响，对技术效率的影响不显著。综合分析发现，从东部地区长三角城市群、京津冀城市群、珠三角城市群这3个国内最为发达的城市群的情况来看，数字经济对各个城市群的TFP及其分解技术进步都起到了显著的促进作用，这与三大城市群数字经济发展规模和发展水平密不可分。从系数来看，数字经济对于珠三角城市群的TFP的提升幅度最大，其次是京津冀城市群、长三角城市群。但是，数字经济对于技术效率的影响不尽相同，对长三角城市群、京津冀城市群的技术效率具有显著负向影响，其中对京津冀城市群技术效率的抑制作用高于长三角城市群，而对珠三角城市群的技术效率的影响并不显著。

对于中原城市群来说，数字经济在5%的水平上对TFP具有显著正向影响，在1%的水平上对技术进步具有显著正向影响，对技术效率的影响不显著。成渝城市群的情况和中原城市群的情况类似，数字经济在5%的水平上对TFP具有显著正向影响，在1%的水平上对技术进步具有显著正向影响，对技术效率的影响不显著。从系数分析来看，数字经济对成渝城市群TFP的促进作用略高于中原城市群，但在对技术进步的影响方面，成渝城市群明显高于中原城市群。对于关中平原城市群来说，数字经济对TFP及技术进步的影响都在1%的水平上显著为负，对技术效率的影响则不显著，这可能与关中平原城市群数字经济发展规模不足有关。

综上分析，数字经济的发展对于关中平原城市群以外的城市群的TFP和技术进步都具有促进作用。在技术效率方面，数字经济对长三角城市群、京津冀城市群的技术效率具有抑制作用，对于其他4个城市群的影响不显著。对于关中平原城市群来说，为什么会出现数字经济抑制TFP和技术进步的情况呢？显然，在数字经济对关中平原城市群技术效率影响不显著、对技术进步影响显著为负的综合作用下，会抑制TFP的提升。这背后一个可能的解释是，互联网给中国的经济带来的是一种"破坏性创新"，特别是对处于西部地区的关中平原城市群来说，随着互联网等技术的发展，其面临技术的更新迭代，尤其是对于西部地区的很多城市而言，发展数字经济的意识有待提高、运用互联网的能力还不强、发展数字经济的基础设施不健全，新业态发展面临着体制机制的诸多障碍。所以，在信息基础设施等数字经济发展的外部环境还不充分、数字经济发展水平还不高的条件下，关中平原城市群还处于数字经济发展的初期阶段，数字经济对技术进步的抑制作用大于促进作用，对于技术效率不具有显著影响，综合表现为对全要素生产率的抑制。

除了数字经济对全要素生产率的影响外，我们还可以基于表6-4、表6-5分析经济开放程度、政府干预程度、产业结构、消费市场规模等因素对全要素生产率的影响。从各城市群的回归结果可知，FDI对各城市群全要素生产率（TFP）的影响方面，长三角城市群表现为在5%水平上显著为正，中原城市群表现为在1%水平上显著为负，其他城市群则为正向影响但不显著；政府干预程度对各城市群全要素生产率（TFP）的影响方面，京津冀城市群、中原城市群、关中平原城市群分别在1%、5%、1%水平上对城市群全要素生产率具有显著负向影响，其他城市群不显著，这可能是因为市场竞争不充分导致效率低下。产业结构对各城市群全要素生产率（TFP）均具有负向影响，但除了中原城市群在5%水平上显著负相关外，其他城市群都不显著，说明第三产业占比的提升不利于城市群全要素生产率的提高。消费市场规模对各城市群全要素生产率（TFP）的影响不尽相同，规律性不明显。

6.5 结论与讨论

在上一章测算长三角城市群、京津冀城市群、珠三角城市群、中原城市群、成渝城市群和关中平原城市群106个城市2007~2016年的全要素生产率及其分解的基础上，本章使用Tobit模型回归分析了数字经济对城市群全要素生产率、技术进步、技术效率的影响，得出如下结论：

从整体上看，数字经济对城市群TFP和技术进步在1%水平上具有显著正向影响，对技术效率在10%水平上具有显著负向影响，说明数字经济在整体上促进了长三角城市群、京津冀城市群、珠三角城市群、中原城市群、成渝城市群、关中平原城市群这六大城市群106个城市全要素生产率的提升，其提升的动力主要来源于技术进步的推动。

分城市群来看，数字经济对于TFP和技术进步的影响，除关中平原城市群表现为抑制作用外，对长三角城市群、京津冀城市群、珠三角城市群、中原城市群、成渝城市群 5 个城市群都表现为促进作用，这可能与关中平原城市群数字经济发展基础较弱、发展环境亟待完善等因素有关；数字经济对长三角城市群、京津冀城市群的技术效率表现为抑制作用，对珠三角城市群、中原城市群、成渝城市群和关中平原城市群的影响不显著。

综上可知，数字经济对城市群 TFP 的改善整体上是有益的，所以，城市群内部城市可以积极发展数字经济。但是，不同的城市群由于发展阶段、发展水平的不同，在发展数字经济的具体问题上还需根据自身实际具体分析。

第7章 数字经济对城市群空间经济联系的网络效应分析

本章采用长三角城市群、京津冀城市群、珠三角城市群、中原城市群、成渝城市群和关中平原城市群六大城市群两两城市之间的关注度表征城市之间的信息流强度,分析城市群城市空间经济联系的网络,进而刻画城市群内城市之间的空间经济联系的时空特征及其影响因素。

7.1 研究数据与方法

7.1.1 数据来源

本章在表征信息流时,使用的是百度指数用户关注度数据。城市关注度数据模拟的信息流,是基于对关系数据的挖掘,它反映了一个城市的综合实力。目前,百度拥有世界上最大的中文信息库,百度城市关注度数据能够较好地表征城市间的信息流及其联系。所以,我们用它来表征城市间的信息流。

本章结合长三角城市群、京津冀城市群、珠三角城市群、中原城市群、成渝城市群和关中平原城市群106个城市2009~2016年的百度指数分析六大城市群的空间经济联系网络特征,并结合2016年的数据对六大城市群分别进行QAP相关分析和回归分析。

7.1.2 研究方法

城市之间的信息流强度可以使用城市彼此间的关注度来表示,公式如下:

$R = A_b \times B_a$

其中，R 是指 A 城市与 B 城市之间的信息流强度，A_b 是指 A 城市对 B 城市的百度关注度均值，B_a 是指 B 城市对 A 城市百度关注度均值。

$N = R_1 + R_2 + R_3 + \cdots + R_n$

城市 A 在城市群内的信息流总量为 N，是城市 A 与城市群内其他城市的信息流之和。某城市的相对关注度（相对信息流）用 P 表示，用来说明某城市信息流在该城市群中的相对重要性。计算公式为：

$P = N_j \times N_k$

其中，N_j 为某城市的信息流总量，N_k 为核心区内某城市拥有最大信息流总量对应的值。本书以两两城市之间的信息流为基础，构建各城市群基于信息流的城市网络。

7.2 城市群百度指数中心度动态变化特征

我们基于长三角城市群、京津冀城市群、珠三角城市群、中原城市群、成渝城市群和关中平原城市群六大城市群 2009 年、2012 年、2016 年的百度指数，利用 Ucinet 6 软件测得每个城市群中城市的百度指数中心度，分析城市群节点城市百度指数中心度及其占比情况的变化特征，进而分析节点城市在城市群所处位置的动态特征。

7.2.1 长三角城市群百度指数中心度及占比

长三角城市群节点城市 2009 年、2012 年、2016 年的百度指数均呈递增趋势，其中，上海、杭州、苏州、南京、合肥、宁波等城市的百度指数的增长尤为明显。从百度指数占比来看，上海的百度指数中心度占比明显提升，杭州、南京、苏州、合肥、无锡的百度指数中心度占比略有提升，其他大部分城市的百度指数中心度占比在下降。这说明长三角城市群中上海、杭州、苏州、南京、合肥、宁波、无锡等城市的联系在加强，而且它们的中心地位也在逐步提升。总体上看，呈现以上海为中心，以杭州、苏州、南京、合肥为次中心，其他城市联系相对较弱的态势。具体如表 7-1、图 7-1、图 7-2 所示。

表7-1 长三角城市群百度指数中心度及占比

城市	2009年百度指数中心度	2009年百度指数中心度占比	排名	2012年百度指数中心度	2012年百度指数中心度占比	排名	2016年百度指数中心度	2016年百度指数中心度占比	排名
上海	4397	0.0886	1	6965	0.1049	1	15329	0.1083	1
南京	3098	0.0624	2	4292	0.0646	2	9068	0.0641	3
杭州	3049	0.0615	3	4080	0.0614	4	10046	0.0710	2
苏州	3012	0.0607	4	4183	0.0630	3	8984	0.0635	4
宁波	2322	0.0468	5	3209	0.0483	5	6561	0.0464	6
合肥	2215	0.0446	6	3099	0.0467	6	8104	0.0573	5
无锡	2189	0.0441	7	2941	0.0443	7	6528	0.0461	7
常州	1970	0.0397	8	2769	0.0417	8	5370	0.0379	8
扬州	1874	0.0378	9	2471	0.0372	9	5022	0.0355	9
嘉兴	1830	0.0369	10	2125	0.0320	13	4531	0.0320	11
芜湖	1758	0.0354	11	2187	0.0329	11	4455	0.0315	12
金华	1747	0.0352	12	2104	0.0317	14	3833	0.0271	21
南通	1725	0.0348	13	2190	0.0330	10	4568	0.0323	10
绍兴	1703	0.0343	14	2157	0.0325	12	4191	0.0296	15
台州	1665	0.0336	15	2038	0.0307	16	4092	0.0289	17
盐城	1613	0.0325	16	2084	0.0314	15	4225	0.0299	13
泰州	1528	0.0308	17	1971	0.0297	18	3874	0.0274	20
镇江	1522	0.0307	18	1998	0.0301	17	4202	0.0297	14
安庆	1472	0.0297	19	1820	0.0274	21	4053	0.0286	19
湖州	1448	0.0292	20	1848	0.0278	20	4085	0.0289	18
马鞍山	1345	0.0271	21	1770	0.0266	22	3492	0.0247	22
舟山	1285	0.0259	22	1898	0.0286	19	4173	0.0295	16
宣城	1268	0.0256	23	1615	0.0243	24	3304	0.0233	24
滁州	1241	0.0250	24	1705	0.0257	23	3450	0.0244	23
铜陵	1196	0.0241	25	1437	0.0216	26	3024	0.0214	25
池州	1142	0.0230	26	1472	0.0222	25	2948	0.0208	26

数据来源：根据测算结果整理。

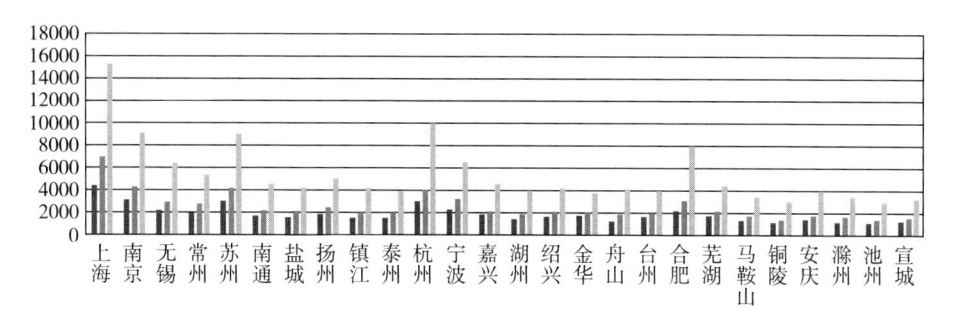

第7章 数字经济对城市群空间经济联系的网络效应分析

图 7-1 长三角城市群百度指数中心度

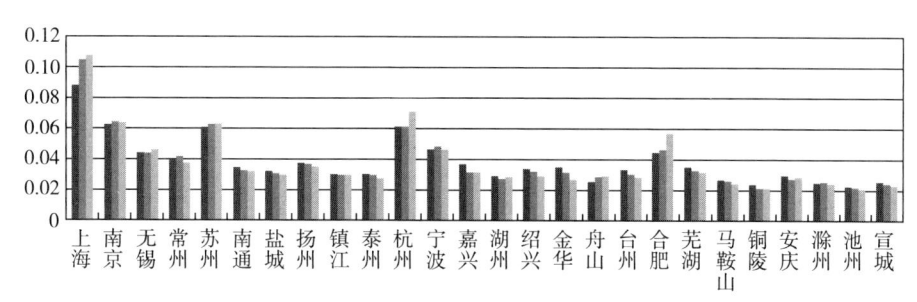

图 7-2 长三角城市群百度指数中心度占比

7.2.2 京津冀城市群百度指数中心度及占比

京津冀城市群各节点城市的百度指数中心度呈递增趋势，其中，北京最高，石家庄、天津、保定、秦皇岛次之。从百度指数中心度占比来看，北京占比最高，其次是天津、石家庄、保定、秦皇岛，其余城市的占比相对较低。从变化趋势来看，各节点城市有增有减，其中，北京的占比出现下滑现象，天津、石家庄、秦皇岛、邯郸、邢台、承德基本不变，保定2016年有相对明显的增长，张家口略有增长，唐山、廊坊、衡水出现下滑。总体上呈现以北京为中心，其他城市联系相对均衡的发展态势。具体如表7-2、图7-3、图7-4所示。

表 7-2 京津冀城市群百度指数中心度及占比

城市	2009年百度指数中心度	2009年百度指数中心度占比	排名	2012年百度指数中心度	2012年百度指数中心度占比	排名	2016年百度指数中心度	2016年百度指数中心度占比	排名
北京	2861	0.1629	1	4586	0.1906	1	8658	0.1816	1

续表

城市	2009年百度指数中心度	2009年百度指数中心度占比	排名	2012年百度指数中心度	2012年百度指数中心度占比	排名	2016年百度指数中心度	2016年百度指数中心度占比	排名
石家庄	1817	0.1035	2	2498	0.1038	2	4904	0.1029	2
天津	1754	0.0999	3	2430	0.1010	3	4721	0.0990	3
唐山	1399	0.0797	4	1643	0.0683	6	2980	0.0625	8
秦皇岛	1292	0.0736	5	1836	0.0763	4	3761	0.0789	5
保定	1210	0.0689	6	1740	0.0723	5	4181	0.0877	4
廊坊	1203	0.0685	7	1377	0.0572	8	2581	0.0541	10
邢台	1040	0.0592	8	1302	0.0541	11	3049	0.0640	7
邯郸	1032	0.0588	9	1510	0.0627	7	3076	0.0645	6
张家口	1031	0.0587	10	1343	0.0558	10	2169	0.0455	13
衡水	1028	0.0585	11	1373	0.0571	9	2691	0.0564	9
沧州	979	0.0558	12	1188	0.0494	13	2546	0.0534	11
承德	912	0.0519	13	1238	0.0514	12	2355	0.0494	12

数据来源：根据测算结果整理。

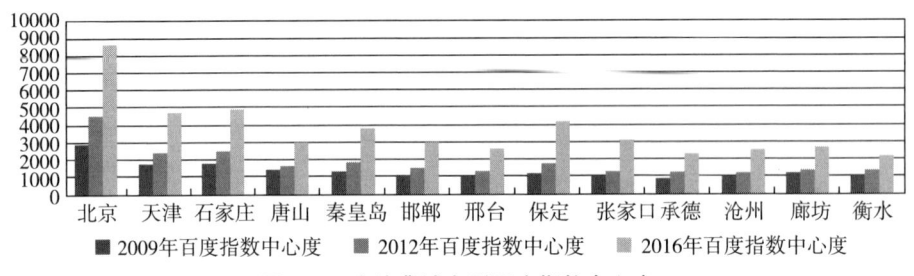

图 7-3 京津冀城市群百度指数中心度

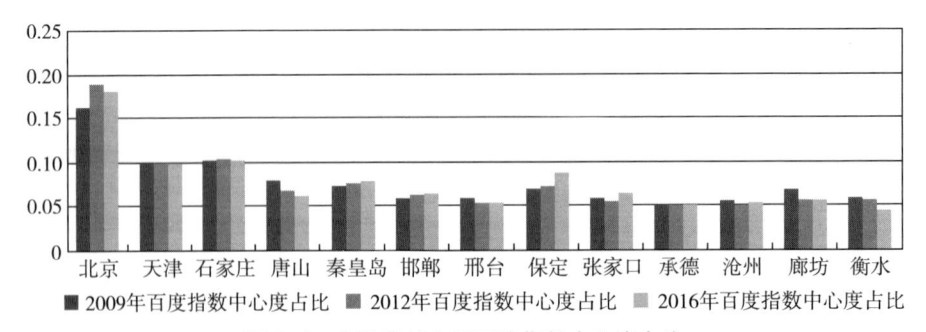

图 7-4 京津冀城市群百度指数中心度占比

7.2.3 珠三角城市群百度指数中心度及占比

从珠三角城市群各节点城市百度指数中心度动态分布来看，总体呈现递增趋势，其中，广州、深圳、东莞、佛山、惠州、珠海百度指数反映的信息流比较高，增幅明显，特别是广州、深圳的百度指数绝对值明显高于其他城市。其后是中山、肇庆、江门、清远、阳江、河源、云浮、汕尾。从百度指数中心度占比来看，珠三角城市群各节点城市的占比有增有减，广州、深圳、东莞、珠海、惠州占比总体上在提高，其余城市占比出现不同程度的下滑。这反映出广州、深圳、东莞、珠海、惠州在珠三角城市群中的中心地位在强化。总体来看，珠三角城市群各节点城市之间的联系呈现出广州、深圳、东莞多中心发展，佛山、珠海、惠州为次中心，其他城市联系相对均衡的态势。具体如表7-3、图7-5、图7-6所示。

表7-3 珠三角城市群百度指数中心度及占比

城市	2009年百度指数中心度	2009年百度指数中心度占比	排名	2012年百度指数中心度	2012年百度指数中心度占比	排名	2016年百度指数中心度	2016年百度指数中心度占比	排名
广州	2444	0.1382	1	3268	0.1676	1	7585	0.1726	1
深圳	2281	0.1290	2	2549	0.1307	2	5893	0.1341	2
东莞	1627	0.0920	3	1574	0.0807	3	4353	0.0991	3
佛山	1404	0.0794	4	1384	0.0710	4	3406	0.0775	4
惠州	1272	0.0719	5	1366	0.0700	5	3323	0.0756	5
珠海	1226	0.0693	6	1320	0.0677	6	3247	0.0739	6
中山	1091	0.0617	7	1165	0.0597	7	2492	0.0567	7
肇庆	1051	0.0594	8	1123	0.0576	8	2340	0.0533	8
阳江	994	0.0562	9	1070	0.0549	9	2053	0.0467	10
河源	922	0.0521	10	989	0.0507	12	1857	0.0423	12
江门	916	0.0518	11	1025	0.0526	10	2253	0.0513	9
清远	897	0.0507	12	1002	0.0514	11	1981	0.0451	11
云浮	852	0.0482	13	849	0.0435	13	1545	0.0352	14
汕尾	705	0.0399	14	818	0.0419	14	1608	0.0366	13

数据来源：根据测算结果整理。

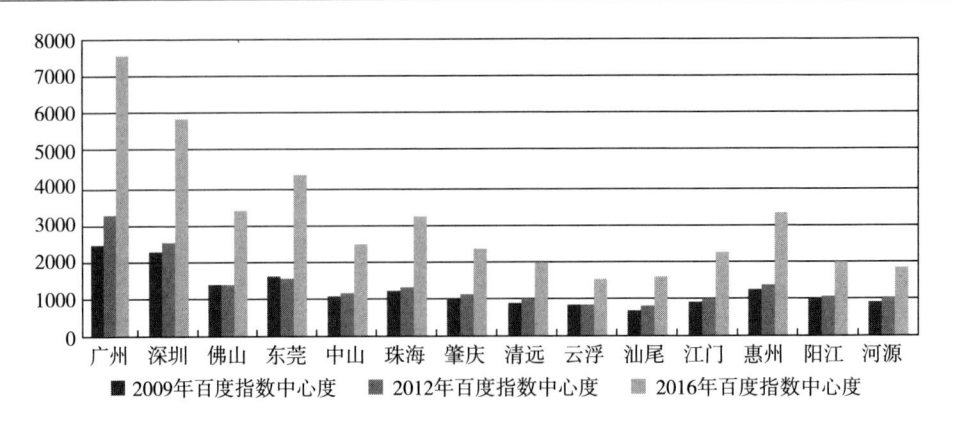

图 7-5 珠三角城市群百度指数中心度

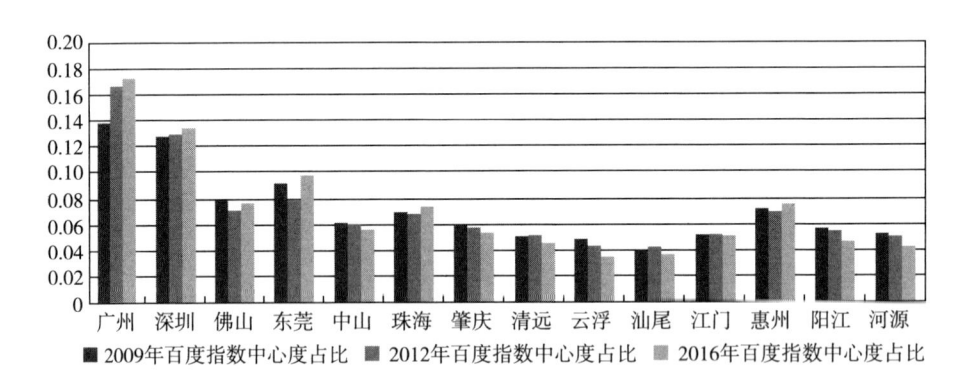

图 7-6 珠三角城市群百度指数中心度占比

7.2.4 中原城市群百度指数中心度及占比

中原城市群各节点城市的百度指数中心度总体呈现递增趋势，其中，郑州基于百度指数反映的信息流明显高于城市群内其他城市，其次是洛阳、商丘、南阳、开封、新乡、信阳，宿州、淮北、亳州、长治，其他城市则处于一般水平。这反映出中原城市群中郑州的单中心形态明显，洛阳、商丘、南阳、开封、新乡、信阳等次级中心作用发挥不够，而宿州、淮北、亳州、长治等城市在融入中原城市群发展、强化其他城市联系方面表现不足。具体如表 7-4、图 7-7、图 7-8 所示。

第7章 数字经济对城市群空间经济联系的网络效应分析

表7-4 中原城市群百度指数中心度及占比

城市	2009年百度指数中心度	2009年百度指数中心度占比	排名	2012年百度指数中心度	2012年百度指数中心度占比	排名	2016年百度指数中心度	2016年百度指数中心度占比	排名
郑州	3703	0.1116	1	5709	0.1236	1	10873	0.1189	1
洛阳	1932	0.0582	2	2477	0.0536	2	5014	0.0548	2
南阳	1426	0.0430	3	2017	0.0437	3	4312	0.0472	5
平顶山	1412	0.0426	4	1806	0.0391	9	3210	0.0351	10
安阳	1404	0.0423	5	1769	0.0383	10	3464	0.0379	8
开封	1378	0.0415	6	1969	0.0426	4	4368	0.0478	4
新乡	1351	0.0407	7	1847	0.0400	6	4119	0.0451	6
焦作	1316	0.0397	8	1843	0.0399	7	2948	0.0322	14
信阳	1234	0.0372	9	1822	0.0394	8	3877	0.0424	7
濮阳	1217	0.0367	10	1769	0.0383	11	2930	0.0320	15
商丘	1211	0.0365	11	1866	0.0404	5	4606	0.0504	3
许昌	1150	0.0347	12	1641	0.0355	12	3401	0.0372	9
驻马店	1087	0.0328	13	1560	0.0338	14	3044	0.0333	12
漯河	1059	0.0319	14	1357	0.0294	17	2777	0.0304	17
三门峡	1018	0.0307	15	1604	0.0347	13	3075	0.0336	11
周口	1011	0.0305	16	1491	0.0323	15	2979	0.0326	13
鹤壁	998	0.0301	17	1240	0.0268	18	2262	0.0247	19
菏泽	933	0.0281	19	1008	0.0218	24	2116	0.0231	23
聊城	918	0.0277	20	1053	0.0228	23	2037	0.0223	24
晋城	853	0.0257	21	1110	0.0240	21	1910	0.0209	25
阜阳	843	0.0254	22	1146	0.0248	19	2237	0.0245	20
运城	787	0.0237	23	988	0.0214	26	2288	0.0250	18
长治	765	0.0231	24	995	0.0215	25	1778	0.0194	27
蚌埠	707	0.0213	26	1127	0.0244	20	2188	0.0239	21
亳州	629	0.0190	27	911	0.0197	27	1850	0.0202	26
宿州	608	0.0183	28	792	0.0171	28	1487	0.0163	28
淮北	542	0.0163	29	739	0.0160	29	1347	0.0147	29

数据来源：根据测算结果整理。

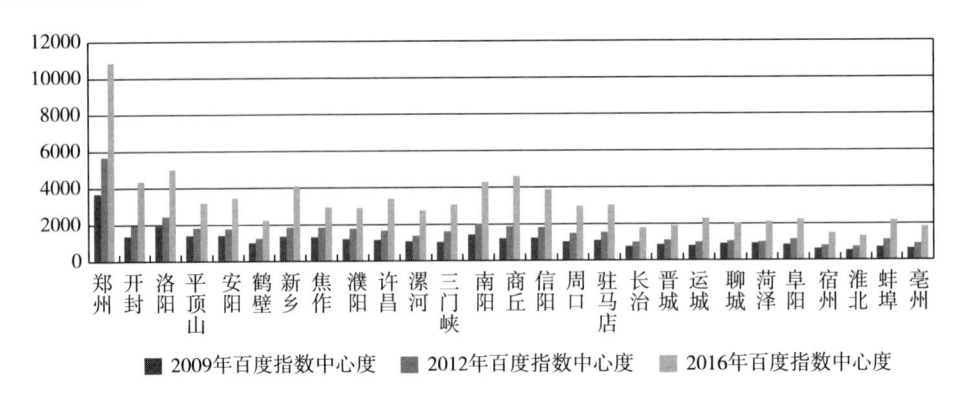

图 7-7 中原城市群百度指数中心度

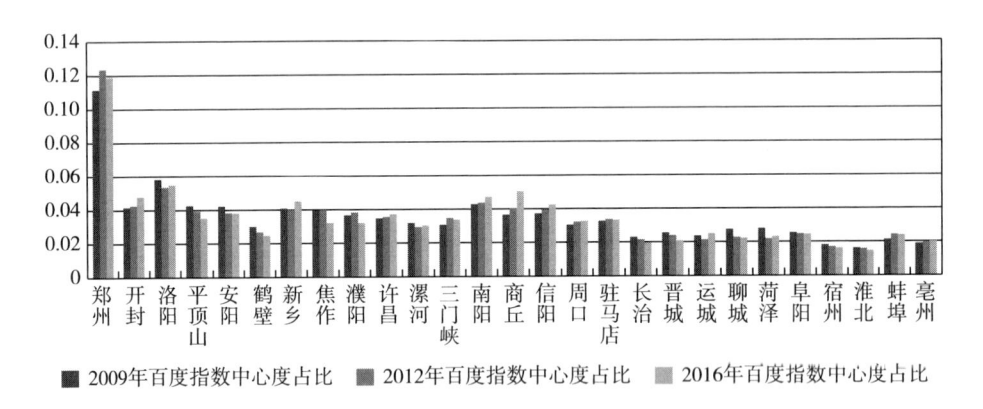

图 7-8 中原城市群百度指数中心度占比

7.2.5 成渝城市群百度指数中心度及占比

成渝城市群各节点城市基于百度指数的信息流除资阳外，都呈现递增趋势，其中，成都信息流最大，其次是重庆，而且 2016 年成都的百度指数中心度是重庆的两倍多。排在之后的是南充、绵阳、泸州、宜宾、乐山、达州、遂宁、达州、德阳、自贡、内江、广安、雅安、眉山、自贡。总体来看，呈现出以成都、重庆为中心的双核心形态。从百度指数中心度占比来看，成都占比最高，呈递增趋势，其次是重庆，其占比总体平稳、略有下降。其余节点城市的百度指数中心度占比除南充、广安略有提升外，其余城市均出现小幅下滑。可见，在成渝城市群中，成都的中心地位明显提升，重庆的中心地位总体平稳，其他城市未出现大的变化。具体如表 7-5、图 7-9、图 7-10 所示。

表 7-5 成渝城市群百度指数中心度及占比

城市	2009年百度指数中心度	2009年百度指数中心度占比	排名	2012年百度指数中心度	2012年百度指数中心度占比	排名	2016年百度指数中心度	2016年百度指数中心度占比	排名
成都	2136	0.1504	1	2820	0.1597	1	8502	0.2093	1
重庆	1455	0.1024	2	1857	0.1052	2	4104	0.1010	2
绵阳	983	0.0692	3	1222	0.0692	3	2501	0.0616	4
南充	870	0.0612	4	1087	0.0616	4	2666	0.0656	3
达州	824	0.0580	5	906	0.0513	10	2077	0.0511	8
宜宾	814	0.0573	6	1001	0.0567	6	2180	0.0537	6
泸州	806	0.0567	7	1011	0.0572	5	2195	0.0540	5
德阳	802	0.0565	8	942	0.0533	8	1930	0.0475	10
自贡	792	0.0558	9	861	0.0488	13	1867	0.0460	11
遂宁	789	0.0555	10	975	0.0552	7	2030	0.0500	9
乐山	781	0.0550	11	917	0.0519	9	2101	0.0517	7
内江	728	0.0512	12	895	0.0507	12	1824	0.0449	12
雅安	667	0.0470	13	902	0.0511	11	1686	0.0415	14
眉山	622	0.0438	14	792	0.0448	14	1618	0.0398	15
广安	578	0.0407	15	773	0.0438	15	1771	0.0436	13
资阳	559	0.0393	16	699	0.0396	16	1576	0.0388	16

数据来源：根据测算结果整理。

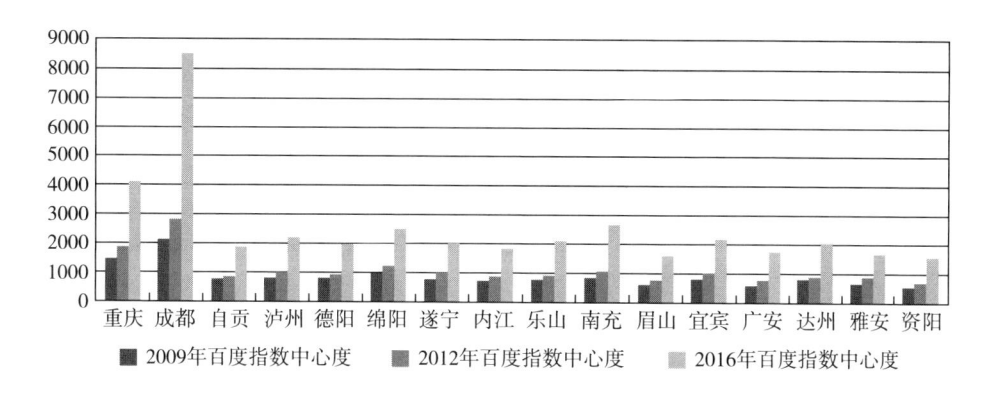

图 7-9 成渝城市群百度指数中心度

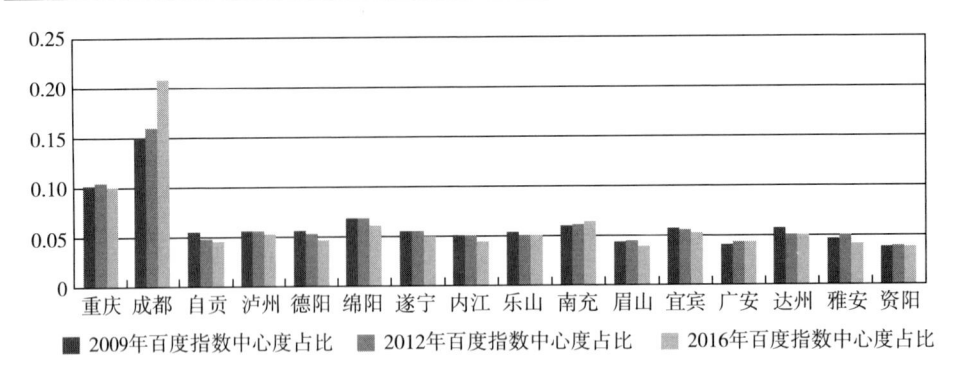

图 7-10 成渝城市群百度指数中心度占比

7.2.6 关中平原城市群百度指数中心度及占比

关中平原城市群各节点城市的百度指数中心度总体呈现递增趋势，其中，西安基于百度指数中心度信息流的中心地位非常明显，咸阳、宝鸡、渭南作为联系次级中心，商洛、天水、运城的百度指数中心度大体相当，铜川、平凉、庆阳、临汾处于城市群信息流的较低层级。具体如表7-6、图7-11、图7-12所示。

表7-6 关中平原城市群百度指数中心度及占比

城市	2009年百度指数中心度	2009年百度指数中心度占比	排名	2012年百度指数中心度	2012年百度指数中心度占比	排名	2016年百度指数中心度	2016年百度指数中心度占比	排名
西安	1332	0.2461	1	1691	0.2606	1	3138	0.2354	1
宝鸡	711	0.1314	2	789	0.1216	3	1551	0.1164	3
咸阳	613	0.1133	3	796	0.1227	2	1868	0.1402	2
渭南	512	0.0946	4	601	0.0926	4	1311	0.0984	4
天水	393	0.0726	5	430	0.0663	5	863	0.0648	7
运城	370	0.0684	6	416	0.0641	6	864	0.0648	6
庆阳	324	0.0599	7	380	0.0586	7	712	0.0534	9
平凉	315	0.0582	8	338	0.0521	10	674	0.0506	10
铜川	303	0.0560	9	376	0.0579	8	746	0.0560	8
商洛	283	0.0523	10	357	0.0550	9	946	0.0710	5
临汾	256	0.0473	11	316	0.0487	11	655	0.0491	11

数据来源：根据测算结果整理。

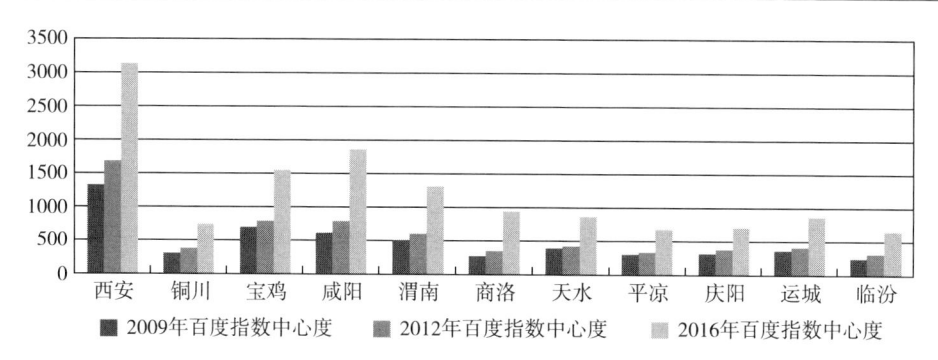

第 7 章　数字经济对城市群空间经济联系的网络效应分析

图 7-11　关中平原城市群百度指数中心度

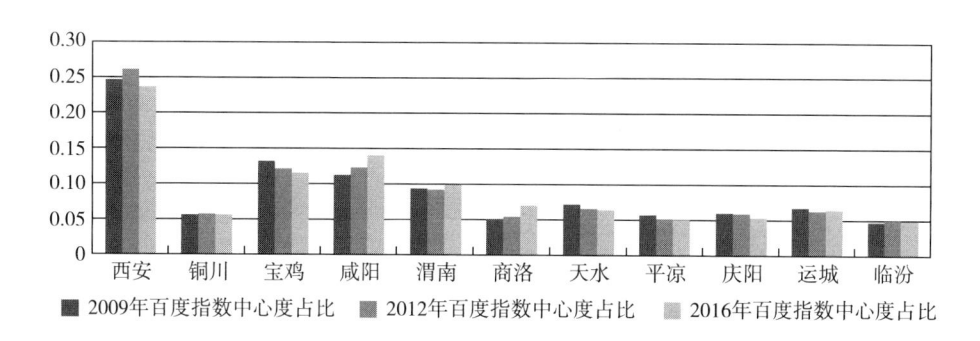

图 7-12　关中平原城市群百度指数中心度占比

7.3　城市群经济联系网络分析

前文分析了每个城市群中各节点城市信息流的情况，下面我们基于百度指数，进一步对城市群各节点城市间的空间经济联系网络进行分析。

7.3.1　城市群经济联系强度分析

本小节运用 Ucinet 6 软件，基于 2009~2016 年城市间互相搜索的百度指数，对长三角城市群、京津冀城市群、珠三角城市群、中原城市群、成渝城市群和关中平原城市群这六大城市群内部节点城市之间的联系强度进行分析，得到各城市群节点城市间的可视化经济联系网络。本小节选取 2009 年、2012 年、2016 年的网络结构图进行对比分析。

长三角城市群。通过对长三角城市群2009年、2012年、2016年网络图（见图7-13）进行分析，发现长三角城市群节点城市间基于信息流的经济联系在逐步增强，城市群总的关联度从2009年的61739提升到2016年的145307，提高了1.35倍。其中，上海的中心地位非常明显，它与城市群其他节点城市的联系非常密切，上海的关联度从2009年的6572提升到2009年的20451，提高了2.11倍，其关联度的增长率是长三角城市群整体关联度增长率的1.56倍。从城市之间的联系来看，上海与杭州、苏州、南京之间的联系最为密切。除上海外，杭州、南京、苏州、合肥等城市在城市网络中也与群内其他节点城市具有较为密切的联系。

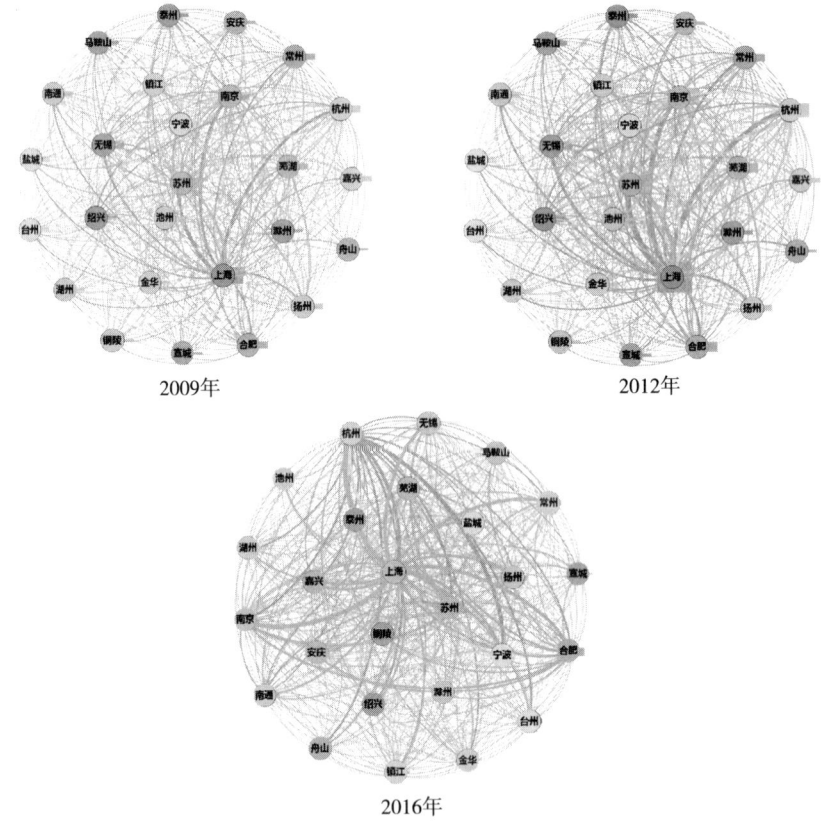

图7-13 长三角城市群网络

京津冀城市群。通过对京津冀城市群2009年、2012年、2016年网络图（见图7-14）进行分析，我们发现京津冀城市群节点城市间基于信息流的经济联系在逐步增强，尤其是2016年与2012年相比，节点城市间的联系网络明显更为紧密。城市群总的关联度从2009年的26956提高到2012年的36505，继而提高到2016年的56264，2016年城市群关联度是2009年的2.09倍。其中，北京的中心地位最突出，关联度从 2009 年的 4913 提升到 2016 年的 12923，提高了 1.63 倍。北京与城市群其他节点城市的联系比较密切，特别是与天津、石家庄、秦皇岛、张家口、廊坊的关联度最强。除北京外，保定、石家庄、天津在京津冀城市群网络中也与其他城市有较为密切的联系。特别值得一提的是，保定在京津冀城市群网络中的联系在 2016 年变化明显，其关联度由 2009 年的 1909 提高至 5248，提高了 1.75 倍，关联度增长率高于北京关联度的增长率。

2009年

2012年

2016年

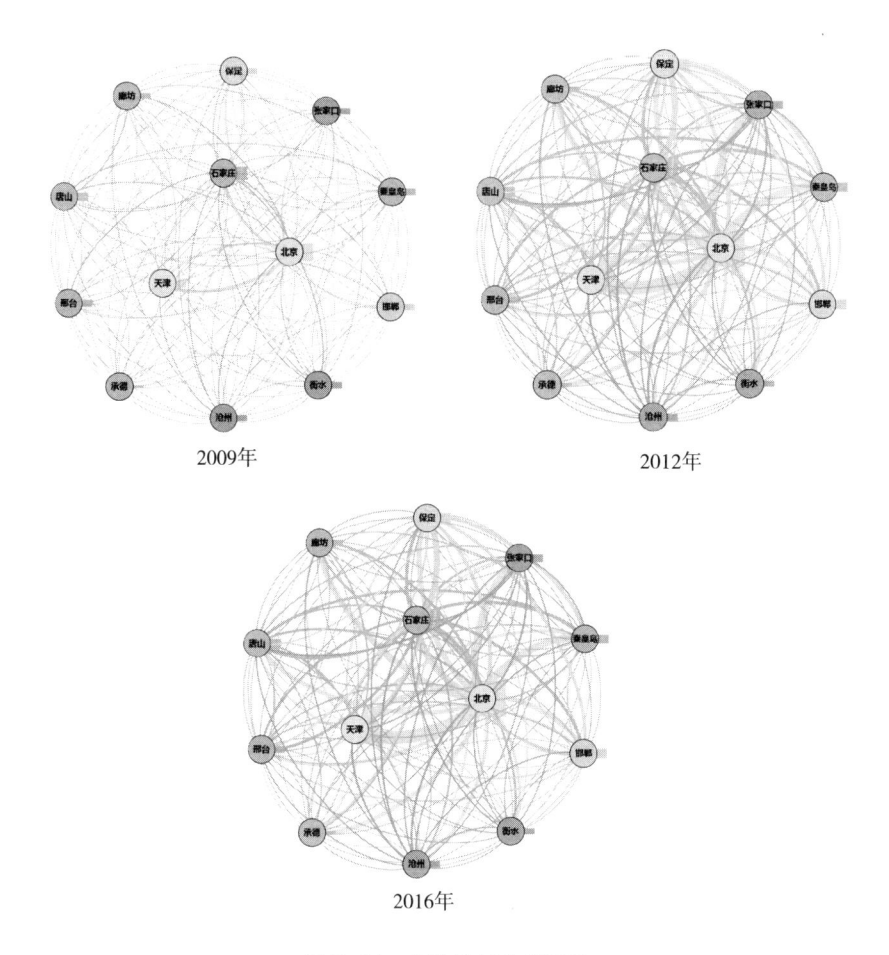

图 7-14　京津冀城市群网络

珠三角城市群。珠三角城市群 2009 年、2012 年、2016 年的城市网络关联度明显加强，城市群的关联度由 2009 年的 25044 提高到 2016 年的 47205，提高了 0.88 倍。广州、深圳在珠三角城市群城市网络中具有双核心的影响力，特别是 2016 年表现得最为明显。其中，广州的关联度由 2009 年的 3623 提高到 2016 年的 10277，提高了 1.84 倍；深圳的关联度由 2009 年的 4622 提高到 2016 年的 8651，提高了 0.87 倍。广州与深圳、珠海、佛山、东莞、惠州、肇庆具有比较密切的联系，深圳则与广州、东莞、惠州、珠海具有较为密切的联系。具体如图 7-15 所示。

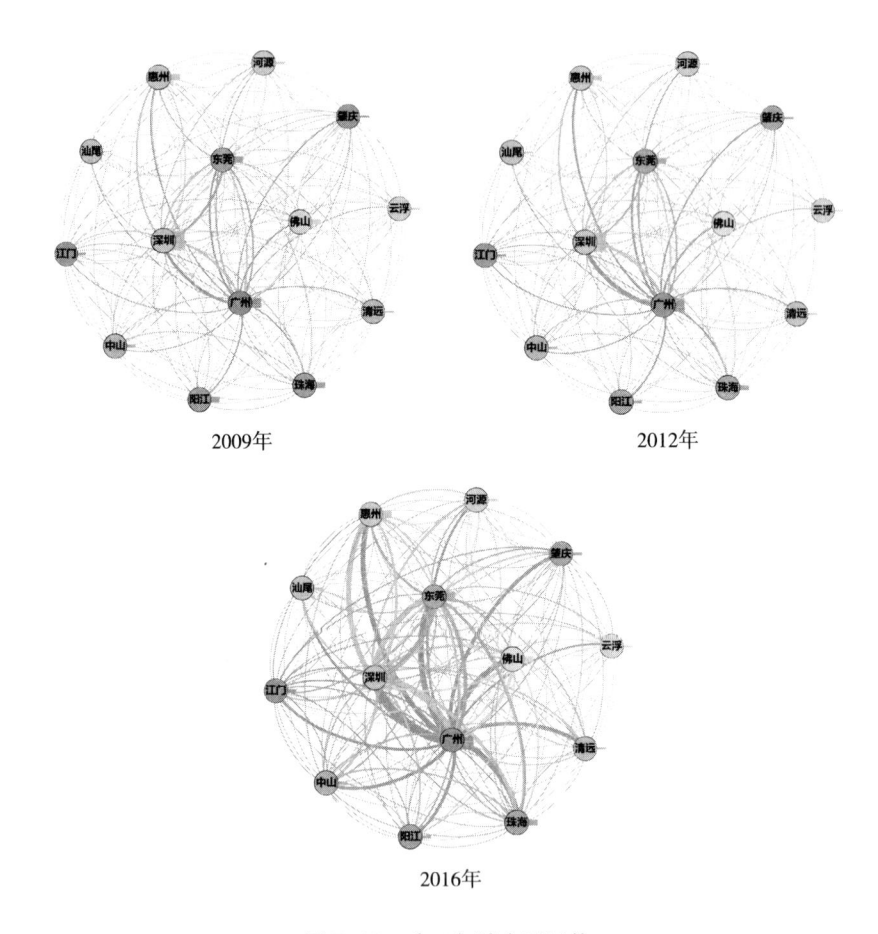

图 7-15　珠三角城市群网络

中原城市群。中原城市群 2009 年、2012 年、2016 年的城市网络关联度体现出日益增强的特征，城市群的关联度由 2009 年的 42826 提高到 2016 年的 95650，提高了 1.23 倍，增幅较为明显。郑州在中原城市群城市网络中的影响力最大，关联度由 2009 年的 3703 提高到 2016 年的 10873，提高了 1.94 倍，而且其关联度占城市群关联度的比重由 2009 年的 11.1% 提高到 2016 年的 14.1%，郑州在中原城市群城市网络中的中心地位不断得到强化。城市群中商丘、洛阳、驻马店、安

第7章 数字经济对城市群空间经济联系的网络效应分析

阳、新乡等城市与其他节点城市也有较为密切的联系。具体如图7-16所示。

2009年

2012年

2016年

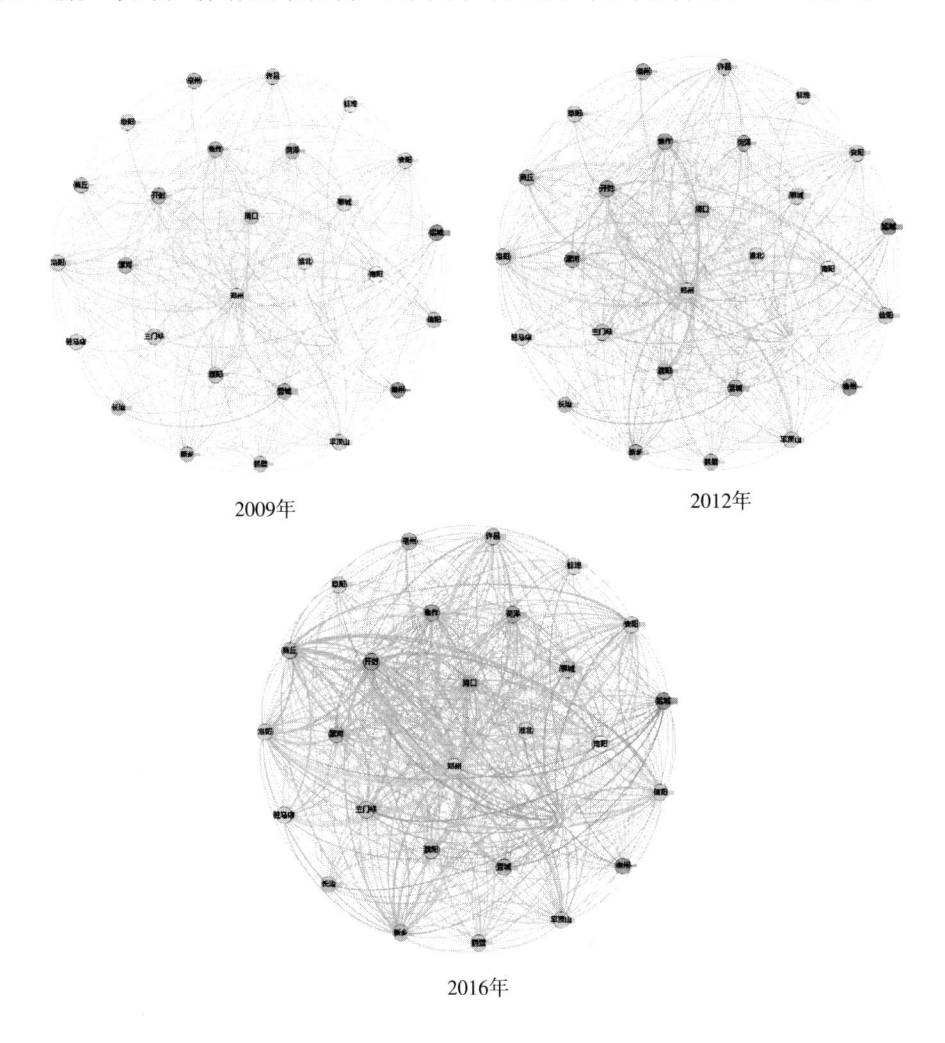

图7-16 中原城市群网络

成渝城市群。成渝城市群2009年、2012年、2016年的城市网络关联度也体现出日益增强的特征，城市群的关联度由2009年的18549提高到2016年的46393，提高了1.5倍，增幅比较明显。成都和重庆在成渝城市群城市网络中体现出双核心的特征，其中，成都的影响力更为明显。成都的关联度由2009年的3187提高到2016年的12209，提高了2.83倍；重庆的关联度由2009年的2960提高到2016年的7148，提高了1.41倍。成都、重庆的关联度占城市群关联度的比重分别由2009年的17.2%、15.96%提高到2016年的26.32%、15.41%。可见，重庆在成渝城市群中基于信息流的影响力比较大，而且表现得较为平稳，而成都在成渝城市群城市网络中的影响持续扩大且关联度占城市群关联度的比重超过了1/4，其影响力不言而喻，这从图7-17中也能明显看出。从城市间的联系来看，成都与重庆、绵阳、南充、宜宾、泸州、德阳等的联系比较紧密，重庆与成都、广安、遂宁、绵阳、达州等城市的联系较为紧密。除成都、重庆外，南充、宜宾、绵阳、乐山等与群内其他城市也有较密切的联系。

2009年

2012年

2016年

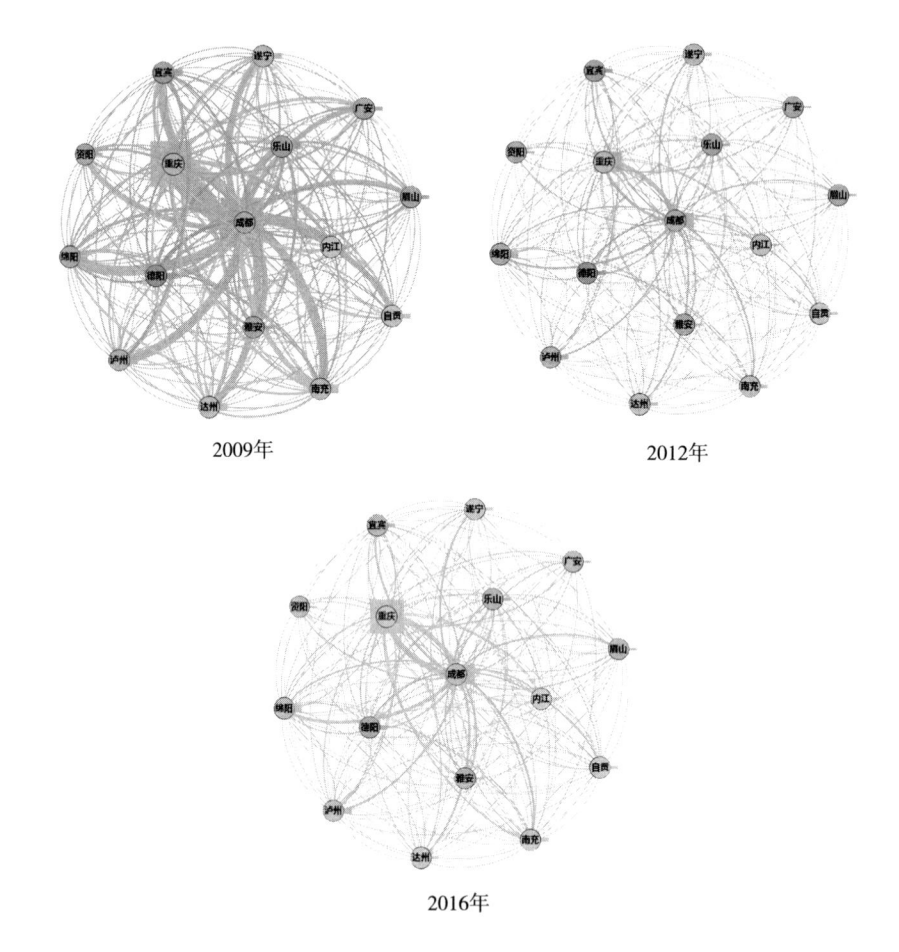

图7-17 成渝城市群网络

关中平原城市群。关中平原城市群2009年、2012年、2016年的城市网络联系相对松散，但总体也呈现出日益增强的特征，城市群的关联度由2009年的9334提高到2016年的16805，提高了0.8倍，增幅相对明显。西安在关中平原城市群城市网络中居于中心地位，关联度由2009年的2604提高到2016年的

5423，提高了 1.08 倍，关联度占城市群关联度的比重由 2009 年的 27.9%提高到 2016 年的 32.27%，几乎占城市群整体关联度的 1/3，体现了西安在关中平原城市群信息流中的绝对中心地位。西安与咸阳、西安与宝鸡、咸阳与宝鸡之间体现出两两互为强联系城市的特点。此外，西安与渭南、商洛，渭南与咸阳也有较强的联系。具体如图 7-18 所示。

2009年　　　　　　　　　　2012年

2016年

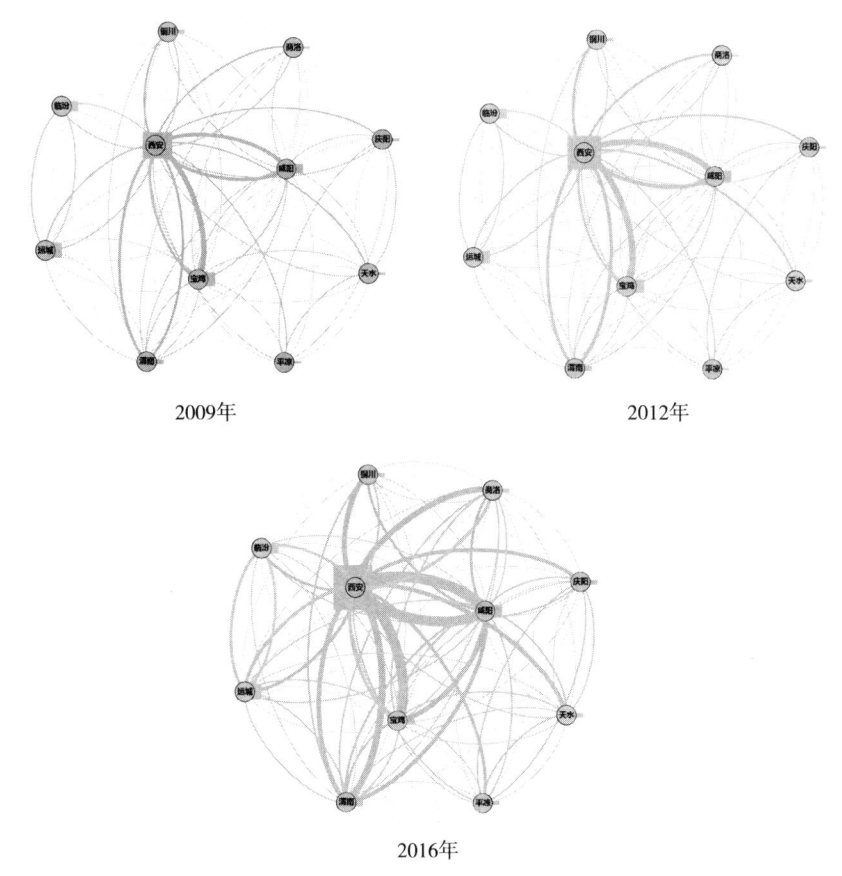

图 7-18　关中平原城市群网络

7.3.2　城市群网络密度分析

各城市群内城市之间两两相互都有联系，每个城市群的百度指数组成了有向完全图，这里我们把密度看作城市间联系值的平均数。① 运用 Ucinet 6 软件进行

---

① 斯坦利·沃瑟曼，凯瑟琳·福斯特. 社会网络分析：方法与应用［M］. 陈禹，译. 北京：中国人民大学出版社，2012.

测算，结果显示，六大城市群的网络密度总体呈现逐年递增的趋势，城市群2016年平均网络密度是2009年平均网络密度的2.5倍，表明基于百度指数的城市群内城市之间的联系日益密切，且联系强度明显增强。分析2016年六大城市群网络密度，京津冀城市群网络密度即联系强度最大（达246.15），紧随其后的是珠三角城市群（达191.40）、长三角城市群（达178.31），之后是成渝城市群（达137.98）、关中平原城市群（达96.55）、中原城市群（达92.56）。这客观反映了各城市群基于百度指数刻画的信息流的联系强度特征。从2009~2016年城市群网络密度占比（即t年i城市群的信息流占t年六大城市群信息流之和的比重，见表7-7）可见，京津冀城市群的密度占比均超过25%，排在第一位，增长趋势呈现先增后减的特点；珠三角城市群的密度占比排在第二位，增长趋势呈现先减后增又减、总体减少的特点；长三角城市群的密度略低于珠三角城市群，接近20%，排在第三位，总体呈现增长趋势；成渝城市群网络密度占比呈现递增趋势，在2016年达14.6%，排在第四位；关中平原城市群和中原城市群占比在10%左右，历年占比增减趋势较具波动性。

表7-7 2009~2016年六大城市群网络密度及占比

城市群	年度	密度	密度占比	城市群	年度	密度	密度占比
长三角城市群	2009	67.69	0.180	中原城市群	2009	35.12	0.093
	2010	78.76	0.182		2010	42.58	0.098
	2011	87.96	0.186		2011	48.98	0.104
	2012	89.44	0.188		2012	48.94	0.103
	2013	116.50	0.185		2013	61.83	0.098
	2014	166.24	0.186		2014	86.56	0.097
	2015	180.92	0.186		2015	93.69	0.096
	2016	178.31	0.189		2016	92.56	0.098
京津冀城市群	2009	96.72	0.257	成渝城市群	2009	52.16	0.139
	2010	113.49	0.262		2010	58.25	0.134
	2011	126.65	0.268		2011	63.18	0.134
	2012	133.24	0.280		2012	64.24	0.135
	2013	172.06	0.274		2013	87.59	0.139
	2014	241.33	0.270		2014	125.81	0.141
	2015	259.48	0.267		2015	139.88	0.144
	2016	246.15	0.261		2016	137.98	0.146

续表

城市群	年度	密度	密度占比	城市群	年度	密度	密度占比
珠三角城市群	2009	83.58	0.222	关中平原城市群	2009	41.11	0.109
	2010	92.12	0.212		2010	48.52	0.112
	2011	94.32	0.200		2011	51.58	0.109
	2012	91.38	0.192		2012	47.85	0.101
	2013	129.68	0.206		2013	60.42	0.096
	2014	190.08	0.212		2014	85.18	0.095
	2015	197.73	0.204		2015	99.86	0.103
	2016	191.40	0.203		2016	96.55	0.102

数据来源：根据测算结果整理。

7.3.3 城市群凝聚子群分析

通过考察城市群节点城市之间的关系模式，对子群间亲疏关系进行界定，发现城市群的凝聚子群分布。我们运用 Ucinet 软件的迭代相关收敛（CONCOR）算法，对 2016 年长三角城市群、京津冀城市群、珠三角城市群、中原城市群、成渝城市群、关中平原城市群这六大城市群分别进行聚类分析。

长三角城市群。从 2016 年长三角城市群凝聚子群分布来看，长三角城市群在二级层面形成了 4 个城市子群。上海、南京、无锡、苏州联系紧密，共同与合肥构成了第一子群。杭州、宁波组成了第二子群。常州、盐城、泰州、扬州、镇江、南通联系较为密切，湖州、绍兴、金华、舟山、台州、嘉兴联系较为密切，两组城市共同组成了第三子群。芜湖、铜陵、安庆联系较为密切，马鞍山、滁州、池州、宣城联系较为密切，两组城市组成了第四子群。从各子群城市分布来看，上海、南京、无锡、苏州联系紧密，体现了长三角一体化建设的阶段性成效，合肥也在积极融入其中发展。除此之外，各子群城市省际区域特征明显，长三角所涉省份浙江、江苏、安徽跨区域融合发展有待进一步突破。具体如图 7-19 所示。

京津冀城市群。从 2016 年京津冀城市群 4 个凝聚子群分布来看，北京、天津联系紧密，成为第一子群。石家庄、保定作为第二子群。唐山和另外联系较为紧密的 5 个城市——廊坊、承德、秦皇岛、张家口、沧州共同组成了第三子群。邢台、邯郸及衡水组成了第四子群。很明显，河北各地级城市与京津冀城市群核心城市北京的联系还不够深入。具体如图 7-20 所示。

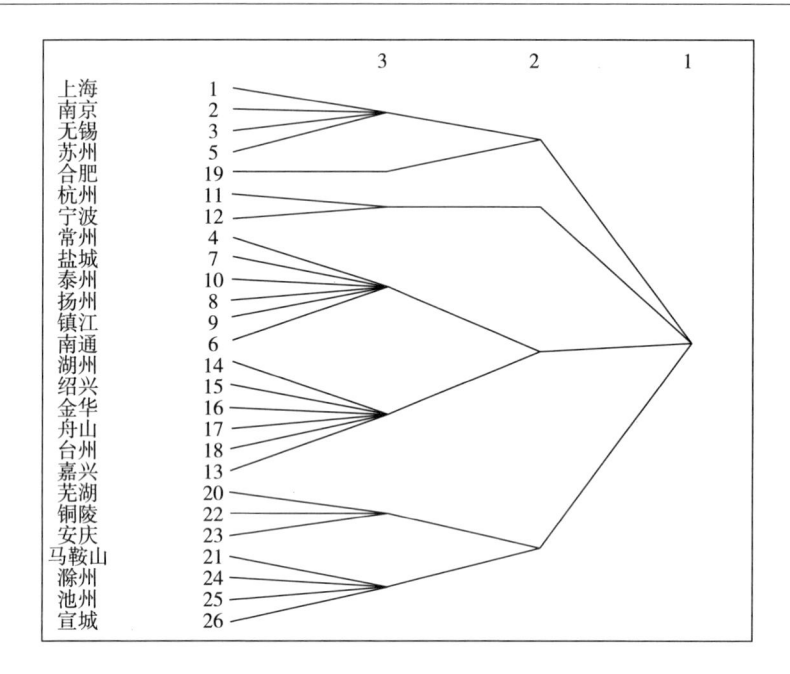

图 7-19 长三角城市群凝聚子群分布

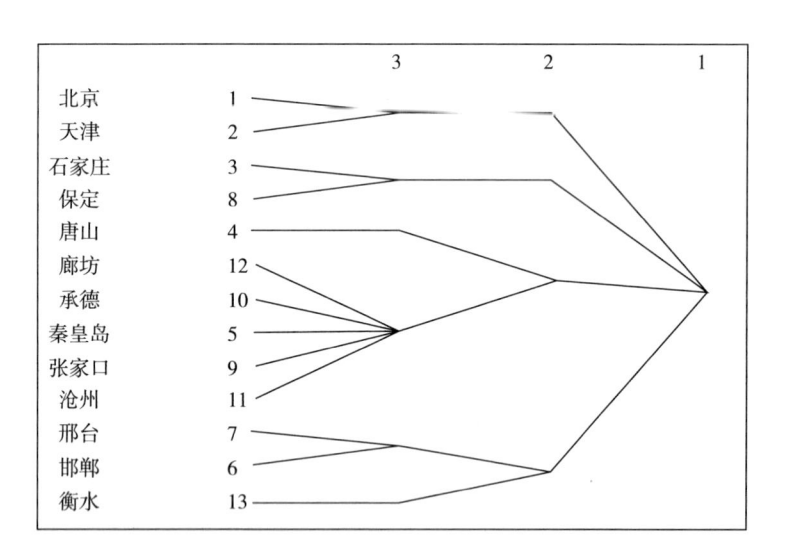

图 7-20 京津冀城市群凝聚子群分布

珠三角城市群。从 2016 年珠三角城市群 4 个凝聚子群分布来看，广州、深圳联系最为紧密，组成第一子群，这两个城市也是珠三角城市群的两个中心。佛山、东莞联系紧密，组成第二子群。中山、珠海、江门联系比较紧密，肇庆、云浮、阳江、清远联系较为紧密，这7个城市组成了第三子群。汕尾、河源联系比较紧密，与惠州共同组成了第四子群。具体如图7-21所示。

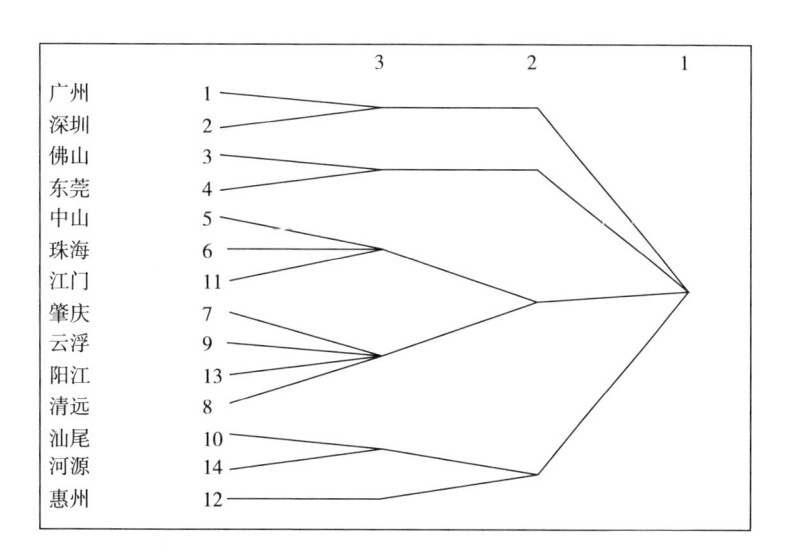

```
                    3        2        1
广州    1  ─┐
深圳    2  ─┤
佛山    3  ─┤
东莞    4  ─┤
中山    5  ─┤
珠海    6  ─┤
江门   11  ─┤
肇庆    7  ─┤
云浮    9  ─┤
阳江   13  ─┤
清远    8  ─┤
汕尾   10  ─┤
河源   14  ─┤
惠州   12  ─┘
```

图7-21 珠三角城市群凝聚子群分布

中原城市群。从2016年中原城市群4个凝聚子群分布来看，郑州、商丘、洛阳、新乡、南阳联系密切，开封、平顶山、安阳、濮阳、许昌、焦作、三门峡、鹤壁、漯河、信阳、周口、驻马店联系比较紧密，两组河南的城市组成了第一子群，也是4个子群中涵盖城市最多的子群。山西的长治、晋城、运城联系较为密切，山东的聊城、菏泽联系相对紧密，这几个城市一起组成了第二子群。安徽的亳州、阜阳、蚌埠组成了第三子群，宿州、淮北则作为第四子群。可见，中原城市群以河南城市为主，其联系也最为密切。而其他三个子群相对分散，联系较弱，中原城市群在加强联系、整合发展方面任重道远。具体如图7-22所示。

成渝城市群。从2016年成渝城市群4个凝聚子群分布来看，重庆、成都联系密切，作为成渝城市群两大中心城市组成了第一子群。自贡、泸州、雅安、内江、眉山、宜宾、资阳联系较为紧密，广安、遂宁联系紧密，这些城市共同组成了第二子群。绵阳、德阳、南充、达州组成了第三子群。乐山则与其他城市联系不够紧密，在融入区域发展方面还稍显不足，故单独列为一个子群。具体如图7-23所示。

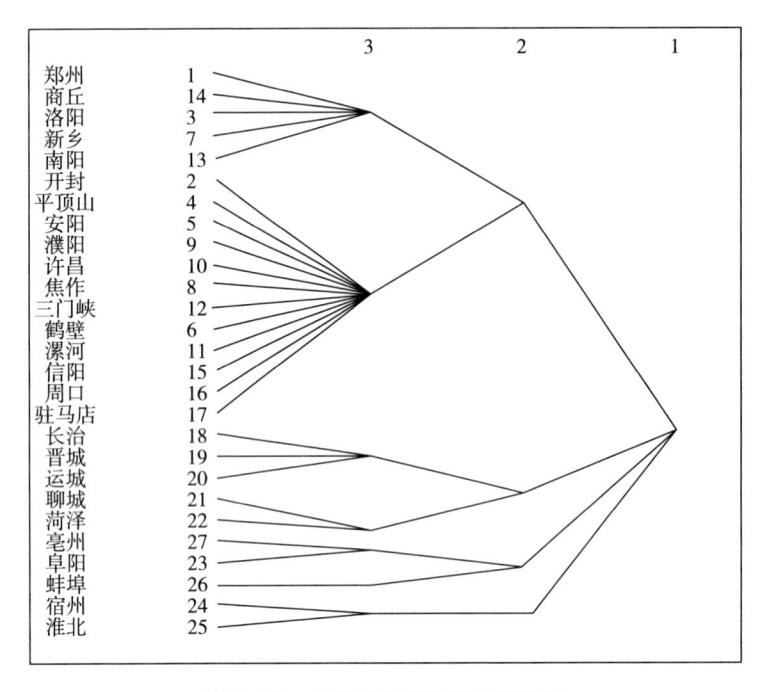

图 7-22 中原城市群凝聚子群分布

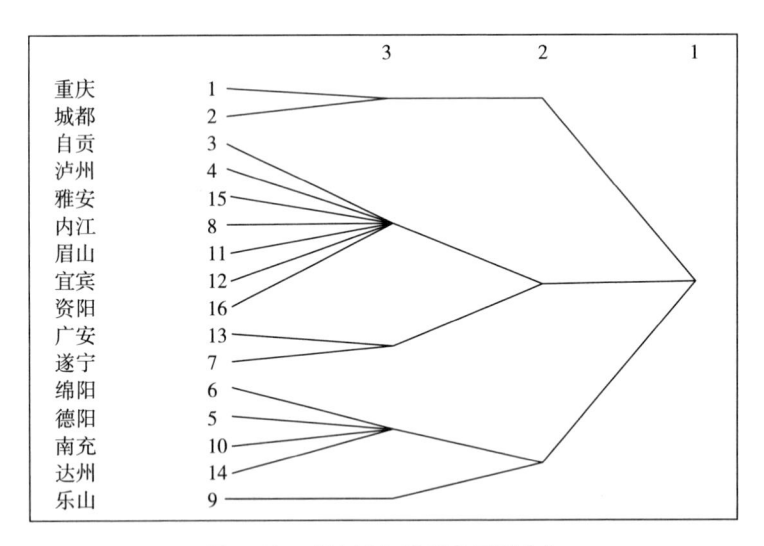

图 7-23 成渝城市群凝聚子群分布

关中平原城市群。从 2016 年关中平原城市群 4 个凝聚子群分布来看，西安、咸阳联系密切，组成了第一子群。运城、临汾联系比较密切，组成了第二子群。

商洛、铜川联系相对密切，宝鸡、渭南联系相对密切，这4个城市共同组成了第三子群。天水与平凉、庆阳组成了第四子群。具体如图7-24所示。

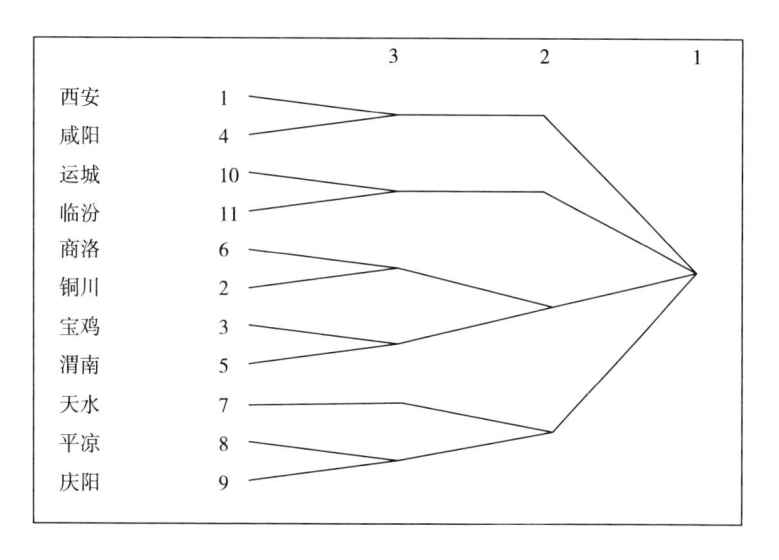

图7-24 关中平原城市群凝聚子群分布

7.4 QAP相关分析

进行网络分析时，因为有些数据间存在相关性，使用这样的数据和常规统计方法就不能进行真实的检验。而QAP分析作为一种分析关系矩阵数据的有效方法，正好可以有效地避免发生上述情况。QAP是一种分析关系矩阵数据的常用方法，它一般分为QAP相关分析和QAP回归分析。运用QAP相关分析可以检验两个"关系矩阵"相互间影响是否显著。进行QAP分析时一般分为三步，首先需要计算两个矩阵的相关系数；其次进行随即置换，置换次数可以根据需要进行设置；最后再次计算出两个矩阵的相关系数，如此随机重复成千上万次，得到系数分布的检验结果。

7.4.1 模型设定

基于前面章节的分析，本章选择城市数字经济指数（dei）、人均GDP（aGDP）、社会消费（con）、外商直接投资（fdi）、政府投资（gov）、产业结构（pti）来分析长三角城市群、京津冀城市群、珠三角城市群、中原城市群、成渝城市群和关中平原城市群空间经济联系的影响机制。构建的计量模型如下：

F=f(D，A，C，F，G，P)

其中，D 表示城市间的数字经济发展水平差距，以城市间的数字经济指数差值矩阵来表示；A 表示人均 GDP 差距，以城市间人均 GDP 差值矩阵来表示；C 表示社会消费额差距，以城市间社会消费额的差值矩阵来表示；F 表示外商直接投资额，以城市间外商直接投资额差值矩阵来表示；G 表示政府投资，以城市间政府投资额差值矩阵来表示；P 用来表示产业结构，用各城市的产业结构比率的差值矩阵来表示。具体采用以下形式来衡量城市群城市间经济联系影响因素的矩阵：城市间的经济联系程度使用城市两两之间基于百度指数的信息流 Yi(i=1，2，…，n) 来表示，其中 i 表示第 i 个城市；使用 Xi(i=1，2，…，n) 表示影响城市间经济联系的影响因素，任意两城市之间某影响因素的差距可以表示成 Xi-Xj(i，j=1，2，…，n)。具体如表 7-8 所示。

表 7-8　影响因素的数据形式

城市	城市 1	城市 2	…	城市 n
城市 1	X1-X1	X1-X2	…	X1-Xn
城市 2	X2-X1	X2-X2	…	X2-Xn
…	…	…	…	…
城市 n	Xn-X1	Xn-X2	…	Xn-Xn

7.4.2　QAP 相关性分析

下面，运用 Ucinet 6 软件和 QAP 相关分析法，将随机置换次数设定为 5000 次，分别对长三角城市群、京津冀城市群、珠三角城市群、中原城市群、成渝城市群和关中平原城市群基于百度指数表示的城市经济联系矩阵及其影响因素矩阵进行检验。其中，基于经济联系矩阵与其他每个影响因素矩阵两两计算可以得到实际相关系数，相关系数均值是根据随机置换计算得到的结果，最大值、最小值是随机置换后计算的相关系数中出现的最大值、最小值，P≥0 和 P≤0 分别表示随机置换后计算的相关系数不小于或不大于实际相关系数的概率。[①]

从表 7-9 相关分析结果可以看出，数字经济、人均 GDP 对长三角城市群经济联系的影响显著。其中，经济联系强度矩阵 R 与 D 的相关系数为 0.313，这说明城市数字经济对长三角城市群城市间经济联系在 1% 水平上具有正向影响。经

---

① 王方方，杨焕焕. 粤港澳大湾区城市群空间经济网络结构及其影响因素研究——基于网络分析法[J]. 华南师范大学学报（社会科学版），2018（4）：110-120+191.

济联系强度矩阵 R 与 A 的相关系数为 0.148，这表明城市人均 GDP 对长三角城市群城市间经济联系在 5% 水平上具有显著正向影响。①

表7-9 长三角城市群基于百度指数的经济联系与部分影响因素的 QAP 相关性分析结果

变量	实际相关系数	显著性水平	相关系数均值	标准差	最小值	最大值	P≥0	P≤0
dei	0.313	0.000	-0.001	0.068	-0.132	0.299	0.000	1.000
aGDP	0.148	0.010	-0.002	0.068	-0.194	0.208	0.010	0.991
con	0.069	0.155	-0.001	0.067	-0.178	0.203	0.155	0.845
fdi	0.041	0.248	0.001	0.067	-0.191	0.253	0.248	0.753
gov	0.003	0.437	0.001	0.068	-0.157	0.221	0.437	0.563
pti	0.085	0.104	0.000	0.067	-0.155	0.260	0.104	0.896

数据来源：根据测算结果整理。

从表 7-10 相关分析结果可以看出，数字经济、人均 GDP、政府投资、产业结构对京津冀城市群经济联系具有显著正向影响。其中，经济联系强度矩阵 R 与 D 的相关系数为 0.397，这表明城市数字经济对京津冀城市群城市间经济联系在 1% 水平上具有显著正向影响。经济联系强度矩阵 R 与 A 的相关系数为 0.199，表明城市人均 GDP 对京津冀城市群城市间经济联系在 10% 水平上具有显著正向影响。经济联系强度矩阵 R 与政府投资 G 和产业结构 P 的相关系数分别为 0.248、0.228，并分别在 10% 和 5% 水平上具有显著正向影响，说明政府投资和现有的产业结构强化了京津冀城市群城市间的经济联系。

表7-10 京津冀城市群基于百度指数的经济联系与部分影响因素的 QAP 相关性分析结果

变量	实际相关系数	显著性水平	相关系数均值	标准差	最小值	最大值	P≥0	P≤0
dei	0.397	0.009	-0.002	0.127	-0.216	0.427	0.009	0.991
aGDP	0.199	0.075	-0.001	0.130	-0.284	0.339	0.075	0.926
con	0.017	0.504	0.001	0.133	-0.319	0.299	0.504	0.496
fdi	0.099	0.177	-0.002	0.131	-0.274	0.414	0.177	0.823
gov	0.248	0.059	-0.001	0.129	-0.302	0.395	0.059	0.941
pti	0.228	0.042	0.001	0.130	-0.327	0.356	0.042	0.958

数据来源：根据测算结果整理。

① 具体的显著水平为使用软件进行测度时显示的结果，余同。

从表 7-11 相关分析结果可以看出，数字经济、人均 GDP、政府投资、产业结构对珠三角城市群经济联系的影响都显著。矩阵 R 与 D 的相关系数为 0.297，这说明城市数字经济对珠三角城市群城市间经济联系在 5% 水平上具有显著正向影响。经济联系强度矩阵 R 与 A 的相关系数为 0.226，表明城市人均 GDP 对珠三角城市群城市间经济联系在 5% 水平上具有显著正向影响。经济联系强度矩阵 R 与政府投资 G 的相关系数为 −0.156，在 10% 水平上具有显著负向影响，说明政府投资弱化了珠三角城市群城市间的经济联系。经济联系强度矩阵 R 与产业结构 P 的相关系数为 0.203，在 5% 水平上具有显著正向影响，说明现有的产业结构强化了珠三角城市群城市间的经济联系。

表 7-11 珠三角城市群基于百度指数的经济联系与部分影响因素的 QAP 相关性分析结果

变量	实际相关系数	显著性水平	相关系数均值	标准差	最小值	最大值	P≥0	P≤0
dei	0.297	0.014	−0.001	0.108	−0.182	0.356	0.014	0.986
aGDP	0.226	0.017	0.000	0.107	−0.242	0.329	0.017	0.983
con	−0.091	0.208	−0.000	0.106	−0.275	0.328	0.792	0.208
fdi	−0.014	0.526	−0.000	0.106	−0.242	0.360	0.474	0.526
gov	−0.156	0.051	−0.000	0.108	−0.242	0.327	0.949	0.051
pti	0.203	0.024	−0.001	0.106	−0.308	0.293	0.024	0.976

数据来源：根据测算结果整理。

从表 7-12 相关分析结果可以看出，数字经济、人均 GDP、外商直接投资对中原城市群经济联系都具有显著影响。经济联系强度矩阵 R 与 D 的相关系数为 0.310，这说明城市数字经济对中原城市群城市间经济联系在 1% 水平上具有显著正向影响。经济联系强度矩阵 R 与人均 GDP 的相关系数为 0.146，表明城市人均 GDP 对中原城市群城市间经济联系在 5% 水平上具有显著正向影响。经济联系强度矩阵 R 与外商直接投资的相关系数为 −0.099，在 5% 水平上具有显著负向影响，说明中原城市群内外商直接投资的竞争比较激烈，它弱化了中原城市群内城市间的经济联系。

表 7-12 中原城市群基于百度指数的经济联系与部分影响因素的 QAP 相关性分析结果

变量	实际相关系数	显著性水平	相关系数均值	标准差	最小值	最大值	P≥0	P≤0
dei	0.310	0.001	−0.001	0.068	−0.137	0.316	0.001	0.999

续表

变量	实际相关系数	显著性水平	相关系数均值	标准差	最小值	最大值	P≥0	P≤0
aGDP	0.146	0.034	-0.001	0.068	-0.169	0.256	0.034	0.966
con	0.072	0.156	0.001	0.069	-0.202	0.199	0.156	0.844
fdi	-0.099	0.043	0.001	0.067	-0.181	0.222	0.957	0.043
gov	-0.049	0.193	0.003	0.068	-0.219	0.241	0.808	0.193
pti	-0.049	0.253	-0.001	0.069	-0.168	0.236	0.747	0.253

数据来源：根据测算结果整理。

从表7-13相关分析结果可以看出，数字经济、人均GDP、外商直接投资、政府投资都对成渝城市群经济联系具有显著的影响。经济联系强度矩阵R与数字经济差值矩阵D的相关系数为0.341，这表明城市数字经济对成渝城市群城市间经济联系在1%水平上具有显著正向影响。经济联系强度矩阵R与人均GDP的相关系数为0.366，这表明城市人均GDP对成渝城市群城市间经济联系在1%水平上具有显著正向影响。经济联系强度矩阵R与外商直接投资的相关系数为0.406，在1%水平上具有显著正向影响，这说明外商直接投资强化了成渝城市群内城市间的经济联系。经济联系强度矩阵R与政府投资G的相关系数为-0.148，在10%水平上具有显著负向影响，说明政府投资弱化了城市间的经济联系。

表7-13 成渝城市群基于百度指数的经济联系与部分影响因素的QAP相关性分析结果

变量	实际相关系数	显著性水平	相关系数均值	标准差	最小值	最大值	P≥0	P≤0
dei	0.341	0.001	0.001	0.110	-0.108	0.341	0.001	0.999
aGDP	0.366	0.001	0.002	0.108	-0.188	0.370	0.001	0.999
con	0.050	0.321	0.003	0.110	-0.255	0.286	0.321	0.679
fdi	0.406	0.003	0.001	0.111	-0.117	0.415	0.003	0.997
gov	-0.148	0.091	0.001	0.110	-0.268	0.239	0.909	0.091
pti	-0.110	0.114	0.003	0.111	-0.195	0.310	0.886	0.114

数据来源：根据测算结果整理。

从表7-14相关分析结果可以看出，数字经济、人均GDP、外商直接投资、政府投资对关中平原城市群经济联系具有显著影响。R与数字经济差值矩阵D的相关系数为0.244，这表明城市数字经济对关中平原城市群城市间经济联系在1%水平上具有显著正向影响。R与人均GDP的相关系数为0.182，这说明城市人均GDP对关中平原城市群城市间经济联系在5%水平上具有显著正向影响。经济联系强度矩阵 R 与外商直接投资的相关系数为 0.239，在 5%水平上具有显著正向影响，说明外商直接投资有利于加强关中平原城市群内城市间的经济联系。经济联系强度矩阵 R 与政府投资 G 的相关系数为-0.164，在 5%水平上具有显著负向影响，说明政府投资弱化了城市间的经济联系。从整体上看，关中平原城市群的情况和成渝城市群的情况非常类似。

表 7-14　关中平原城市群基于百度指数的经济联系与部分影响因素的 QAP 相关性分析结果

变量	实际相关系数	显著性水平	相关系数均值	标准差	最小值	最大值	P≥0	P≤0
dei	0.244	0.001	-0.000	0.096	-0.138	0.247	0.001	0.999
aGDP	0.182	0.042	-0.001	0.095	-0.236	0.278	0.042	0.958
con	0.111	0.137	-0.000	0.096	-0.245	0.254	0.137	0.863
fdi	0.239	0.014	0.001	0.096	-0.132	0.254	0.014	0.986
gov	-0.164	0.027	-0.000	0.095	-0.241	0.272	0.973	0.027
pti	0.110	0.141	-0.001	0.096	-0.243	0.290	0.141	0.859

数据来源：根据测算结果整理。

综合六个城市群的情况，数字经济和人均 GDP 对每个城市群而言都是城市空间经济联系的重要影响因素，对强化城市群空间经济联系具有显著正向影响。其他影响因素对每个城市群的影响则不尽相同，比如，外商直接投资这一因素对于东部地区的长三角城市群、京津冀城市群、珠三角城市群空间经济联系都没有显著影响，但是对于中西部地区的中原城市群、成渝城市群、关中平原城市群则具有显著正向影响；政府投资对于大部分城市群而言，都弱化了城市间的经济联系。

7.4.3　QAP 回归分析

同样，本小节运用 Ucinet 6 软件，按照 QAP 回归分析方法，将随机置换设置为 5000 次，对长三角城市群、京津冀城市群、珠三角城市群、中原城市群、成渝城市群和关中平原城市群城市间的经济联系进行回归分析。

（1）长三角城市群。在回归结果中，得到调整的可决系数为 0.096，调整的可决系数的概率为 0.000，这说明通过了 1%显著性水平检验，同时选取的样本体积为 650。

由表 7-15 可知，数字经济 dei 的标准化回归系数为 0.367897，通过了 5%的显著性检验，说明数字经济对长三角城市间经济联系的影响是显著的，发展数字经济有利于加强长三角城市群城市间的经济联系。aGDP 的标准化回归系数为

第7章 数字经济对城市群空间经济联系的网络效应分析

−0.089893，通过了5%的显著性检验，这说明人均GDP是城市间经济联系的重要影响因素。政府投资的标准化回归系数为−0.088181，通过了5%的显著性检验，这说明政府投资与城市群间的经济联系有着密切的关联。其他影响因素则没有通过显著性检验。

表7-15 长三角城市群基于百度指数联系的QAP回归分析结果

变量	非标准化回归系数	标准化回归系数	显著性概率值	概率1（P≥0）	概率2（P≤0）
截距	178.306268	0.000000			
dei	2460.389160	0.367897	0.021	0.021	0.979
aGDP	−0.000326	−0.089893	0.044	0.956	0.044
con	20.190023	0.012315	0.306	0.306	0.694
fdi	120.230812	0.003312	0.991	0.991	0.009
gov	−186.846497	−0.088181	0.017	0.984	0.017
pti	−2.579156	−0.002454	0.475	0.526	0.475

数据来源：根据测算结果整理。

（2）京津冀城市群。在回归结果中，得到调整的可决系数为0.072，调整的可决系数的概率为0.025，这表明通过了5%的显著性检验，选取的样本体积为156。

由表7-16可知，数字经济dei的标准化回归系数为0.016734，通过了1%的显著性检验，说明数字经济对京津冀城市群城市间经济联系的影响是显著的，发展数字经济有利于加强京津冀城市群城市间的经济联系。fdi的标准化回归系数为0.000021，通过了1%的显著性检验，这说明外商直接投资是京津冀城市群城市间经济联系的重要影响因素。其他影响因素则没有通过显著性检验。

表7-16 京津冀城市群基于百度指数联系的QAP回归分析结果

变量	非标准化回归系数	标准化回归系数	显著性概率值	概率1（P≥0）	概率2（P≤0）
截距	241.326904	0.000000			
dei	71.819229	0.016734	0.000	0.000	1.000
aGDP	0.000977	0.219209	0.306	0.306	0.694
con	219.872604	0.122068	0.286	0.286	0.714
fdi	1.211150	0.000021	0.000	0.000	1.000
gov	134.720490	0.068356	0.710	0.710	0.291
pti	279.287781	0.105531	0.215	0.215	0.785

数据来源：根据测算结果整理。

（3）珠三角城市群。经回归检验，得到调整的可决系数为0.043，调整的可决系数的概率为0.005，说明通过了1%的显著性水平检验，选取的样本体积为182。

由表7-17可知，数字经济dei的标准化回归系数为-0.002336，通过了1%的显著性检验，说明数字经济对珠三角城市群城市间经济联系的影响非常显著，发展数字经济有利于加强珠三角城市群城市间的经济联系。其他影响因素则没有通过显著性检验。

表7-17 珠三角城市群基于百度指数联系的QAP回归分析结果

变量	非标准化回归系数	标准化回归系数	显著性概率值	概率1（P≥0）	概率2（P≤0）
截距	191.395599	0.000000			
dei	-12.757721	-0.002336	0.000	1.000	0.000
aGDP	0.000544	0.193598	0.498	0.498	0.502
con	121.071678	0.095806	0.232	0.232	0.768
fdi	-4.749041	-0.000104	0.975	0.026	0.975
gov	-178.182236	-0.100322	0.191	0.809	0.191
pti	199.614868	0.082641	0.251	0.251	0.749

数据来源：根据测算结果整理。

（4）中原城市群。经过回归检验，我们就算得到调整的可决系数为0.058，调整的可决系数的概率为0.004，说明通过了1%的显著性水平检验，选取的样本体积为812。

由表7-18可知，社会消费额con的标准化回归系数为0.200359，通过了1%的显著性检验，说明社会消费额对中原城市群城市间经济联系的影响非常显著，拉动消费有利于强化中原城市群城市间的经济联系。fdi的标准化回归系数为-0.000150，通过了1%的显著性检验，这说明外商直接投资是中原城市群城市间经济联系的重要影响因素。pti的标准化回归系数为-0.147004，通过了1%的显著性检验，这说明产业结构对中原城市群城市间经济联系有显著影响，优化产业结构有利于加强中原城市群城市间的经济联系。数字经济等其他影响因素则没有通过显著性检验，结合上文分析，数字经济对中原城市群经济联系具有正向促进作用，但是可能由于它处于较低的发展水平，还未对中原城市群空间经济联系产生重要影响。

表7-18 中原城市群基于百度指数联系的QAP回归分析结果

变量	非标准化回归系数	标准化回归系数	显著性概率值	概率1（P≥0）	概率2（P≤0）
截距	92.562798	0.000000			
dei	4.617405	0.000257	0.998	0.998	0.003
aGDP	0.001308	0.283185	0.498	0.498	0.502
con	163.367966	0.200359	0.001	0.001	0.999
fdi	−3.147974	−0.000150	0.000	1.000	0.000
gov	−8.292900	−0.007870	0.451	0.549	0.451
pti	−103.232292	−0.147004	0.010	0.991	0.010

数据来源：根据测算结果整理。

（5）成渝城市群。在回归结果中，得到调整的可决系数为0.128，调整的可决系数的概率为0.001，说明通过了1%的显著性水平检验，选取的样本体积为240。

由表7-19可知，数字经济dei的标准化回归系数为−0.007309，通过了1%的显著性检验，说明数字经济对成渝城市群城市间经济联系的影响非常显著。con的标准化回归系数为0.085756，通过了10%的显著性检验，这说明社会消费是成渝城市群城市间经济联系的重要影响因素。外商直接投资fdi标准化回归系数0.000084，通过了1%的显著性检验，说明外商直接投资fdi是影响成渝城市群城市间经济联系的重要因素。pti的标准化回归系数为−0.108993，通过了10%的显著性检验，这说明产业结构对成渝城市群城市间经济联系有显著影响，优化产业结构有利于加强成渝城市群城市间的经济联系。

表7-19 成渝城市群基于百度指数联系的QAP回归分析结果

变量	非标准化回归系数	标准化回归系数	显著性概率值	概率1（P≥0）	概率2（P≤0）
截距	137.979156	0.000000			
dei	−48.687317	−0.007309	0.006	0.994	0.006
aGDP	0.002590	0.332455	0.217	0.217	0.783
con	166.927948	0.085756	0.055	0.055	0.945
fdi	5.000457	0.000084	0.000	0.000	1.000
gov	−266.518982	−0.073888	0.157	0.843	0.157
pti	−153.894928	−0.108993	0.054	0.946	0.054

数据来源：根据测算结果整理。

(6) 关中平原城市群。在回归结果中，得到调整的可决系数为 0.056，调整的可决系数的概率为 0.011，说明通过了 1% 的显著性水平检验，选取的样本体积为 110。

由表 7-20 可知，人均 GDP 的标准化回归系数为 -0.015211，通过了 10% 的显著性检验，说明人均 GDP 即经济增长对关中平原城市群城市间经济联系的影响是比较显著的。政府投资 gov 的标准化回归系数为 -0.227736，通过了 10% 的显著性检验，这说明政府投资是关中平原城市群城市间经济联系的重要影响因素。与中原城市群类似，数字经济等其他影响因素没有通过显著性检验，结合上文分析，数字经济对关中平原城市群城市间经济联系具有正向促进作用，但是因为它处于较低的发展水平，所以对关中平原城市群空间经济联系的影响还不显著。

表 7-20 关中平原城市群基于百度指数联系的 QAP 回归分析结果

变量	非标准化回归系数	标准化回归系数	显著性概率值	概率1（P≥0）	概率2（P≤0）
截距	96.545448	0.000000			
dei	7.659529	0.000684	0.915	0.915	0.085
aGDP	-0.000074	-0.015211	0.085	0.915	0.085
con	29.252615	0.044427	0.349	0.349	0.651
fdi	2.605912	0.000072	1.000	1.000	0.000
gov	-161.575684	-0.227736	0.065	0.935	0.065
pti	111.759903	0.148607	0.150	0.150	0.850

数据来源：根据测算结果整理。

7.5 结论与讨论

本章基于六大城市群的百度指数数据，使用 Ucinet 6 软件分析了六大城市群的百度指数中心度动态变化特征，分析了六大城市群 2009 年、2012 年、2016 年城市群内部节点城市之间的联系强度并进行了可视化处理，进一步分析了六大城市群的网络密度和凝聚子群的情况。之后，运用 Ucinet 6 软件和 QAP 方法，使用 2016 年六大城市群经济联系强度矩阵，对影响城市群网络空间经济联系的有关因素进行了深入分析。

7.5.1 主要结论

第一，城市群各节点城市的百度指数中心度呈递增趋势。从2009年、2012年、2016年的数据分析来看，六大城市群节点城市百度指数中心度呈递增趋势，其中，长三角城市群总体上呈现出以上海为中心，以杭州、苏州、南京、合肥为次中心，其他城市联系相对较弱的态势。京津冀城市群中北京的百度指数中心度最高，石家庄、天津、保定、秦皇岛其次，总体上呈现出以北京为中心，其他城市联系相对均衡的发展态势。珠三角城市群总体上呈现出广州、深圳、东莞多中心发展，佛山、珠海、惠州为次中心，其他城市联系相对均衡的态势。中原城市群中郑州的单中心地位明显，洛阳、商丘、南阳、开封、新乡、信阳等次级中心作用发挥不够，而宿州、淮北、亳州、长治等城市在融入中原城市群发展、强化其他城市联系方面稍显不足。成渝城市群各节点城市百度指数中心度除资阳外都呈现递增趋势，成都的中心地位明显提升，重庆的中心地位总体平稳，其他大部分城市未出现大的变化。关中平原城市群中西安的中心地位明显，其次是咸阳、宝鸡、渭南，商洛、天水、运城的百度指数中心度大体相当，其余城市处于城市群信息流的较低层级。

第二，城市群关联度普遍大幅提升，城市群节点城市间基于信息流的经济联系逐步增强。长三角城市群总的关联度从2009年的61739提升到了2016年的145307，提高了1.35倍，上海与杭州、苏州、南京之间的联系最为密切。京津冀城市群总的关联度从2009年的26956提高到2016年的56264，提高了2.09倍，北京与天津、石家庄、秦皇岛、张家口、廊坊的联系度最强，其中，保定的关联度由2009年的1909提高至5248，提高了1.75倍。珠三角城市群的关联度由2009年的25044提高到2016年的47205，提高了0.88倍，广州、深圳在珠三角城市群城市网络中具有双核心的影响力，广州与深圳、珠海、佛山、东莞、惠州、肇庆联系密切，深圳则与广州、东莞、惠州、珠海具有较为密切的联系。中原城市群的关联度由2009年的42826提高到2016年的95650，提高了1.23倍，郑州的中心地位不断得到强化，商丘、洛阳、驻马店、安阳、新乡等城市与其他节点城市也有较为密切的联系。成渝城市群的关联度由2009年的18549提高到2016年的46393，提高了1.5倍，成渝双核地位明显，成都与重庆、绵阳、南充、宜宾、泸州、德阳等联系比较紧密，重庆与成都、广安、遂宁、绵阳、达州等联系较为紧密。关中平原城市群的城市网络联系相对松散，但总体也呈现出日益增强的特征，城市群的关联度由2009年的9334提高到2016年的16805，提高了0.8倍，西安居于中心地位，西安与咸阳、西安与宝鸡、咸阳与宝鸡之间体现出两两互为强联系城市的特点，此外，西安与渭南、商洛，渭南与咸阳也有较强的联系。

第三,城市群的网络密度总体呈现逐年递增的趋势。六大城市群 2016 年平均网络密度是 2009 年平均网络密度的 2.5 倍,基于百度指数的城市群内部城市之间的联系日益密切,且联系强度明显增强。从 2009~2016 年城市群网络密度占比情况来看,排在第一位的是京津冀城市群,然后依次为是珠三角城市群、长三角城市群和成渝城市群、关中平原城市群和中原城市群。

第四,城市群的凝聚子群分布不够均衡。长三角城市群在二级层面形成了 4 个城市子群,上海、南京、无锡、苏州联系紧密,体现了长三角一体化建设的阶段性成效,合肥也在积极融入其中。此外,各子群城市省际区域特征明显,长三角城市群所涉省份浙江、江苏、安徽在跨区域融合发展方面有待进一步突破。从京津冀城市群 4 个凝聚子群分布来看,北京、天津为第一子群,石家庄、保定为第二子群,唐山和廊坊、承德、秦皇岛、张家口、沧州组成第三子群,邢台、邯郸及衡水组成第四子群,凝聚子群分布表明河北各地级城市与京津冀城市群核心城市北京的联系还不够深入。从珠三角城市群 4 个凝聚子群分布来看,广州、深圳组成了第一子群,佛山、东莞为第二子群,中山、珠海、江门以及肇庆、云浮、阳江、清远组成了第三子群,汕尾、河源及惠州组成了第四子群。从中原城市群 4 个凝聚子群分布来看,以河南城市为主,第一子群中郑州、商丘、洛阳、新乡、南阳联系密切,其他三个子群相对分散、联系较弱,中原城市群在加强联系、整合发展方面任重而道远。成渝城市群 4 个凝聚子群重庆、成都联系密切,组成了第一子群,自贡、泸州、雅安、内江、眉山、宜宾、资阳及广安、遂宁组成了第二子群,绵阳、德阳、南充、达州组成了第三子群,乐山与其他城市联系不够紧密,在融入区域发展方面稍显不足。关中平原城市群中西安、咸阳组成了第一子群,运城、临汾组成了第二子群,商洛、铜川及宝鸡、渭南组成了第三子群,天水与平凉、庆阳组成了第四子群。

第五,QAP 分析结果显示,不同城市群空间经济联系的影响因素不尽相同。数字经济和人均 GDP 对城市群城市空间经济联系具有显著正向影响,外商直接投资这一因素对于东部地区的长三角城市群、京津冀城市群、珠三角城市群空间经济联系没有显著影响,但是对于中西部地区的中原城市群、成渝城市群、关中平原城市群则具有显著正向影响。政府投资对于大部分城市群而言弱化了城市间的经济联系。

在 QAP 回归分析中,六大城市群都通过了显著性检验。数字经济、人均 GDP、政府投资是长三角城市群城市间经济联系的重要影响因素,数字经济、外商直接投资则对京津冀城市群城市间经济联系产生重要影响。数字经济对珠三角城市群城市间经济联系的影响非常显著,发展数字经济有利于加强珠三角城市群城市间的经济联系，其他影响因素没有通过显著性检验。社会消费、外商直接投资、产业结构是影响中原城市群城市空间经济联系的重要因素，中原城市群数字经济水平较低，其还未对中原城市群空间经济联系产生重要影响。数字经济、社会消费、外商直接投资、产业结构是成渝城市群城市间经济联系的重要影响因素。人均 GDP、政府投资是关中平原城市群城市间经济联系的重要影响因素，由于数字经济的发展水平较低，其对关中平原城市群空间经济联系的影响还不显著。

7.5.2 有关讨论

基于上述分析，为强化数字经济时代背景下城市群空间经济联系，可以加强以下几方面的工作：

第一，采取措施提高各城市群内部城市之间的经济联系。比如，大力加强信息基础设施建设，优化数字经济发展环境，加快城市群内跨区域合作，不断消除城市之间、区域之间的贸易壁垒，深化城市群内城市之间的经贸关系。

第二，优化城市群内部城市网络布局。针对不同城市群的发展基础、城市间现有联系，充分发挥核心城市示范带动作用，加强枢纽城市和边缘城市建设，优化城市群城市网络布局，结合城市在城市群的功能定位精准施策，实现城市群城市政策的区域效益最大化，构建空间布局合理、中心边缘协调、有序分工合作的城市网络。

第三，针对不同城市群城市空间经济联系的特点分类施策。对于长三角城市群，要重点关注数字经济、人均 GDP 和政府投资方面的问题，有意识地从这些方面加以引导、增强城市经济联系。对于京津冀城市群，可以加强数字经济发展，积极引导外商直接投资等。对于珠三角城市群，应继续做大做强数字经济，加强城市间的经济联系。鉴于中原城市群数字经济发展水平不高，可以考虑实施更加开放的政策吸引外商直接投资，优化产业结构，刺激社会消费等增强中原城市群城市空间经济联系。成渝城市群应积极发展数字经济，扩大社会消费，借助"一带一路"倡议、长江经济带战略等加快内外开放，增加外商直接投资，优化产业结构，增进成渝城市群城市间的经济联系。对于关中平原城市群，应考虑通过大力抓好发展、不断提升人均 GDP、扩大政府投资、加强基础设施建设等密切城市间的经济联系。

第8章　数字经济对城市群空间经济联系的溢出效应分析

自从新经济地理学理论创立以来，国内外学者试图运用一般的空间均衡分析方法探索经济体的空间集聚模式及对区域经济增长的影响机理。据有关学者研究，城市间空间相关性显著。在城市群及城市争相发展数字经济的情况下，城市群内部城市之间的空间相关性如何？本章采用空间计量模型就长三角城市群、京津冀城市群、珠三角城市群、中原城市群、成渝城市群、关中平原城市群各城市群数字经济与城市群经济增长的空间溢出效应进行分析。

8.1　空间权重矩阵的构建

空间权重矩阵是研究空间观测单元相对位置关系和度量空间相关性所构建使用的分析工具，空间矩阵中的权重用来表示各城市之间的依赖程度。本章将构建地理空间权重矩阵、经济空间权重矩阵和经济地理权重矩阵三种空间权重矩阵，并根据三种权重矩阵的结果进行对应性分析。

8.1.1　地理空间权重矩阵

地理空间权重矩阵认为，区域空间作用与地理距离远近成正比，我们利用两个城市之间地理距离 d_{ij} 平方的倒数来计算，即：

$$W_1 = \begin{cases} 0 & i=j \\ 1/d_{ij}^2 & i \neq j \end{cases}$$

8.1.2　经济空间权重矩阵

考虑区域间的经济差异会对地区空间依赖和辐射产生影响，经济发展水平相近的地区可能具有相似的经济运行模式,因而具有较强的空间关联性,本书采用两个城市人均 GDP 的差额绝对值的倒数来反映经济空间权重矩阵,即:

$$W_2 = \begin{cases} 0 & i=j \\ 1/(\overline{gdp_i} - \overline{gdp_j}) & i \neq j \end{cases}$$

8.1.3 引力权重矩阵

在现实中,区域间的空间相关性有时不是受经济或地理因素单方面的影响,而是受经济因素和地理因素的综合影响。引力权重矩阵(又称经济地理权重矩阵)可以综合考虑区域的经济因素和地理因素,如经济发展模式不同的两个邻近地区或两个具有相似发展水平但相距较远的地区。所以,综合不同城市的地理因素和经济特征构建的空间权重矩阵,在表征城市间空间关联方面可能具有更加明显的优势,即:

$$W_3 = \begin{cases} 0 & i=j \\ (\overline{gdp_i} \times \overline{gdp_j})/d_{ij}^2 & i \neq j \end{cases}$$

8.2 城市群数字经济的空间相关性

8.2.1 全局空间自相关

空间相关性可以通过 Moran's I 指数和 Gearcy'C 指数等进行检验,目前国内学者通常使用莫兰指数(Moran's I)来描绘空间全局自相关。本章也采用莫兰指数对城市群城市的空间相关性进行分析。计算 Moran's I 指数的公式如下:

$$\text{Moran's I} = \frac{\sum_{i=1}^{n}\sum_{j=1}^{n} W_{ij}(Y_i - \overline{Y})(Y_j - \overline{Y})}{S^2 \sum_{i=1}^{n}\sum_{j=1}^{n} W_{ij}}$$

$$S^2 = \frac{1}{n}\sum_{i=1}^{n}(Y_i - \overline{Y})^2$$

其中,Y_i 表示城市群第 i 个城市的观测值,n 为城市群城市的样本总数,W_{ij} 为空间权重矩阵。Moran's I 指数取值范围是 [-1,1],指数大于 0 时表示城市之间呈空间正相关,小于 0 时表示城市之间呈空间负相关,指数接近于 0 则表示城市间不具有空间相关性。莫兰指数值的绝对值表示相关性的强弱,绝对值越大，说明城市间空间相关性越强，反之则越弱。

根据以上计量方法，可以求得2008~2016年长三角城市群、京津冀城市群、珠三角城市群、中原城市群、成渝城市群、关中平原城市群人均GDP的Moran's I 指数值（见表8-1）。六大城市群的 Moran's I 指数值均为正，长三角城市群、中原城市群、关中平原城市群 z 值都通过了1%的显著性检验，而珠三角城市群、成渝城市群 z 值通过了5%的显著性检验，京津冀城市群 z 值则都通过了10%的显著性检验。

表8-1 城市群经济增长的空间相关性检验

年份	长三角城市群 I	z	p-value	京津冀城市群 I	z	p-value	珠三角城市群 I	z	p-value
2008	0.255	3.041	0.001	0.109	1.426	0.077	0.321	2.437	0.007
2009	0.245	2.943	0.002	0.148	1.714	0.043	0.320	2.429	0.008
2010	0.222	2.718	0.003	0.137	1.591	0.056	0.313	2.393	0.008
2011	0.224	2.732	0.003	0.097	1.300	0.097	0.294	2.280	0.011
2012	0.245	2.941	0.002	0.157	1.739	0.041	0.261	2.083	0.019
2013	0.259	3.083	0.001	0.256	2.484	0.006	0.239	1.946	0.026
2014	0.255	3.050	0.001	0.225	2.272	0.012	0.222	1.847	0.032
2015	0.292	3.432	0.000	0.342	3.105	0.001	0.218	1.817	0.035
2016	0.350	4.019	0.000	0.437	3.740	0.000	0.223	1.851	0.032

年份	中原城市群 I	z	p-value	成渝城市群 I	z	p-value	关中平原城市群 I	z	p-value
2008	0.227	2.794	0.003	0.292	2.402	0.008	0.287	2.619	0.004
2009	0.249	3.024	0.001	0.282	2.328	0.010	0.321	2.875	0.002
2010	0.253	3.058	0.001	0.255	2.219	0.013	0.343	3.060	0.001
2011	0.245	2.971	0.001	0.257	2.216	0.013	0.357	3.158	0.001
2012	0.236	2.876	0.002	0.255	2.160	0.015	0.362	3.191	0.001
2013	0.228	2.797	0.003	0.232	2.115	0.017	0.350	3.111	0.001
2014	0.201	2.519	0.006	0.227	2.067	0.019	0.366	3.220	0.001
2015	0.167	2.164	0.015	0.210	1.863	0.031	0.379	3.302	0.000
2016	0.156	2.055	0.020	0.205	1.799	0.036	0.384	3.332	0.000

数据来源：根据测算结果整理。

综合来看，对于六大城市群而言，经济、地理因素都存在空间相关性。但是,从时间维度来看,每个城市群表现出的趋势又有所不同。比如,长三角城市群、京津冀城市群、关中平原城市群总体呈现出 Moran's I 指数提高的趋势,全局空间相关性越来越强;珠三角城市群、中原城市群和成渝城市群总体则呈现出 Moran's I 指数下降的趋势,全局空间相关性在变弱。

8.2.2 局部空间自相关

全局空间自相关可以反映城市群整体空间分布的情况,但不能显示城市群内部城市间的空间集聚特征。为进一步衡量城市群每个城市与群内其他城市间的空间相关性和空间差异程度,下文继续采用 Moran's I 散点图对长三角城市群、京津冀城市群、珠三角城市群、中原城市群、成渝城市群和关中平原城市群内城市进行局部空间自相关检验。局部 Moran's I 指数可以用 Moran's I 散点图表示,它直观反映了城市群城市 i 与城市 j 之间的演变过程及城市间的相关性。局部 Moran's I 指数计算方法如下:

$$I_i = Z_i \sum_{j=1}^{n} W_{ij} Z_{ij}$$

其中,$Z_i = Y_i - \overline{Y}$。通过局部 Moran's I 散点图可以将城市群内城市空间关联分为 4 类,分别是处于第一至第四象限的双高型、低高型、双低型和高低型空间联系。第一、第三象限表示城市间同一观测值的空间正相关性,第二、第四象限表示城市间同一观测值的空间负相关性。

根据上述原理和计量方法,我们基于 2008 年、2012 年和 2016 年的数据绘制长三角城市群、京津冀城市群、珠三角城市群、中原城市群、成渝城市群和关中平原城市群的局部 Moran's I 指数散点图,下面将分别进行分析。

(1)长三角城市群。从图 8-1 可以发现,2008 年、2012 年、2016 年长三角城市群局部 Moran's I 指数有差异但多数城市位于第一、第三象限。其中,2008 年、2012 年、2016 年 26 个城市中分别有 16 个、18 个、20 个城市在第一、第三象限,占比分别为 61.5%、69.2% 和 76.9%,说明长三角城市群内各城市人均 GDP 的空间分布呈现出显著的空间相关性。位于第二、第四象限的城市变化不大,说明虽然长三角城市群具有空间异质性,但总体上长三角城市群局域性的空间集聚特征相对稳定。

从表 8-2 可以看出,在长三角城市群城市间局部空间自相关分布中,处于第一、第三象限城市个数及具体城市总体上较为稳定,第二、第四象限变化大一些,特别是第四象限内的城市越来越少。其中,南京位于长三角城市群中部,周边城市经济发展水平相对不高,对周边城市溢出和辐射带动作用较弱,周边城市经济发展比较缓慢,这可能与中小型城市规模存在一定弱关联性相关。

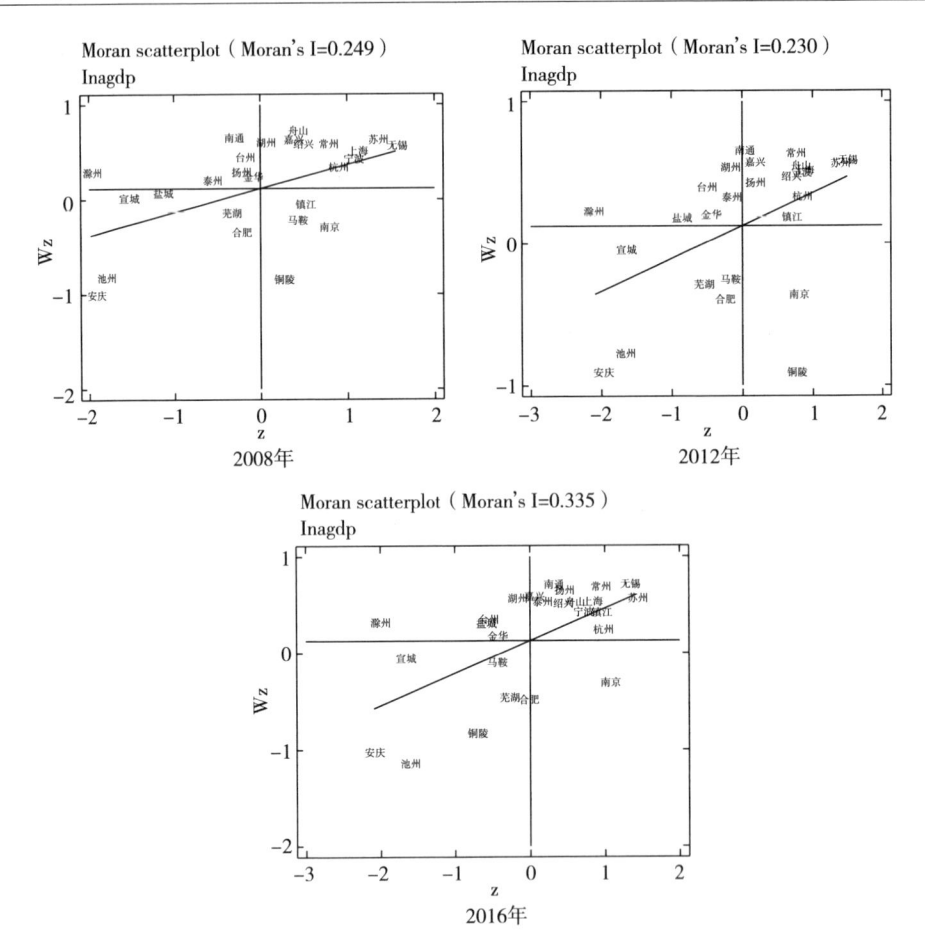

图 8-1　2008 年、2012 年、2016 年长三角城市群局部 Moran's I 指数散点图

表 8-2　长三角城市群局部空间自相关城市分布

年份	第一象限（HH）	第三象限（LL）	第二象限（HL）	第四象限（LH）
2008	上海、无锡、常州、苏州、杭州、宁波、嘉兴、绍兴、舟山、湖州	盐城、合肥、芜湖、安庆、池州、宣城	南通、扬州、泰州、金华、台州、滁州	南京、镇江、马鞍山、铜陵
2012	上海、无锡、常州、苏州、杭州、扬州、宁波、嘉兴、绍兴、舟山、镇江、南通	合肥、芜湖、安庆、池州、宣城、马鞍山	盐城、泰州、金华、台州、滁州、湖州	南京、铜陵
2016	上海、无锡、常州、苏州、杭州、扬州、宁波、嘉兴、绍兴、舟山、镇江、南通、泰州	合肥、芜湖、安庆、池州、宣城、马鞍山、铜陵	盐城、金华、台州、滁州、湖州	南京

数据来源：根据测算结果整理。

(2) 京津冀城市群。从图 8-2 可以发现，2008 年、2012 年、2016 年京津冀城市群局部 Moran's I 指数有差异但多数城市位于第一、第三象限，且指数呈现提高趋势。其中，2008 年、2012 年、2016 年 13 个城市中分别有 7 个、10 个、9 个城市在第一、第三象限，占比分别为 53.8%、76.9% 和 69.2%，说明京津冀城市群内各城市人均 GDP 的空间分布呈现出显著的空间相关性。位于第二、第四象限的城市变化不大，且基本没有城市处于第四象限，说明虽然京津冀城市群具有空间异质性，但总体上京津冀城市群局部空间集聚特征相对稳定。

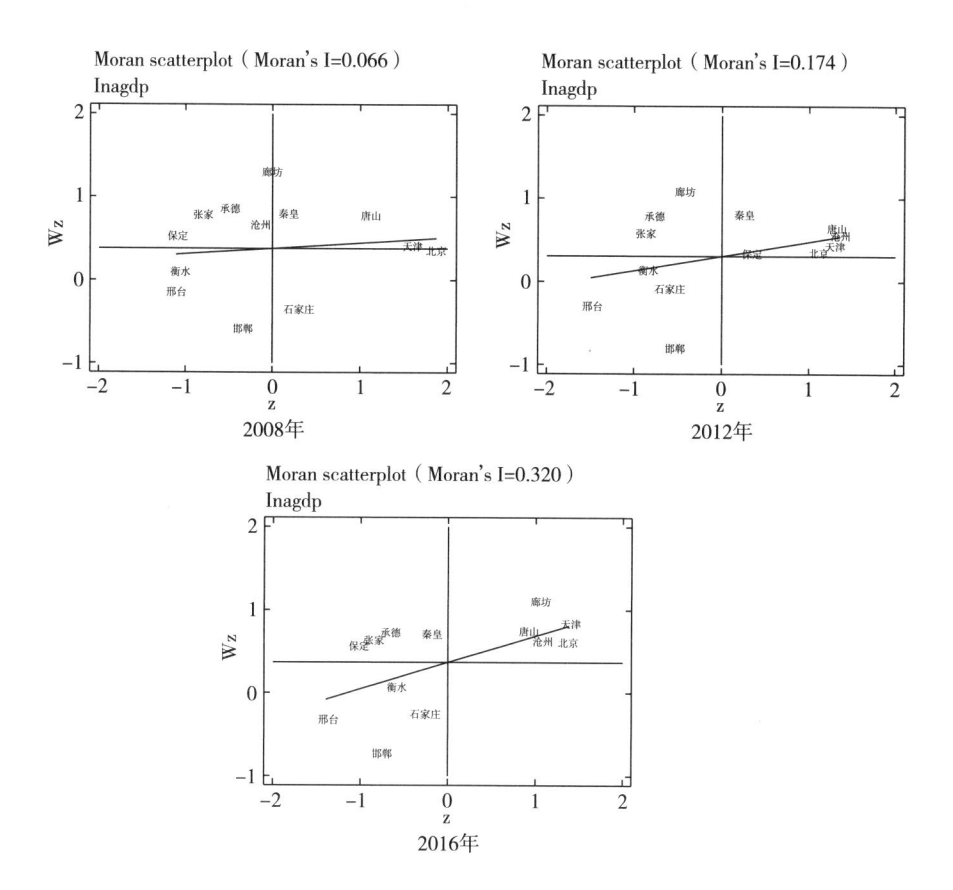

图 8-2 2008 年、2012 年、2016 年京津冀城市群局部 Moran's I 指数散点图

从表 8-3 也可以看出，在京津冀城市群城市间局部空间自相关布局中，处于第一、第三象限城市个数及具体城市总体上较为稳定，没有出现大的变化，第二、第四象限相对变化大一些，特别是第四象限，除 2008 年石家庄之外，2012 年、2016 年均没有城市出现在第四象限。

表 8-3 京津冀城市群局部空间自相关城市分布

年份	第一象限（HH）	第三象限（LL）	第二象限（HL）	第四象限（LH）
2008	北京、天津、唐山、秦皇岛	邢台、邯郸、衡水	廊坊、沧州、承德、张家口、保定	石家庄
2012	北京、天津、唐山、沧州、秦皇岛、保定	石家庄、邢台、邯郸、衡水	廊坊、承德、张家口	
2016	北京、天津、唐山、沧州、廊坊	石家庄、邢台、邯郸、衡水	秦皇岛、保定、承德、张家口	

数据来源：根据测算结果整理。

（3）珠三角城市群。从图 8-3 可以发现，2008 年、2012 年、2016 年珠三角城市群局部 Moran's I 指数有差异但多数城市位于第一、第三象限，且指数呈缓慢下降趋势。其中，2008 年、2012 年、2016 年 14 个城市中分别有 11 个、10 个、11 个城市在第一、第三象限，占比分别为 84.6%、71.4% 和 84.6%，说明珠三角城市群内各城市人均 GDP 的空间分布呈现出显著的空间相关性。位于四个

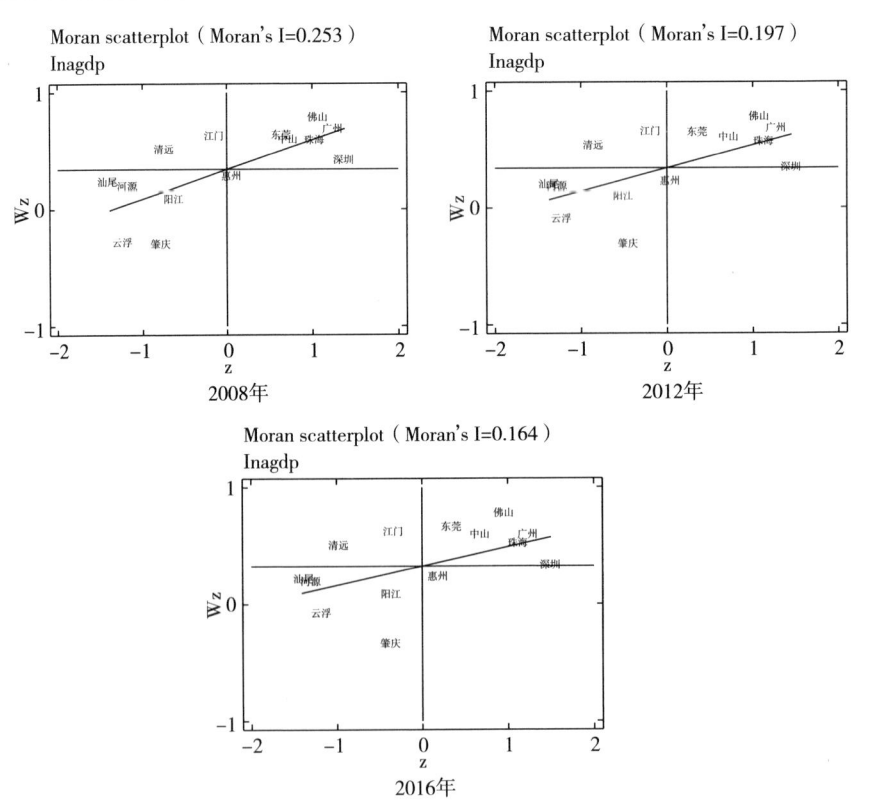

图 8-3 2008 年、2012 年、2016 年珠三角城市群局部 Moran's I 指数散点图

象限的城市基本没有变化，说明虽然珠三角城市群具有空间异质性，但总体上珠三角城市群局域性的空间集聚特征比较稳定。

从表8-4也可以看出，在珠三角城市群城市间局部空间自相关布局中，处于第一、第三象限的城市个数及具体城市总体上较为稳定，四个象限城市分布基本没有变化。

表8-4 珠三角城市群局部空间自相关城市分布

年份	第一象限（HH）	第三象限（LL）	第二象限（HL）	第四象限（LH）
2008	广州、深圳、珠海、佛山、中山、东莞	阳江、河源、汕尾、肇庆、云浮	江门、清远	惠州
2012	广州、深圳、珠海、佛山、中山、东莞	阳江、河源、汕尾、肇庆、云浮	江门、清远	惠州
2016	广州、深圳、珠海、佛山、中山、东莞	阳江、河源、汕尾、肇庆、云浮	江门、清远	惠州

数据来源：根据测算结果整理。

（4）中原城市群。从图8-4可以发现，2008年、2012年、2016年中原城市群局部Moran's I指数有差异但多数城市位于第一、第三象限，且指数呈缓慢下降趋势。其中，2008年、2012年、2016年29个城市中分别有22个、23个、22个城市在第一、第三象限，占比分别为75.8%、79.3%和75.8%，说明中原城市群内各城市人均GDP的空间分布呈现出显著的空间相关性。位于四个象限的城市有一定变化，说明虽然中原城市群具有空间异质性，但总体上中原城市群局域性的空间集聚特征比较稳定。

从表8-5也可以看出，在中原城市群城市间局部空间自相关布局中，处于第一、第三象限城市个数及具体城市总体上相对稳定，第二、第四象限城市分布有一定变化。

表8-5 中原城市群局部空间自相关城市分布

年份	第一象限（HH）	第三象限（LL）	第二象限（HL）	第四象限（LH）
2008	郑州、焦作、洛阳、晋城、安阳、长治、平顶山、鹤壁、许昌、濮阳	南阳、信阳、商丘、驻马店、周口、菏泽、宿州、阜阳、亳州、蚌埠、淮北	新乡、开封	聊城、三门峡、漯河
2012	郑州、焦作、洛阳、晋城、安阳、长治、平顶山、鹤壁、许昌、聊城	南阳、信阳、商丘、驻马店、周口、菏泽、宿州、阜阳、亳州、蚌埠、淮北	新乡、开封、濮阳、运城	三门峡、漯河
2016	郑州、焦作、洛阳、晋城、安阳、长治、鹤壁、许昌、濮阳、聊城、开封	南阳、信阳、商丘、驻马店、周口、菏泽、宿州、阜阳、亳州、淮北	新乡、平顶山	三门峡、漯河、蚌埠、淮北

数据来源：根据测算结果整理。

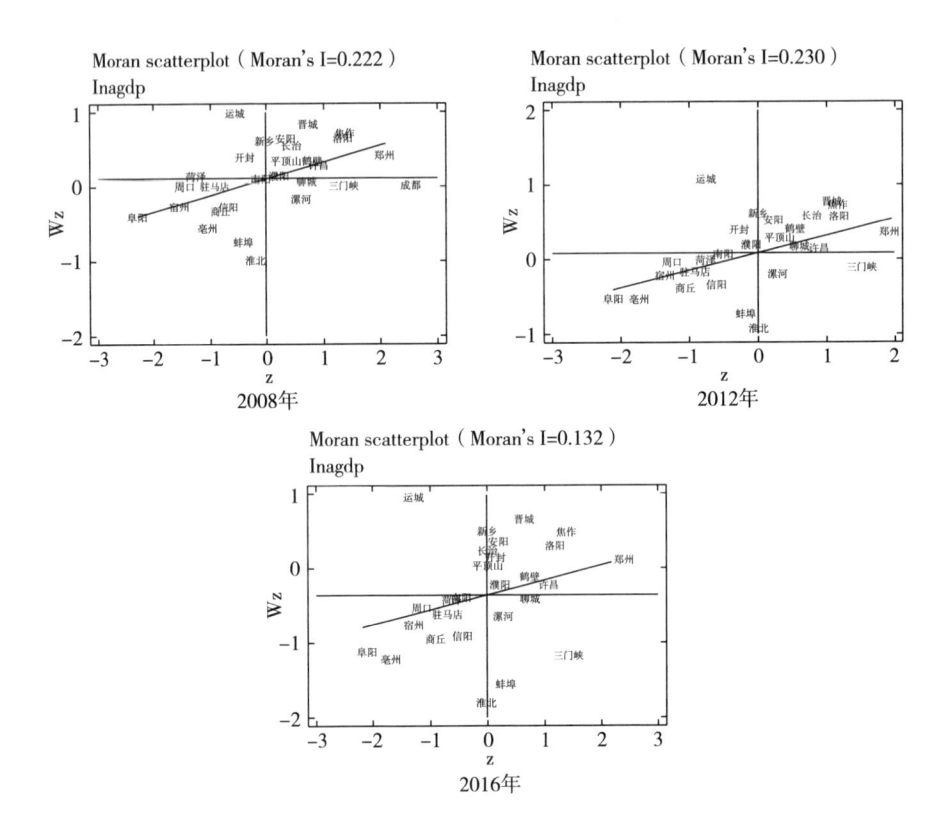

图 8-4 2008 年、2012 年、2016 年中原城市群局部 Moran's I 指数散点图

（5）成渝城市群。从图 8-5 可以发现，2008 年、2012 年、2016 年成渝城市群局部 Moran's I 指数有差异但多数城市位于第一、第三象限，且指数呈缓慢下降趋势。其中，2008 年、2012 年、2016 年 16 个城市中分别有 13 个、12 个、10 个城市在第一、第三象限，占比分别为 81.3%、75% 和 62.5%，显示成渝城市群内各城市人均 GDP 的空间分布呈现出显著的空间相关性。位于四个象限的城市有一定变化，说明虽然成渝城市群具有空间异质性，但总体上局域性的空间集聚特征比较稳定。

从表 8-6 也可以看出，在成渝城市群城市间局部空间自相关布局中，处于第一、第二、第三象限城市个数及具体城市总体上较为稳定，没有城市分布在第四象限。

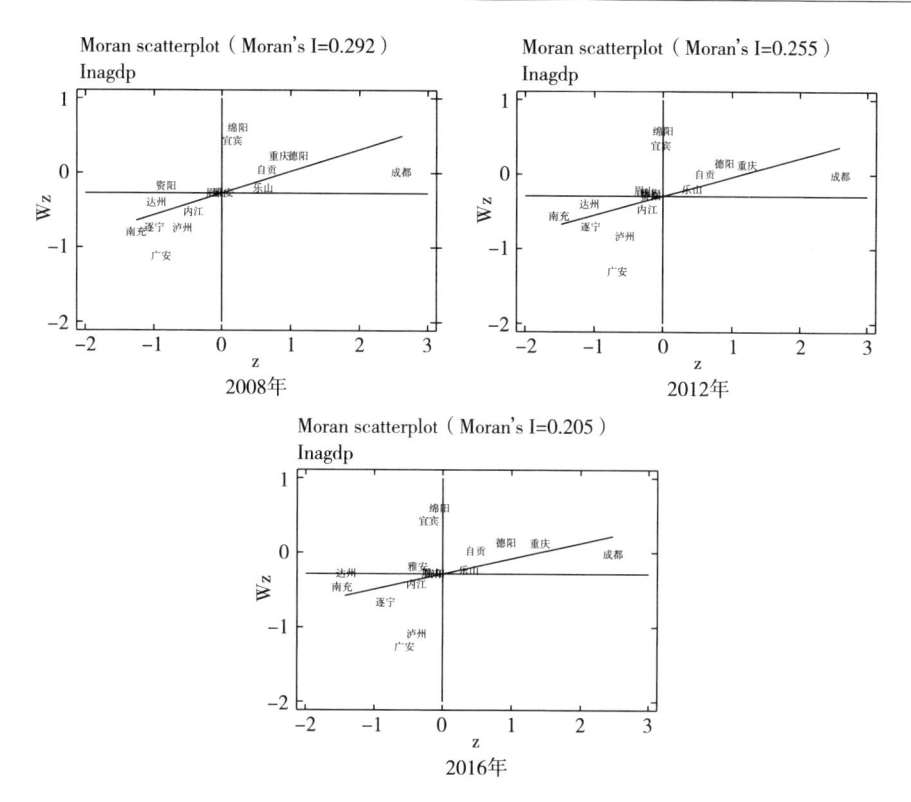

第8章 数字经济对城市群空间经济联系的溢出效应分析

Moran scatterplot (Moran's I=0.292)
lnagdp
2008年

Moran scatterplot (Moran's I=0.255)
lnagdp
2012年

Moran scatterplot (Moran's I=0.205)
lnagdp
2016年

图 8-5 2008 年、2012 年、2016 年成渝城市群局部 Moran's I 指数散点图

表 8-6 成渝城市群局部空间自相关城市分布

年份	第一象限（HH）	第三象限（LL）	第二象限（HL）	第四象限（LH）
2008	重庆、成都、德阳、绵阳、自贡、乐山、宜宾	内江、达州、遂宁、泸州、南充、广安	资阳、雅安、眉山	
2012	重庆、成都、德阳、绵阳、自贡、乐山	内江、达州、遂宁、泸州、南充、广安	资阳、雅安、眉山、宜宾	
2016	重庆、成都、德阳、自贡、乐山	内江、遂宁、泸州、南充、广安	资阳、雅安、眉山、绵阳、宜宾、达州	

数据来源：根据测算结果整理。

（6）关中平原城市群。从图 8-6 可以发现，2008 年、2012 年、2016 年关中平原城市群局部 Moran's I 指数有差异但多数城市位于第一、第三象限，且指数呈增长趋势。其中，2008 年、2012 年、2016 年 11 个城市中分别有 7 个、9 个、8 个城市在第一、第三象限，占比分别为 63.6%、81.8% 和 72.7%，显示关中平原城市群内各城市人均 GDP 的空间分布呈现出显著的空间相关性。位于四个象限的城市有小幅调整，说明虽然成渝城市群具有空间异质性，但总体上局域性的空间集聚特征也是比较稳定的。

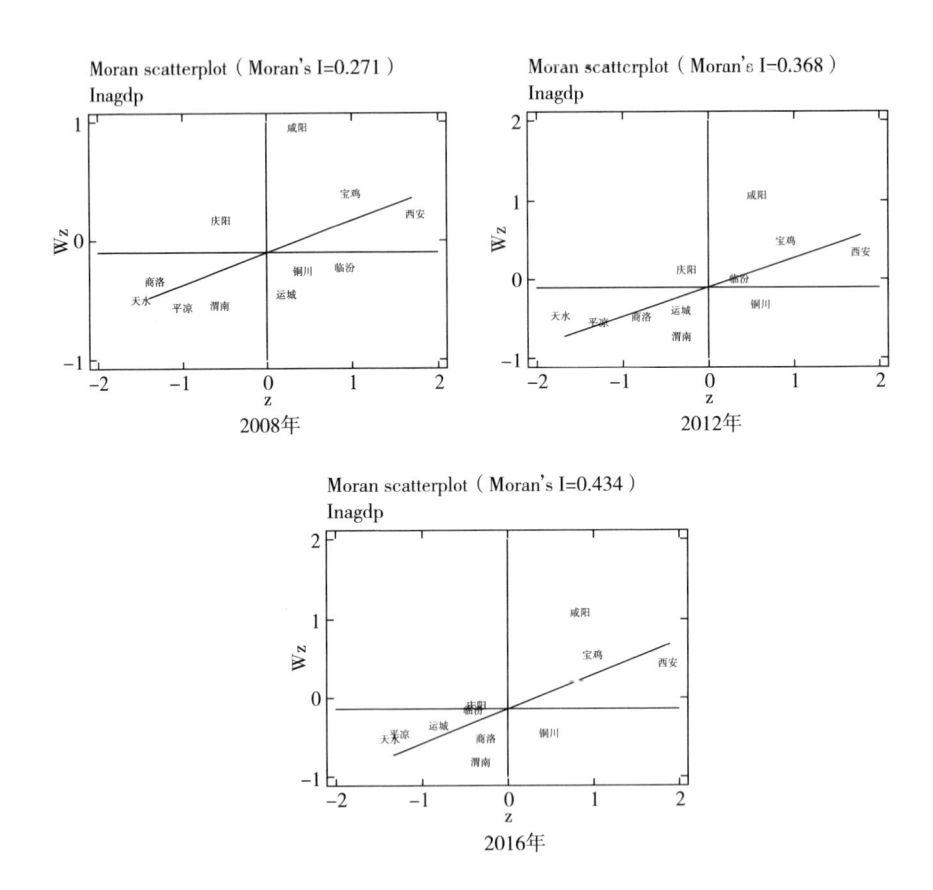

图 8-6　2008 年、2012 年、2016 年关中平原城市群局部 Moran's I 指数散点图

从表 8-7 也可以看出，在关中平原城市群城市间局部空间自相关布局中，处于四个象限的城市个数及具体城市总体上较为稳定。临汾、运城分布较不稳定，关联较弱的城市以山西省内的城市为主。

表 8-7　关中平原城市群局部空间自相关城市分布

年份	第一象限（HH）	第三象限（LL）	第二象限（HL）	第四象限（LH）
2008	西安、宝鸡、咸阳	商洛、渭南、天水、平凉	庆阳	铜川、运城、临汾

续表

年份	第一象限（HH）	第三象限（LL）	第二象限（HL）	第四象限（LH）
2012	西安、宝鸡、咸阳、临汾	商洛、渭南、天水、平凉、运城	庆阳	铜川
2016	西安、宝鸡、咸阳	商洛、渭南、天水、平凉、运城	庆阳、临汾	铜川

数据来源：根据测算结果整理。

通过上述分析可见，六大城市群全局空间相关性和局部空间相关性紧密相关。城市经济发展的地理因素、经济因素等对周边城市经济的发展有重要作用，产生空间溢出效应，影响城市间的空间经济联系。但是，这种空间溢出效应究竟如何，特别是数字经济的发展对其产生什么样的影响，还需要通过空间计量模型进行实证分析。

8.3 空间计量模型构建

8.3.1 空间面板计量模型设定

传统的计量模型没有将城市之间的相互影响考虑进来，但实际上，当使用面板数据进行检验时，城市之间可能具有空间相关性和空间异质性，这会对结果产生重要影响。所以，将空间因素纳入计量模型，可以克服传统的计量方法的局限性，从而对城市群空间经济联系进行更为客观的分析。空间计量经济学是一门新兴的用于研究处理空间相互作用、空间结构等问题的经济学科，已经成为国内外专家分析空间数据的工具，常用的空间计量模型有空间滞后模型（SAR）和空间误差模型（SEM），以及兼顾了空间滞后模型和空间误差模型情况的空间杜宾模型（SDM）。

（1）空间滞后模型（SAR）。SAR模型是指在传统线性模型的解释变量中加入一个被解释变量的空间滞后项，并将空间矩阵和相关变量结合后进行加权回归，主要分析有关解释变量通过空间传导机制所产生的空间溢出和扩散效应，即某个城市的被解释变量受邻近城市经济的影响，空间滞后模型回归形式如下：

$$Y = \lambda WY + X\beta + \varepsilon$$

其中，X为解释变量，λ为空间自回归系数，ε为随机误差项向量。这里将被解释变量与空间权重矩阵相乘所得作为解释变量之一，通过检验λ值是否显著等于 0 来检验邻近区域空间相关性,假如检测结果显示 λ 的值显著不等于 0,则被解释变量存在邻近区域空间相关性。

(2) 空间误差模型 (SEM)。SEM 模型是对传统面板模型的扰动误差项进行空间滞后回归,它是将不包含在 X 中但可能会对被解释变量产生影响的遗漏变量的空间相关性进行检验,通过分析扰动误差项的空间依赖作用,反映城市的溢出效应受误差项影响的作用和结果。空间误差模型回归形式为:

$$Y = X\beta + \mu$$
$$\mu = \rho W_u + \varepsilon$$

其中,$\varepsilon \sim N(0, \sigma^2)$,$W_u$ 为空间滞后误差变量,用来衡量空间依赖性;ε 为随机误差项向量;ρ 为空间误差回归系数。

(3) 空间杜宾模型 (SDM)。SDM 模型是上述两种模型的结合,它同时考察被解释变量和解释变量的空间相关性,即某城市被解释变量不仅受到本城市解释变量的影响,也会受邻近城市解释变量与被解释变量的双重影响。空间杜宾模型回归形式为:

$$Y = \lambda WY + X\beta + \delta WX + \varepsilon$$

其中,δ 表示其他自变量对某城市观测值的影响系数;λ 表示本城市自变量对观测值的影响,是空间自回归系数;ε 为随机误差项向量,其余同上。

综合来看,空间滞后、空间误差、空间杜宾这三种模型各有千秋,参考其他文献,研究多采用一种或多种空间回归模型来检验空间溢出效应。我们根据前面章节中计算的数字经济指数 (dei)、外商直接投资 (fdi)、政府投资 (gov)、产业结构 (pti)、社会消费总额 (con) 等数据,构建如下空间面板数据模型:

$$LnaGDP_{it} = \beta_0 LnaGDP_{it} + \beta_1 Lndei_{it} + \beta_2 Lnfdi_{it} + \beta_3 Lngov_{it} + \beta_4 Lnpti_{it} + \beta_5 Lncon_{it} + \lambda \sum_{j=1}^{n} W_{ij} aGDP_{jt} + \varepsilon_{it}$$

$$LnaGDP_{it} = \beta_1 Lndei_{it} + \beta_2 Lnfdi_{it} + \beta_3 Lngov_{it} + \beta_4 Lnpti_{it} + \beta_5 Lncon_{it} + \lambda \sum_{j=1}^{n} W_{ij} aGDP_{jt} + \varepsilon_{it}$$

$$LnaGDP_{it} = \beta_1 Lndei_{it} + \beta_2 Lnfdi_{it} + \beta_3 Lngov_{it} + \beta_4 Lnpti_{it} + \beta_5 Lncon_{it} + \lambda \sum_{j=1}^{n} W_{ij} aGDP_{jt} + \delta \sum_{j=1}^{n} W_{ij} X_{it} + \varepsilon_{it}$$

其中,i 表示每个城市群样本城市数量;t 表示 2008~2016 年的时间区间;aGDP 表示各个城市人均 GDP 经济增长;fdi 表示实际外商投资,$\beta_0 \sim \beta_5$ 是所选择解释变量的系数;ε 代表随机扰动项;W 为空间权重矩阵。

8.3.2 空间面板计量模型选择

国内文献对于空间面板计量模型的选择,主要有以下处理方式:一是直接选用一种或几种模型,然后比较检验结果。二是遵循 Anselin 提出的空间面板的 LM 检验,即用分块对角矩阵代替传统计量模型中的空间权重矩阵 W。国内学者何江、张馨之等都采用了这种处理方式。具体做法是用分块对角矩阵 C = Ti⊗W (其中,Ti 为 T 的单位矩阵) 代替传统计量公式中的 W,就可以将 LM-Lag、LM-Err 及其稳健形式 Robust LM-Lag、Robust LM-Err 的检验比较方便地扩展到空间面板数据的分析中。

在进行空间面板数据分析后,根据 LM-Lag、LM-Err、Robust LM-Lag、Robust LM-Err 的显著情况进行计量模型选择。首先看 LM-Lag、LM-Err 检验结果显著性情况,若只有 LM-Lag 显著,则选择空间滞后模型;若只有 LM-Err 显著,则选择空间误差模型;若两者均显著,则进一步看 Robust LM-Lag、Robust LM-Err 的显著情况。若只有 Robust LM-Lag 显著,则选择空间滞后模型;若只有 Robust LM-Err 显著,则选择空间误差模型;若两者都显著,则选择空间杜宾模型。

基于以上方法,我们对长三角城市群、京津冀城市群、珠三角城市群、中原城市群、成渝城市群和关中平原城市群进行 LM 检验。

(1) 长三角城市群。本小节对长三角城市群在地理权重矩阵、经济权重矩阵和引力权重矩阵条件下分别进行 LM 检验(见表 8-8),结果表明,在地理权重矩阵下,LM-Err、LM-Lag 均通过了 1% 的显著性检验,而 Robust LM-Err 通过了 1% 的显著性检验,Robust LM-Lag 通过了 10% 的显著性检验,所以地理权重距离下选择空间杜宾模型。在经济权重矩阵下,LM-Err、LM-Lag 均通过了 1% 的显著性检验,而 Robust LM-Err 通过了 1% 的显著性检验,Robust LM-Lag 未通过显著性检验,所以经济权重距离下选择空间误差模型。在引力权重矩阵下,LM-Err、LM-Lag 均通过了 1% 的显著性检验,而 Robust LM-Err 通过了 1% 的显著性检验,Robust LM-Lag 未通过显著性检验,所以引力权重矩阵下一般选择空间误差模型。

表 8-8 长三角城市群空间面板模型的 LM 检验

LM 检验	地理权重矩阵		经济权重矩阵		引力权重矩阵	
	系数	P 值	系数	P 值	系数	P 值
Moran's I	4.368	0.000	6.455	0.000	6.538	0.000
LM-Err	16.564	0.000	34.302	0.000	34.887	0.000
Robust LM-Err	13.127	0.000	7.294	0.007	11.551	0.001
LM-Lag	6.562	0.010	27.029	0.000	23.647	0.000
Robust LM-Lag	3.125	0.077	0.021	0.886	0.31	0.578

数据来源:根据测算结果整理。

（2）京津冀城市群。同样，对京津冀城市群在三种权重矩阵条件下分别进行 LM 检验（见表 8-9），结果表明，在地理权重矩阵和经济权重矩阵下，LM-Err 通过了 10% 的显著性检验，LM-Lag 通过了 5% 的显著性检验，但是 Robust LM-Err 未通过显著性检验，Robust LM-Lag 通过了 10% 的显著性检验，所以地理权重矩阵和经济权重矩阵下选择空间滞后模型。在引力权重矩阵下，LM-Err 通过了 5% 的显著性检验，LM-Lag 通过了 1% 的显著性检验，而 Robust LM-Err 未通过显著性检验，Robust LM-Lag 通过了 5% 的显著性检验，所以引力权重矩阵下一般选择空间滞后模型。

表 8-9　京津冀城市群空间面板模型的 LM 检验

LM 检验	地理权重矩阵 系数	地理权重矩阵 P 值	经济权重矩阵 系数	经济权重矩阵 P 值	引力权重矩阵 系数	引力权重矩阵 P 值
Moran's I	2.398	0.016	2.398	0.016	2.7	0.007
LM-Err	3.535	0.060	3.535	0.060	4.581	0.032
Robust LM-Err	0.091	0.763	0.091	0.763	0.242	0.623
LM-Lag	6.270	0.012	6.270	0.012	8.954	0.003
Robust LM-Lag	2.826	0.093	2.826	0.093	4.615	0.032

数据来源：根据测算结果整理。

（3）珠三角城市群。对珠三角城市群在三种权重矩阵条件下分别进行 LM 检验（见表 8-10），结果表明，在地理权重矩阵下，LM-Err、LM-Lag 均通过了 1% 的显著性检验，Robust LM-Err 通过了 1% 的显著性检验，但是 Robust LM-Lag 未通过显著性检验，所以地理权重矩阵下选择空间误差模型。在经济权重矩阵下，LM-Err、LM-Lag 均通过了 1% 的显著性检验，Robust LM-Err 通过了 1% 的显著性检验，但是 Robust LM-Lag 未通过显著性检验，所以经济权重矩阵下可以选择空间误差模型。在引力权重矩阵下，LM-Err 通过了 1% 的显著性检验，LM-Lag 通过了 5% 的显著性检验，Robust LM-Err 通过了 1% 的显著性检验，Robust LM-Lag 未通过显著性检验，所以引力权重矩阵下可以选择空间误差模型。

表 8-10　珠三角城市群空间面板模型的 LM 检验

LM 检验	地理权重矩阵 系数	地理权重矩阵 P 值	经济权重矩阵 系数	经济权重矩阵 P 值	引力权重矩阵 系数	引力权重矩阵 P 值
Moran's I	4.162	0.000	4.81	0.000	4.546	0.000
LM-Err	13.62	0.000	17.628	0.000	15.507	0.000

续表

LM 检验	地理权重矩阵		经济权重矩阵		引力权重矩阵	
	系数	P 值	系数	P 值	系数	P 值
Robust LM-Err	6.555	0.010	10.25	0.001	11.624	0.001
LM-Lag	7.289	0.007	7.417	0.006	4.201	0.040
Robust LM-Lag	0.224	0.636	0.038	0.846	0.317	0.573

数据来源：根据测算结果整理。

（4）中原城市群。对中原城市群在三种权重矩阵条件下分别进行 LM 检验（见表 8-11），结果表明，在地理权重矩阵下，LM-Err、LM-Lag 均通过了 1%的显著性检验，Robust LM-Err 未通过显著性检验，Robust LM-Lag 通过了 5%的显著性检验，所以地理权重矩阵下选择空间滞后模型。在经济权重矩阵下，LM-Err 通过了 5%的显著性检验，LM-Lag 通过了 1%的显著性检验，并且 Robust LM-Err 通过了 10%的显著性检验，Robust LM-Lag 通过了 1%的显著性检验，所以经济权重矩阵下选择空间杜宾模型。在引力权重矩阵下，LM-Err 通过了 1%的显著性检验，LM-Lag 通过了 10%的显著性检验，Robust LM-Err 通过了 10%的显著性检验，Robust LM-Lag 通过了 1%的显著性检验，所以经济地理权重矩阵下也是选择空间杜宾模型。

表 8-11 中原城市群空间面板模型的 LM 检验

LM 检验	地理权重矩阵		经济权重矩阵		引力权重矩阵	
	系数	P 值	系数	P 值	系数	P 值
Moran's I	3.751	0.000	2.813	0.005	3.05	0.002
LM-Err	12.159	0.000	6.039	0.014	7.121	0.008
Robust LM-Err	0.162	0.687	3.159	0.076	2.849	0.091
LM-Lag	17.509	0.010	16.026	0.000	17.794	0.000
Robust LM-Lag	5.512	0.019	13.146	0.000	13.521	0.000

数据来源：根据测算结果整理。

（5）成渝城市群。对成渝城市群在三种权重矩阵条件下分别进行 LM 检验（见表 8-12），结果表明，在地理权重矩阵下，LM-Err 通过了 5%的显著性检验，LM-Lag 通过了 10%的显著性检验，Robust LM-Err 通过了 10%的显著性检验，但是 Robust LM-Lag 未通过显著性检验，所以地理权重矩阵下选择空间误差模型。在经济权重矩阵下，LM-Err 通过了 1%的显著性检验，LM-Lag 也通过了 1%的显著性检验，但 Robust LM-Err、Robust LM-Lag 都未通过显著性检验，进一步分析空间滞后模型的 Log-likelihood 值为 305.7844，略小于空间误差模型的 Log-likelihood 值（为 305.8742），所以经济权重矩阵下一般可以选择空间误差模型。在引力权重矩阵下，LM-Err 通过了 5% 的显著性检验，LM-Lag 通过了 1% 的显著性检验，Robust LM-Err 未通过显著性检验，Robust LM-Lag 通过了 10% 的显著性检验，所以引力权重矩阵下可以选择空间滞后模型。

表 8-12　成渝城市群空间面板模型的 LM 检验

LM 检验	地理权重矩阵 系数	P 值	经济权重矩阵 系数	P 值	引力权重矩阵 系数	P 值
Moran's I	2.780	0.005	3.147	0.002	2.959	0.003
LM-Err	5.767	0.016	7.288	0.007	6.331	0.012
Robust LM-Err	2.976	0.085	0.488	0.485	0.007	0.934
LM-Lag	2.839	0.092	8.219	0.004	9.391	0.002
Robust LM-Lag	0.048	0.827	1.419	0.234	3.067	0.080

数据来源：根据测算结果整理。

（6）关中平原城市群。对关中平原城市群在三种权重矩阵条件下分别进行 LM 检验（见表 8-13），结果表明，在地理权重矩阵下，LM-Err 通过了 1% 的显著性检验，LM-Lag 通过了 5% 的显著性检验，Robust LM-Err 通过了 5% 的显著性检验，Robust LM-Lag 通过了 10% 的显著性检验，所以地理权重矩阵下选择空间误差模型。在经济权重矩阵下，LM-Err 通过了 1% 的显著性检验，LM-Lag 通过了 10% 的显著性检验，Robust LM-Err 通过了 5% 的显著性检验，Robust LM-Lag 通过了 10% 的显著性检验，所以经济权重矩阵下选择空间杜宾模型。在引力权重矩阵下，LM-Err 通过了 10% 的显著性检验，LM-Lag 未通过显著性检验，所以引力权重矩阵下一般选择空间误差模型。

表 8-13　关中平原城市群空间面板模型的 LM 检验

LM 检验	地理权重矩阵 系数	P 值	经济权重矩阵 系数	P 值	引力权重矩阵 系数	P 值
Moran's I	3.975	0.000	3.117	0.002	2.154	0.031
LM-Err	11.37	0.001	6.64	0.010	2.752	0.097
Robust LM-Err	7.165	0.007	6.466	0.011	4.074	0.044
LM-Lag	5.97	0.015	2.982	0.084	0.805	0.370
Robust LM-Lag	1.765	0.184	2.808	0.094	2.127	0.145

数据来源：根据测算结果整理。

通过上述分析可知，六大城市群在不同矩阵下有的选空间杜宾模型，有的选空间误差模型，有的选空间滞后模型。但是，当选择空间滞后模型、空间误差模型的时候，不能考察邻近区域解释变量对被解释变量的影响，也不能检验直接效应、溢出效应和总效应的情况，而空间杜宾模型则可以弥补这一缺陷。同时，考虑到空间杜宾模型是空间滞后模型和空间误差模型的一般表达形式，兼顾考虑了两者的特点，因此下文统一通过空间杜宾模型进一步分析城市群人均 GDP 的空间关联及数字经济发展对经济增长的空间溢出效应。

8.4 实证结果分析

8.4.1 三种权重矩阵的空间面板计量估计结果分析

通过空间杜宾模型时间和空间双固定效应，对长三角城市群、京津冀城市群、珠三角城市群、中原城市群、成渝城市群和关中平原城市群在三种权重矩阵下分别做空间面板估计，然后综合空间溢出系数（rho）、拟合优度值（R-squared）、自然对数函数值（Log-likelihood）等统计量进行判断和选择（见表 8-14）。对三种权重矩阵下六大城市群的空间面板估计结果进行分析，无论从空间溢出系数、自然对数似然函数值还是从拟合优度来看，除珠三角城市群地理权重矩阵优于经济权重矩阵外，其余 5 个城市群的检验结果都显示经济权重矩阵最优，所以，综合考虑，本书统一采用经济权重矩阵下的空间杜宾模型进行实证研究。

表 8-14 三种权重矩阵的空间面板计量估计有关统计量的比较

变量	长三角城市群			京津冀城市群		
	地理权重矩阵	经济权重矩阵	引力权重矩阵	地理权重矩阵	经济权重矩阵	引力权重矩阵
rho	0.570*** (0.0621)	0.530*** (0.0737)	-0.254* (0.136)	0.634*** (0.0637)	0.649*** (0.0728)	0.677*** (0.0693)
R-squared	0.029	0.088	0.095	0.742	0.755	0.725
Log-likelihood	112.3387	126.3556	127.4551	32.8653	33.4841	30.6848

续表

变量	珠三角城市群			中原城市群		
	地理权重矩阵	经济权重矩阵	引力权重矩阵	地理权重矩阵	经济权重矩阵	引力权重矩阵
rho	0.712*** (0.0532)	0.403*** (0.0999)	0.395*** (0.105)	0.689*** (0.0450)	0.756*** (0.0457)	0.739*** (0.0494)
R-squared	0.403	0.354	0.287	0.659	0.375	0.323
Log-likelihood	218.4063	196.3196	191.1686	198.1928	209.8057	218.6626

变量	成渝城市群			关中平原城市群		
	地理权重矩阵	经济权重矩阵	引力权重矩阵	地理权重矩阵	经济权重矩阵	引力权重矩阵
rho	0.915*** (0.0158)	0.931*** (0.0161)	0.677 (0.466)	0.815*** (0.0431)	0.862*** (0.0356)	0.871*** (0.0349)
R-squared	0.613	0.647	0.560	0.646	0.671	0.639
Log-likelihood	181.6857	188.7968	155.0407	70.1851	73.3308	71.2653

注：***、**、*分别表示在1%、5%、10%水平上显著。

8.4.2　Hausman 检验及面板模型估计结果分析

（1）长三角城市群。在经济权重矩阵下进行 Hausman 检验，结果 chi2 为 5.36，但是 Prob>chi2=0.3731，未通过显著性检验，所以我们选择随机效应模型进行检验，检验结果如表 8-15 所示。

表 8-15　经济权重矩阵下数字经济对长三角城市群城市人均 GDP 的空间面板估计结果

变量	(1) Main	(2) Wx	(3) Spatial	(4) Variance	(5) LR_Direct	(6) LR_Indirect	(7) LR_Total
lndei	0.0854* (0.0546)	-0.409*** (0.106)			0.0488 (0.0611)	-0.735*** (0.239)	-0.686** (0.273)
lnfdi	0.00815 (0.0244)	-0.188*** (0.0634)			-0.0127 (0.0259)	-0.376*** (0.139)	-0.389** (0.153)
lngov	0.377*** (0.0920)	0.772*** (0.196)			0.489*** (0.0845)	1.967*** (0.208)	2.457*** (0.214)
lnpti	-0.0492 (0.0355)	-0.0685 (0.105)			-0.0597 (0.0400)	-0.191 (0.233)	-0.251 (0.258)
lncon	-0.487*** (0.0845)	-0.00538 (0.158)			-0.516*** (0.0900)	-0.565 (0.389)	-1.082** (0.441)

续表

变量	(1) Main	(2) Wx	(3) Spatial	(4) Variance	(5) LR_Direct	(6) LR_Indirect	(7) LR_Total
rho			0.530*** (0.0737)				
lgt_theta				-2.635*** (0.177)			
sigma2_e				0.0104*** (0.00104)			
Constant	4.316*** (1.358)						
Observations	234	234	234	234	234	234	234
R-squared	0.088	0.088	0.088	0.088	0.088	0.088	0.088
Number of region	26	26	26	26	26	26	26

注：***、**、*分别表示在1%、5%、10%水平上显著。

从表8-15中可以看出，空间溢出系数rho的值为0.530，且在1%水平上通过了显著性检验，说明存在空间溢出效应。从控制变量参数估计来看，长三角城市群城市的数字经济发展水平对本市人均GDP的增长的影响通过了10%水平上的显著性检验，具有正向作用，且当城市的数字经济指数提升1个百分点时，可以促进本市人均GDP提高0.0854%。但是，数字经济发展水平对经济相似城市的人均GDP增长在1%的水平上具有显著负向影响，且当本市数字经济指数提升1个百分点时，可以导致经济相似城市的人均GDP下降0.0854%。从数字经济发展水平对应的直接效应和溢出效应来看，直接效应为正但是未通过显著性检验，溢出效应为负且通过了1%水平上的显著性检验，说明长三角城市群内城市发展数字经济促进了本市经济增长，但是给城市群内经济相似城市的经济增长带来的是负向影响，即长三角城市群城市发展数字经济对经济增长的溢出作用主要体现在本市，对其他城市的影响为负，这从总效应为负且通过了1%水平上的显著性检验也可以得到验证。

（2）京津冀城市群。在经济权重矩阵下进行Hausman检验，结果chi2为-0.38，小于0，未通过显著性检验，所以我们选择随机效应模型进行检验，检验结果如表8-16所示。

表 8-16　经济权重矩阵下数字经济对京津冀城市群城市人均 GDP 的空间面板估计结果

变量	(1) Main	(2) Wx	(3) Spatial	(4) Variance	(5) LR_Direct	(6) LR_Indirect	(7) LR_Total
lndei	0.263*** (0.0536)	-0.459*** (0.107)			0.202*** (0.0702)	-0.746** (0.327)	-0.543 (0.379)
lnfdi	0.0843* (0.0502)	0.0908 (0.108)			0.113** (0.0539)	0.377 (0.262)	0.491* (0.289)
lngov	-0.241*** (0.0462)	0.153** (0.0616)			-0.237*** (0.0445)	-0.00183 (0.127)	-0.239* (0.138)
lnpti	0.210*** (0.0749)	0.0458 (0.183)			0.254** (0.106)	0.509 (0.569)	0.762 (0.656)
lncon	-0.770*** (0.214)	1.452*** (0.304)			-0.565*** (0.199)	2.492*** (0.553)	1.926*** (0.587)
rho			0.649*** (0.0728)				
lgt_theta				-1.040*** (0.318)			
sigma2_e				0.0220*** (0.00323)			
Constant	4.594*** (1.166)						
Observations	117	117	117	117	117	117	117
R-squared	0.755	0.755	0.755	0.755	0.755	0.755	0.755
Number of region	13	13	13	13	13	13	13

注：***、**、*分别表示在1%、5%、10%水平上显著。

从表 8-16 可以看出，空间溢出系数 rho 的值为 0.649，且在 1% 水平上通过了显著性检验，说明存在空间溢出效应。从控制变量参数估计来看，京津冀城市群城市的数字经济发展水平对本市人均 GDP 的增长的影响通过了 1% 水平上的显著性检验，具有正向作用，且当城市的数字经济指数提升 1 个百分点时，可以促进本市人均 GDP 提高 0.263%，这比对长三角城市群城市的促进作用更加明显。但是，数字经济发展水平对经济相似城市的人均 GDP 增长在 1% 的水平上具有显著负向影响，且当本市数字经济指数提升 1 个百分点时，可以导致经济相似城市的人均 GDP 下降 0.459%。从数字经济发展水平对应的直接效应和溢出效应来看，直接效应为正且通过了1%水平上的显著性检验，溢出效应为负且通过了5%水平上的显著性检验，说明京津冀城市群内的城市发展数字经济对本市经济增长具有显著正向作用，但是给城市群内经济相似城市的经济增长带来的是显著的负向影响。所以，京津冀城市群的城市发展数字经济对经济增长的正的溢出作用主要体现在本市，对其他城市的影响为负。

（3）珠三角城市群。在经济权重矩阵下进行 Hausman 检验，结果 chi2 为 −5.52，小于0，未通过显著性检验，所以我们选择随机效应模型进行检验，检验结果如表8-17所示。

表8-17 经济权重矩阵下数字经济对珠三角城市群城市人均 GDP 的空间面板估计结果

变量	（1）Main	（2）Wx	（3）Spatial	（4）Variance	（5）LR_Direct	（6）LR_Indirect	（7）LR_Total
lndei	0.112** (0.0451)	0.114* (0.0646)			0.130*** (0.0471)	0.254** (0.103)	0.384*** (0.123)
lnfdi	−0.0559* (0.0295)	−0.111** (0.0545)			−0.0709** (0.0306)	−0.213** (0.0877)	−0.284*** (0.105)
lngov	0.129 (0.0786)	0.318** (0.153)			0.173** (0.0761)	0.584*** (0.198)	0.756*** (0.222)
lnpti	−0.0124 (0.0518)	−0.421*** (0.116)			−0.0549 (0.0518)	−0.664*** (0.181)	−0.719*** (0.202)
lncon	−0.302*** (0.0707)	0.0517 (0.135)			−0.311*** (0.0742)	−0.138 (0.238)	−0.449 (0.284)
rho			0.403*** (0.0999)				
lgt_theta				−2.874*** (0.227)			
sigma2_e				0.0013*** (0.0002)			
Constant	2.989*** (0.622)						
Observations	126	126	126	126	126	126	126
R-squared	0.354	0.354	0.354	0.354	0.354	0.354	0.354
Number of region	14	14	14	14	14	14	14

注：***、**、*分别表示在1%、5%、10%水平上显著。

从表8-17可以看出，空间溢出系数rho的值为0.403，且在1%水平上通过了显著性检验，说明珠三角城市群存在空间溢出效应。从控制变量参数估计来看，珠三角城市群城市的数字经济发展水平对本市人均GDP的增长的影响通过了5%水平上的显著性检验，具有正向作用，且当城市的数字经济指数提升1个百分点时，可以促进本市人均GDP提高0.112%。而且，数字经济发展水平对经济相似城市的人均GDP增长在10%的水平上也具有显著正向影响，且当本市数字经济指数提升1个百分点时，可以促进经济相似城市的人均GDP提高0.114%。从数字经济发展水平对应的直接效应和溢出效应来看，直接效应为正且通过了1%水平上的显著性检验，溢出效应也为正且通过了5%水平上的显著性检验，说明珠三角城市群内的城市发展数字经济对本市经济增长具有显著正向作用，而且给城市群内经济相似城市的经济增长也会带来显著正向影响。总效应为正且通过了1%水平上的显著性检验。综合分析，珠三角城市群的数字经济发展已经到了比较成熟的阶段，即数字经济的发展不仅促进了本市经济增长，而且也对周边城市产生正的显著溢出效应，说明珠三角城市群数字经济整体发展水平较高且差异性较小。

（4）中原城市群。在经济权重矩阵下进行Hausman检验，结果chi2为-4.67，小于0，未通过显著性检验，所以我们选择随机效应模型进行检验，检验结果如表8-18所示。

表8-18 经济权重矩阵下数字经济对中原城市群城市人均GDP的空间面板估计结果

变量	(1) Main	(2) Wx	(3) Spatial	(4) Variance	(5) LR_Direct	(6) LR_Indirect	(7) LR_Total
lndei	0.0931* (0.0560)	-0.441*** (0.128)			0.0187 (0.0673)	-1.425*** (0.499)	-1.407*** (0.538)
lnfdi	0.0387*** (0.0132)	0.00704 (0.0376)			0.0454*** (0.0165)	0.136 (0.147)	0.182 (0.158)
lngov	-0.210*** (0.0331)	0.327*** (0.0719)			-0.170*** (0.0365)	0.691** (0.284)	0.521* (0.304)
lnpti	-0.0298 (0.0223)	-0.0747 (0.0699)			-0.0497 (0.0305)	-0.376 (0.315)	-0.426 (0.338)
lncon	-0.248*** (0.0544)	0.433*** (0.126)			-0.199*** (0.0607)	0.910* (0.483)	0.711 (0.518)
rho			0.756*** (0.0457)				

续表

变量	(1) Main	(2) Wx	(3) Spatial	(4) Variance	(5) LR_Direct	(6) LR_Indirect	(7) LR_Total
lgt_theta				−2.483***			
				(0.156)			
sigma2_e				0.0059***			
				(0.0006)			
Constant	1.100						
	(0.860)						
Observations	261	261	261	261	261	261	261
R-squared	0.375	0.375	0.375	0.375	0.375	0.375	0.375
Number of region	29	29	29	29	29	29	29

注：***、**、*分别表示在1%、5%、10%水平上显著。

从表8-18可以看出，空间溢出系数rho的值为0.756，且在1%水平上通过了显著性检验，说明中原城市群存在空间溢出效应。从控制变量参数估计来看，中原城市群城市的数字经济发展水平对本市人均GDP的增长的影响通过了10%水平上的显著性检验，具有正向作用，且当城市的数字经济指数提升1个百分点时，可以促进本市人均GDP提高0.0931%。但是，数字经济发展水平对经济相似城市的人均GDP增长在1%的水平上具有显著负向影响，当本市数字经济指数提升1个百分点时，会导致经济相似城市的人均GDP下降0.441%。从数字经济发展水平对应的直接效应和溢出效应来看，直接效应为正但是未通过显著性检验，溢出效应为负且通过了1%水平上的显著性检验，说明中原城市群内的城市发展数字经济对本市经济增长具有显著正向作用，但是对城市群内经济相似城市的经济增长具有显著的负向影响，说明中原城市群数字经济的发展处于虹吸阶段，即会促进本地经济增长，但是会对其他城市造成较大的竞争压力。总效应为负且通过了1%水平上的显著性检验，也说明总体上中原城市群数字经济的发展还处于竞相发展的阶段，差距较大，协同性较弱。

（5）成渝城市群。在经济权重矩阵下进行Hausman检验，结果chi2为−5.36，小于0，未通过显著性检验，所以我们选择随机效应模型进行检验，检验结果如表8-19所示。

表 8-19　经济权重矩阵下数字经济对成渝城市群城市人均 GDP 的空间面板估计结果

变量	（1）Main	（2）Wx	（3）Spatial	（4）Variance	（5）LR_Direct	（6）LR_Indirect	（7）LR_Total
lndei	0.0206 (0.0209)	0.0225 (0.0300)			0.0721* (0.0417)	0.559* (0.352)	0.631* (0.389)
lnfdi	0.0455*** (0.00839)	−0.00477 (0.0185)			0.0922*** (0.0256)	0.521** (0.257)	0.613** (0.282)
lngov	−0.0257 (0.0163)	0.0222 (0.0204)			−0.0230 (0.0307)	0.0133 (0.260)	−0.00968 (0.287)
lnpti	0.00405 (0.0147)	−0.0184 (0.0278)			−0.0150 (0.0517)	−0.210 (0.493)	−0.225 (0.543)
lncon	−0.427*** (0.104)	0.744*** (0.124)			0.000295 (0.155)	4.692*** (1.045)	4.692*** (1.161)
rho			0.931*** (0.0161)				
lgt_theta				−3.109*** (0.206)			
sigma2_e				0.0014*** (0.0002)			
Constant	1.513*** (0.374)						
Observations	144	144	144	144	144	144	144
R-squared	0.647	0.647	0.647	0.647	0.647	0.647	0.647
Number of region	16	16	16	16	16	16	16

注：***、**、*分别表示在 1%、5%、10% 水平上显著。

从表 8-19 可以看出，空间溢出系数 rho 的值为 0.931，且在 1% 水平上通过了显著性检验，说明成渝城市群存在空间溢出效应。从控制变量参数估计来看，成渝城市群城市的数字经济发展水平对本市人均 GDP 的增长具有正向作用但是未通过显著性检验，对城市群内经济发展水平相似城市的影响为正，也未通过显著性检验。从数字经济发展水平对应的直接效应和溢出效应来看，两者都通过了 10% 水平上的显著性检验，说明成渝城市群内的城市发展数字经济对本市及经济发展水平相似城市的经济增长具有显著正向作用。总效应为正且通过了 10% 水平上的显著性检验。综合来看，这一结果可能说明成渝城市群中除了成都、重庆数字经济发展水平较高外，其余城市联动发展数字经济的水平还较弱，成渝城市群数字经济的发展水平还处于中心城市发展异常突出、竞相联动发展不足的阶段，城市之间发展数字经济的水平差异较大，协同性非常弱。

（6）关中平原城市群。在经济权重矩阵下进行 Hausman 检验，结果 chi2 为 -0.39，小于 0，未通过显著性检验，所以我们选择随机效应模型进行检验，检验结果如表 8-20 所示。

表 8-20 经济权重矩阵下数字经济对关中平原城市群城市人均 GDP 的空间面板估计结果

变量	（1）Main	（2）Wx	（3）Spatial	（4）Variance	（5）LR_Direct	（6）LR_Indirect	（7）LR_Total
lndei	0.185*** (0.0654)	-0.247* (0.130)			0.127 (0.159)	-0.593 (1.128)	-0.466 (1.276)
lnfdi	-0.00255 (0.00276)	0.00440 (0.00648)			-0.000613 (0.00747)	0.0201 (0.0578)	0.0195 (0.0649)
lngov	-0.493*** (0.0931)	0.704*** (0.0994)			-0.288*** (0.0945)	1.898*** (0.427)	1.611*** (0.469)
lnpti	-0.0118 (0.0474)	0.106 (0.110)			0.0464 (0.119)	0.577 (0.900)	0.624 (1.012)
lncon	-0.0830** (0.0329)	0.138** (0.0629)			-0.0380 (0.0689)	0.441 (0.504)	0.403 (0.566)
rho			0.862*** (0.0356)				
lgt_theta				-2.352*** (0.253)			
sigma2_e				0.0058*** (0.0009)			
Constant	1.553 (0.951)						
Observations	99	99	99	99	99	99	99
R-squared	0.671	0.671	0.671	0.671	0.671	0.671	0.671
Number of region	11	11	11	11	11	11	11

注：***、**、*分别表示在 1%、5%、10% 水平上显著。

从表 8-20 可以看出，空间溢出系数 rho 的值为 0.862，且在 1% 水平上通过了显著性检验，说明关中平原城市群存在空间溢出效应。从控制变量参数估计来看，关中平原城市群城市的数字经济发展水平对本市人均 GDP 的增长的影响通过了 1% 水平上的显著性检验，具有正向作用，且当城市的数字经济指数提升 1 个百分点时，可以促进本市人均 GDP 提高 0.185%。但是，数字经济发展水平对经济相似城市的人均 GDP 增长在 10% 的水平上具有显著负向影响，当本市数字经济指数提升 1 个百分点时，会导致经济相似城市的人均 GDP 下降 0.247%。从数字经济发展水平对应的直接效应、溢出效应和总效应来看，三者都未通过显著性检验，说明关中平原城市群内的城市数字经济发展水平还比较低。总体上，关中平原城市群数字经济还处于低水平的发展阶段，当然，这种情况也说明其发展数字经济的潜力还很大。

8.5 结论与讨论

8.5.1 主要结论

本章引入空间因素对长三角城市群、京津冀城市群、珠三角城市群、中原城市群、成渝城市群和关中平原城市群的空间联系进行分析，运用空间分析方法和空间计量模型，对六大城市群从全局空间自相关和局部空间自相关角度分别进行了分析，并对六大城市群城市数字经济与人均 GDP 的空间关联性和溢出效应进行了检验，得出以下结论：

第一，长三角城市群、京津冀城市群、珠三角城市群、中原城市群、成渝城市群和关中平原城市群数字经济发展水平与城市人均 GDP 都呈现出显著的空间正相关关系，城市群内城市呈现空间依赖性。但是，从时间维度来看，每个城市群表现出的趋势又有所不同。比如，长三角城市群、京津冀城市群、关中平原城市群总体呈现出 Moran's I 指数提高的趋势，全局空间相关性越来越强；珠三角城市群、中原城市群和成渝城市群总体则呈现出 Moran's I 指数下降的趋势，全局空间相关性在变弱。

第二，长三角城市群、京津冀城市群、珠三角城市群、中原城市群、成渝城市群和关中平原城市群城市具有空间异质性，且城市群全局空间相关性和局部空间相关性紧密相关。城市经济发展的地理因素、经济因素等对周边城市经济的发展具有重要作用，产生空间溢出效应，影响城市间的空间经济联系。2008 年、

2012年、2016年六大城市群内各城市人均GDP的空间分布呈现出显著的空间相关性，大部分城市分布在第一、第三象限，而且变化不大，说明城市群具有空间异质性，但总体上城市群局域性的空间集聚特征相对稳定。

第三，六大城市群数字经济发展对城市经济增长大多存在显著正向影响，但是每个城市群的情况不尽相同。长三角城市群、京津冀城市群、珠三角城市群数字经济发展水平较高，数字经济发展促进了本地城市的经济增长。其中，长三角城市群和京津冀城市群城市数字经济对于经济发展水平相似的城市经济增长有抑制作用，而珠三角城市群城市数字经济的发展不仅促进了本地城市经济增长，而且促进了经济相似城市的经济增长。这可能说明长三角城市群、京津冀城市群城市数字经济发展有了良好的基础，但是发展的差异性还较大，协同性还不强，需要在这方面进一步补齐短板、挖掘潜力；而珠三角城市群数字经济发展水平相对较高，协同性较强，也较为协调，整体上对城市内、外都表现出较好的溢出效应。中原城市群数字经济对本地城市经济增长具有显著正向影响，而对其他经济发展水平相似城市的经济增长则具有抑制作用，说明中原城市群城市间数字经济发展状态是竞争大于合作，数字经济发展水平整体上还有待提升。成渝城市群总体上看数字经济发展水平还较低，甚至对经济增长的促进作用不明显，实际上，结合前面章节的研究，成都、重庆数字经济的发展水平比较高，但是通过检验发现，成渝城市群整体上数字经济的发展水平还不高，这可能是由成渝城市群内城市间发展差异较大、协同性较弱、基础设施平均水平不高所导致的。关中平原城市群城市数字经济发展对本市经济增长起到了促进作用，对其他城市经济增长具有抑制作用，且直接效应、溢出效应都不明显，说明城市间数字经济发展方面的竞争大于合作，城市群数字经济整体水平不高、协同性较弱。

8.5.2 有关讨论

基于上述分析，城市群需要加强城市间协同联动；推动城市群协调发展，结合实际联合制定城市群数字经济发展配套政策，打破城市间贸易发展壁垒，加速城市间经济要素的流动，加速释放城市群经济关联空间溢出效应。除此之外，城市群在发展数字经济方面还应该各有侧重地采取相关策略。

第一，长三角城市群、京津冀城市群要继续大力发展数字经济，并侧重引导城市间加强合作、协同联动，缩小城市间的发展差异，促进信息基础设施建设，实现效益最大化。

第二，珠三角城市群在继续加快发展数字经济的同时，可以进一步优化升级数字经济产业结构，推动数字经济往更高层次发展，促进城市之间实现更好的联动融合，提升数字经济对城市群的整体贡献率。

第三，中原城市群要关注城市信息基础设施建设等方面的均等性，缩小城市间发展数字经济的"鸿沟"，增强城市间的协同合作。

第四，成渝城市群在继续做强成都、重庆两强的同时，必须要加大投入以缩小群内其他城市与成都、重庆在信息基础设施、人才资源、资金支持等方面的差距，注重数字经济发展的均等性、协同性，发挥数字经济的溢出效应，增强城市之间的空间经济联系，提高城市和城市群数字经济发展水平。

第五，关中平原城市群样本城市较少，除西安外，大部分城市数字经济的发展基础薄弱，但是数字经济对经济增长的促进作用也较为明显，对城市群来讲，要把大力完善城市群信息基础设施等放在优先位置，为缩小城市间数字经济发展的差距、增强城市间的协同联动打好基础。

第9章　基于 SNA 的成渝城市群空间经济联系实证研究

城市群是指以若干大城市或特大城市为核心，并由本区域范围内不同类型和等级规模、经济联系不断加强的城市组合而成的城市体系。经济联系是城市群空间联系的重要组成部分，城市群经济联系主要表现为城市体系中的城市间相互作用和关系。城市间的网络联系是经济地理、区域经济领域的研究热点。弗里德曼是最早对城市网络展开研究的学者，他通过城市场、城市体系等对城市网络进行了研究。当前，学术界对城市群空间经济联系的研究主要集中在城市群空间结构特征、空间结构形成机理、城市群空间联系程度测度、城市群空间结构优化、空间结构演变原因等方面，也有学者采用引力模型、城市流等方法分析城市间的经济联系。这些研究及成果为本书提供了良好的借鉴。

成渝城市群位于长江经济带和"一带一路"倡议的交汇之处，是我国西部地区经济相对发达、人口和城镇分布较为密集、综合实力较强的区域，不仅对促进东中西部协调发展、辐射带动西部地区发展具有重要意义，而且是我国面向中亚、西亚、东南亚的内陆开放高地，在我国区域发展格局中的地位日益提升。但是，成渝城市群内部各城市之间的市场分割依然存在，发展差距较大，分工协作不足，区域经济联系有待进一步加强。所以，研究成渝城市群城市间的空间经济联系，分析各个城市在城市群中的地位、城市之间的经济联系以及城市群总体经济网络，对于优化成渝城市群空间格局、推动一体化进程和区域协调发展具有重要意义。

9.1　研究方法

9.1.1　修正的引力模型

本章利用改进的引力模型对成渝城市群节点城市经济联系强度进行测度，在此基础上运用社会网络分析方法（SNA）对成渝城市群节点城市的中心性及空间网络结构特征进行分析。

引力模型是运用万有引力定律的原理来测度城市间的经济联系强度的一种方法，即城市之间的经济联系强度遵循距离衰减原理，与城市间的距离的平方成反比，与城市间的经济规模成正比。美国学者赖利运用牛顿万有引力提出了"零售引力模型"，对城市经济进行分析，认为商业中心的吸引力与中心的人口数量成正比，与中心间距离的平方成反比，为定量分析城市群之间的经济联系奠定了理论基础。自20世纪90年代以来，国内学者开始运用引力模型对区域经济联系进行分析。城市间经济联系的典型计算公式是：

$$F_{ij} = \frac{\sqrt{P_i V_i}\sqrt{P_j V_j}}{D_{ij}^2}$$

其中，F_{ij}表示城市i、j之间的经济联系强度；P_i、P_j表示城市i、j的人口指标；V_i、V_j表示城市i、j的GDP；$P_i V_i$和$P_j V_j$表示城市i、j的经济规模；D_{ij}表示城市i、j之间的距离。这里假设两个城市彼此之间的影响是相同的。实际上，由于每个城市经济规模、人口规模、区位条件等不尽相同，城市彼此之间的影响力是不同的，其经济联系是有向的。为此，用k_{ij}表示城市i与城市j的经济联系强度系数，为城市i的GDP与城市i和城市j的GDP之和的比，以此对上式表示的引力模型进行修正，修正后的公式如下：

$$F_{ij} = k_{ij} \frac{\sqrt{P_i V_i}\sqrt{P_j V_j}}{D_{ij}^2} \left(k_{ij} = \frac{V_i}{V_i + V_j} \right)$$

其中，F_{ij}为城市i与城市j的经济联系强度；P_i、P_j分别表示城市i和城市j的非农业人口，V_i、V_j分别表示城市i和城市j的GDP；D_{ij}表示城市i和城市j之间的距离，鉴于成渝城市群内最主要的交通方式是公路，这里用百度地图上查得的两城市间最短公路里程来表示。

9.1.2 社会网络分析

对于成渝城市群空间经济联系的分析，侧重于节点城市中心性及节点城市间的联系紧密程度的分析。因此，本章借助近年来逐步兴起的社会网络分析方法在上述修正的引力模型的基础上进一步对成渝城市群空间经济联系进行分析。

社会网络分析（SNA）是通过图论、计量模型等对群体成员之间的关系和结构进行分析的一种方法。它可以通过Ucinet软件，运用网络密度、中心性、凝聚子群等指标对城市群内部城市的经济网络结构进行分析，可以更加直观地呈现城市群整体及城市间的经济联系。

（1）网络密度（Density）。网络密度通过城市群中城市之间实际存在的关系数与理论上可能存在的最大关系数之比来测算,它反映城市间的联系的紧密程度。网络密度越大,表明城市之间的联系越密切。其计算公式为:

$$D = \sum_{i=1}^{n} \sum_{j=1}^{n} m/n(n-1)$$

其中,D为网络密度,n为城市群城市节点总数,m表示城市i、城市j之间存在的关系数量。

(2)网络中心性(Network centrality)。网络中心性用来表示城市在城市群中所处的中心位置的程度,反映城市在城市群中的影响力。某节点城市的中心度越高,表示该城市越居于城市群经济网络的中心位置,在共享各类资源、获取各类信息、对外实施影响力方面更加有优势。本章用点度中心度、接近中心度和结构洞来测度城市群网络中心性。

城市群经济联系是有向的,点度中心度分为点入度和点出度,前者表示节点城市受其他城市影响程度,后者表示节点城市影响其他城市的能力。点度中心度公式为:

$$C = \sum_{i=1}^{n} \sum_{j=1}^{n} m/(n-1)$$

其中,C为网络中心度,n为城市群城市节点总数,m表示城市i、城市j之间存在的关系数量。

接近中心度是用距离概念来测量节点城市在城市群网络中的中心位置,接近中心度越高,表明该城市与城市群经济网络中其他城市的联系越紧密,分享资源的能力越强。接近中心度公式为:

$$C' = n - 1/\sum_{j=1}^{n} d_i(n_i, n_j)$$

其中,C'为接近中心度,$d_i(n_i, n_j)$为城市i和城市j之间的最短距离,n为城市群城市节点总数。C'值越大,表示该城市与城市群经济网络中其他城市的联系越紧密。

(3)凝聚子群(Cohesive Subgroup)。凝聚子群分析通过考察成员间相对稳定、紧密、积极的关系模式,从而对子群间亲疏关系进行界定。通过对城市群经济联系网络结构进行聚类分析,可以发现城市群中哪些节点城市间经济联系更为紧密,一共存在多少个子群及各子群中城市间相互作用的关系。

9.2 研究区域与数据来源

9.2.1 研究区域

本章的研究对象是根据《成渝城市群发展规划》所确定的成渝城市群包含

的主要城市,具体包括重庆市的渝中、万州、黔江、涪陵、大渡口、江北、沙坪坝、九龙坡、南岸、北碚、綦江、大足、渝北、巴南、长寿、江津、合川、永川、南川、潼南、铜梁、荣昌、璧山、梁平、丰都、垫江、忠县、开州、云阳29个区(县),四川省的成都、自贡、泸州、德阳、绵阳、遂宁、内江、乐山、南充、眉山、宜宾、广安、达州、雅安、资阳15个市。其中,本章为区分重庆市主城区和重庆直辖市,将渝中、大渡口、江北、沙坪坝、九龙坡、南岸、北碚、渝北、巴南合并称为重庆主城区(图表中简称重庆)。所以,本章的研究对象合计共有36个节点城市。

9.2.2 数据来源

根据2017年《四川统计年鉴》《重庆市统计年鉴》《中国城市统计年鉴》,成渝城市群各区(县)、市非农业人口、GDP相关指标如表9-1所示。

表9-1 成渝城市群2016年有关统计数据

城市	地区生产总值(万元)	非农业人口(万人)	城市	地区生产总值(万元)	非农业人口(万人)
成都	12170230	784.6	江津	6741173	77.14
自贡	1234560	132.1	合川	5321909	80.0
泸州	1481910	192.5	永川	6361775	57.72
德阳	1752450	121.6	南川	2107785	35.02
绵阳	1830420	178.7	綦江	4201353	61.58
遂宁	1008450	98.0	潼南	3006466	50.54
内江	1297670	115.4	铜梁	3415746	43.72
乐山	1406580	122.1	大足	3865917	55.54
南充	1651400	207.2	荣昌	3681237	43.46
眉山	1117230	111.0	璧山	4283503	32.66
宜宾	1653050	132.3	万州	8973885	89.64
广安	1078620	107.5	梁平	2710170	48.56
达州	1447080	204.2	丰都	1705626	43.12
雅安	545330	65.8	垫江	2633137	50.77
资阳	943440	57.0	忠县	2407023	52.21
重庆	70301211	330.19	开州	3606216	88.66
涪陵	8962164	59.27	云阳	2131093	70.76
长寿	4540186	45.81	黔江	2188411	29.23

本章利用百度地图,分别测算出成渝城市群各城市之间的公路交通距离,具体如表9-2所示。

第9章 基于SNA的成渝城市群空间经济联系实证研究

表9-2 成渝城市群各城市间公路交通距离

城市	成都	自贡	泸州	德阳	绵阳	遂宁	内江	乐山	南充	眉山	宜宾	广安	达州	雅安	资阳	重庆	资源	长寿	江津	合川	永川	南川	綦江	潼南	鄱县	大足	荣昌	璧山	万州	梁平	丰都	垫江	忠县	开州	云阳	潼江
成都	0	39482	71985	5300	14209	28764	33672	20306	50042	6432	69327	81339	167526	18550	9428	91748	170900	139428	98722	80089	75735	148225	134176	43347	68017	48136	64262	70969	243345	172557	202770	142431	196692	274681	296480	330050
自贡	39482	0	9044	69590	96286	32184	2333	15700	61802	31152	5655	71610	184986	54382	16129	41494	95419	75900	49818	17477	18769	75186	59049	36443	34782	26341	10040	33343	249983	170569	124256	129528	181476	296916	293872	215018
泸州	71985	9044	0	98408	138235	57744	10323	40522	95976	54616	11342	86318	156974	94556	35081	30590	66554	54476	17477	47786	17477	43098	24869	63403	33270	19796	9312	30241	184986	170569	91204	89461	132496	227434	230876	157609
德阳	5300	69590	98408	0	2820	35119	47742	46699	50310	34559	103555	83232	180285	44352	17477	112963	191136	168018	115532	87972	92112	172806	155867	49195	82082	61454	83290	86612	246711	175477	226671	144780	199630	267496	299756	385889
绵阳	14209	96286	138235	2820	0	25122	35119	80997	41698	49774	144856	72039	153507	61454	36214	129288	178929	146689	110756	81225	108438	155788	152256	44732	66461	92355	119716	85031	227243	211416	159041	130212	182073	247009	278256	341173
遂宁	28764	32184	57744	35119	25122	0	21083	63857	5975	47742	61653	13456	155507	55556	18414	27159	73712	53685	32906	17902	31684	59195	58322	3612	11321	23287	15725	19684	115804	68854	95296	43890	75186	142657	150079	187316
内江	33672	2333	10323	47742	76508	21083	0	22171	45625	33416	13110	134029	152412	63454	8409	32256	83139	63403	41006	12837	16129	62750	52121	24274	26018	16129	3080	25249	230852	139553	110025	105495	149228	248602	252808	203672
乐山	20306	15700	40522	46699	80997	63857	22171	0	110756	4774	25536	134029	267910	85556	19628	95419	172391	145161	89521	41006	59419	144248	121661	43677	77785	67600	42312	83002	347392	261735	209764	209488	275100	401196	404242	323989
南充	50042	61802	95976	50310	41698	5975	45625	110756	0	88031	110997	7106	39800	129096	51847	32113	66306	47263	49062	66100	49062	70172	62700	16874	25664	42560	56692	34969	80826	209764	93758	31862	59780	99551	109892	203491
眉山	6432	31152	54616	34559	49774	47742	33416	4774	88031	0	52304	229345	229345	10120	12724	117786	194952	165324	75131	87675	75900	74891	146612	62750	86436	65127	55678	91083	393756	223445	259896	246612	316519	434017	357245	369178
宜宾	69327	5655	11342	103555	144856	61653	13110	25536	110997	52304	0	113908	63403	10120	34670	66977	75111	103169	4986	61058	36672	86260	60565	51938	36972	39760	23932	56169	268220	196508	150659	149269	205209	314497	319790	233386
广安	81339	71610	86318	83232	72039	13456	51938	134029	7106	107125	113908	0	29825	164187	38259	68644	75111	20249	29998	4720	37210	47176	35872	17636	17636	31294	47786	20392	53685	24492	53500	10733	27956	251126	282267	139726
达州	167526	184986	156974	180285	153507	51938	152412	267910	39800	229345	232710	29825	0	295936	66080	135350	75111	48664	51847	66100	87675	93208	83463	107191	4610	9312	111089	1936	53910	261735	209764	27956	33966	76895	102400	206934
雅安	18550	54382	94556	44352	61454	85556	63454	11707	129096	10120	52304	164187	295936	0	34670	175059	194952	233772	164998	161765	121256	245223	208484	29687	33599	98852	98533	143717	393756	199452	341217	246612	316519	434017	455885	482191
资阳	9428	16129	35081	17477	36214	18414	8409	19628	60221	12724	34670	61802	160080	34670	0	61616	68644	107518	5791	61058	39561	108175	98784	29687	31364	29481	26276	45284	221935	104458	176736	108900	156974	251126	282687	268635
重庆	91748	41494	30590	112963	129288	27159	32256	95419	32113	117786	66977	68644	135350	175059	66616	0	13479	5791	2959	4720	5476	8010	5417	13642	13599	9312	12254	1936	74420	23378	59000	20136	43222	99666	102400	77785
涪陵	170900	95419	66554	191136	178929	33270	81339	172391	66306	194952	232710	33270	285476	155350	61847	13479	0	1747	23470	12388	43347	9158	22560	46829	3599	38298	45882	27060	37056	193248	59000	11686	33966	167.8	56074	46354
长寿	139428	75900	54476	168018	146689	53685	63403	145161	47263	165324	63403	33270	67964	285476	34670	5791	1747	0	17398	15252	21199	13526	16078	33197	20535	29481	32472	15900	39601	14665	344217	4638	17636	54103	58516	55649
江津	98722	49818	47786	115532	110756	32906	41006	89521	43056	120617	38259	29998	48664	232710	66977	2959	23470	17398	0	9860	4436	17398	3856	18171	7293	11236	10671	2070	105820	61256	38888	37752	65792	135645	138384	85439
合川	80089	17477	47786	87972	81225	17902	41006	95419	15228	105820	61802	8817	76397	164998	61058	4720	26732	15252	9860	0	12388	24555	24149	4134	1082	7430	16874	5461	107115	57792	46010	36252	63554	130465	140700	119785
永川	75735	18769	17477	92112	108438	31684	12837	49062	36672	75900	36672	37210	66100	121250	39561	5476	43347	21199	4436	12388	0	24932	15055	16978	5625	4556	1901	2756	37056	25921	59000	11686	54103	151321	154292	112024
南川	148225	75186	43098	172806	155788	59195	62750	144248	70172	74891	86260	47176	93208	245223	108175	8010	9158	13526	10161	24555	24932	0	4733	38298	21433	30625	37869	16282	81282	14605	49908	33966	47524	105690	108504	38416

· 177 ·

续表

城市	成都	自贡	泸州	德阳	绵阳	遂宁	内江	乐山	南充	眉山	宜宾	广安	达州	雅安	资阳	重庆	涪陵	长寿	江津	合川	永川	南川	綦江	潼南	铜梁	大足	荣昌	璧山	万州	梁平	丰都	垫江	忠县	开州	云阳	黔江
綦江	134176	59049	24869	155867	152256	58322	52121	121661	62700	146612	60565	35872	83463	208484	98784	5417	22560	16078	3856	24149	15055	4733	0	36443	20164	26276	24806	10671	104652	60319	37056	37095	66874	138905	137344	67104
潼南	43347	36443	63403	49195	44732	3612	24274	83637	16874	62750	67392	21993	98847	107191	29687	13642	46829	33197	18171	4134	16978	38298	36443	0	4070	11278	20765	8538	138161	86377	67808	57936	42436	175142	178253	147994
铜梁	68017	33270	32082	820802	664661	11321	26018	77785	25664	86436	51938	17636	79073	137567	46613	4610	33599	20535	7293	1082	5625	214433	20164	4070	0	2560	8724	1892	108834	63605	44521	43681	69696	141903	144476	112762
大足	481136	26341	19996	61454	92355	23287	16129	67600	42560	65127	39760	31294	95852	114041	31364	9312	38298	29481	11236	7430	4556	30625	26276	11278	2560	0	2510	3457	129600	79468	57696	52441	86495	162167	165649	132714
荣昌	64262	10040	9312	83290	1197116	15725	3080	423312	56692	56978	23932	47786	111089	98533	26276	12254	45882	32472	10671	16874	1901	37869	24806	20765	8724	2510	0	7992	143489	90601	67185	61355	98533	177831	181050	137196
璧山	70969	33343	30241	866612	85031	19684	25249	83002	34969	91083	56169	20392	69327	143717	45284	1935	27060	15500	2070	5461	2756	16282	10671	8538	1892	3457	7992	0	971157	54990	36864	36979	60418	125741	128809	99919
万州	243345	249983	184986	246711	227243	115804	203852	347392	80826	303381	268220	53685	359104	393756	221935	74450	37056	39601	105820	107715	117101	81282	104652	138161	108834	129600	143489	971157	0	7569	24025	20621	9370	4032	4570	74693
梁平	172557	170569	124115	175477	159041	68854	139353	261735	42042	223445	193600	24492	199452	302060	104458	38025	29251	14665	61256	57792	69960	56359	60319	86377	63605	79468	90601	54990	7569	0	21697	4343	7106	17161	18306	126594
丰都	202770	124256	91204	226671	211416	95296	110025	209764	93758	259896	150699	53500	59000	342217	176736	23378	2256	8482	38888	46010	49908	19600	37056	67808	44521	57696	67185	36864	24025	21697	0	20278	6972	36864	38534	67236
垫江	142431	129528	98461	144780	130032	43890	105495	209489	31862	193348	149749	10733	27357	246612	108900	20156	11686	4638	37752	36252	44605	33966	37056	57936	43681	52441	61355	36979	20621	4343	20278	0	7090	35044	36634	91567
忠县	196692	181476	132496	199630	182073	75186	149228	275100	59780	258807	205209	27956	33966	316519	156974	43222	15401	17636	65792	63554	76176	47524	66874	42436	69696	86495	98533	60418	9370	7106	6972	7090	0	19377	20564	96038
开州	274681	296916	227434	267409	247009	142657	248602	401196	99351	353430	314497	76895	16718	434017	255126	99466	54103	58516	135645	130465	151321	105690	138905	175142	141903	162167	177831	125741	4032	17161	36864	35044	19377	0	4396	98784
云阳	296480	293872	230976	299756	278256	150079	252808	404242	100892	357245	319760	77953	36672	455085	258267	102400	56074	60812	138384	140700	154292	108534	137344	178253	144476	165649	181050	128809	4570	18306	38534	36634	20564	4396	0	101124
黔江	330050	215018	157609	385889	341173	187316	203672	323989	203491	369178	233386	139726	206934	482191	268635	77785	46354	55649	85439	119785	112024	33416	67704	147994	112762	132714	137196	99919	74693	126594	67236	91567	96038	98784	101124	0

9.3 城市群经济联系网络分析

9.3.1 城市群经济联系强度分析

本章对成渝城市群 36 个节点城市之间的经济联系强度进行测算,得到 2016 年成渝城市群节点城市间经济联系强度数据,具体如表 9-3 所示。

本章分别运用 Ucinet-Net Draw 软件和 Gephi 软件对表 9-3 的数据进行可视化处理,绘制出 2016 年成渝城市群空间经济联系网络结构图(见图 9-1、图 9-2)。

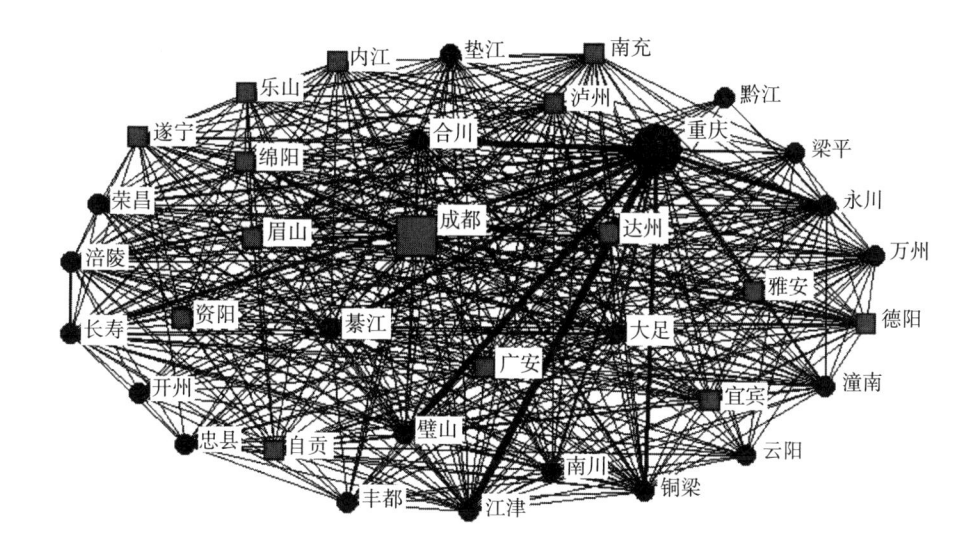

图 9-1 2016 年成渝城市群节点城市经济联系网络结构(Ucinet-Net Draw)

图 9-1、图 9-2 反映了成渝城市群各节点城市经济联系网络结构。从图中可以看出,各节点城市在整个网络中所处的环境和位置,包括辐射范围、联系程度等。对成渝城市群 36 个城市间的经济联系强度值进行排序,排在前 15 位的城市组合分别是:重庆—江津、重庆—璧山、重庆—合川、重庆—永川、重庆—綦江、重庆—铜梁、重庆—长寿、成都—德阳、重庆—涪陵、重庆—大足、重庆—南川、成都—眉山、重庆—荣昌、合川—铜梁、重庆—成都。结合图 9-1、图 9-2 可以直观地看到重庆在成渝城市群中辐射作用和影响力较为突出,其次是作为四川省会、国家中心城市的成都,其为成渝城市群网络中的另一个经济联系

表 9-3 2016 年成渝城市群节点城市间经济联系强度值

城市	成都	自贡	泸州	德阳	绵阳	遂宁	内江	乐山	南充	眉山	宜宾	广安	达州	雅安	资阳	重庆	涪陵	长寿	江津	合川	永川	南川	綦江	潼南	铜梁	大足	荣昌	璧山	万州	梁平	丰都	垫江	忠县	开州	云阳	黔江
成都	0	28.7	20.4	235	108	31.2	32.1	56.5	31.8	155	18.3	11.9	8.97	30.2	70.5	24	7.59	7.36	14.5	17.5	16.2	4.83	8.7	22.3	13.7	22.6	14.8	12.1	6.56	5.31	3.62	6.52	4.65	4.9	3.44	2.01
自贡	28.7	0	10.8	1.11	0.97	2.17	32.7	1.64	11.7	2.4	14.3	1.03	0.55	0.98	3.29	0.8	0.37	0.52	1.2	0.99	2.13	0.54	0.79	1.26	1.19	1.72	4.04	1.01	0.18	0.27	0.37	0.36	0.27	0.2	0.2	0.17
泸州	20.4	10.8	0	1.15	0.99	1.73	10.7	4.98	1.64	1.96	10.4	4	2.94	0.78	2.16	0.8	0.83	1.1	4.12	1.59	3.5	1.39	2.85	1.08	1.88	3.46	6.58	1.7	0.37	0.55	0.74	0.79	0.54	0.39	0.37	0.35
德阳	2.5	0	1.15	0	45.8	2.62	2.8	2.27	2.76	2.87	1.07	1.17	0.94	1.5	1.77	0.47	0.28	0.35	0.59	0.85	0.66	0.33	0.44	1.35	0.74	1.09	0.72	0.58	0.27	0.38	0.28	0.47	0.35	0.32	0.27	0.13
绵阳	33.9	1.57	1.36	45.8	0	2.15	2.27	1.69	4.22	2.51	1.17	1.7	0.76	1.36	3.98	0.69	0.4	0.51	1.18	1.18	0.71	0.46	0.58	1.88	1.16	0.32	0.63	0.75	0.38	0.53	0.38	0.66	0.48	0.44	0.37	0.19
遂宁	16.3	1.43	1.22	47.8	0	0	4.62	1.65	4.22	1.1	0.9	3.84	1.13	1.36	2.42	1.7	0.31	0.49	0.51	1.82	0.71	0.46	0.47	1.35	2.45	1.29	1.72	1.14	0.25	0.45	0.33	0.73	0.44	0.27	0.26	0.13
内江	2.6	1.78	1.18	1.51	2.54	0	0	2.52	11.7	1.1	6.07	1.39	1.03	0.45	2.05	0.78	0.31	0.44	0.9	1.82	0.82	0.47	0.53	1.88	2.45	1.29	1.72	1.14	0.25	0.45	0.33	0.73	0.44	0.23	0.22	0.18
乐山	3.41	34.3	9.35	1.59	1.2	3.25	0	2.52	0.85	2.18	6.07	2.18	0.65	0.81	6.18	0.58	0.31	0.44	1.55	1.82	3.09	0.64	0.89	1.87	1.58	2.79	13.1	1.34	0.21	0.33	0.41	0.44	0.32	0.2	0.16	0.13
南充	6.56	5.68	2.66	1.82	1.27	1.19	3.47	0	1.01	15.3	1.39	2.19	0.6	0.41	2.93	1.04	0.44	0.24	0.58	0.37	0.78	0.31	0.43	0.62	0.6	0.76	1.08	0.46	0.15	0.2	0.24	0.25	0.2	0.16	0.16	0.13
眉山	4.3	2.19	1.72	2.6	3.8	3.76	0	1.18	1.39	0	1.35	2.18	4.26	1.5	4.83	0.42	0.24	0.19	1.93	0.3	1.49	0.99	1.34	4.8	2.87	1.9	1.28	1.74	1.01	1.89	0.83	2.58	1.41	1.05	0.9	0.31
宜宾	14.2	2.2	2.17	1.48	1.53	1.22	1.89	12.78	1.18	1.35	0	17	0.57	0.36	3.48	0.23	0.14	0.19	0.3	0.38	0.42	0.19	0.26	0.59	0.39	0.56	0.58	0.3	0.12	0.17	0.15	0.2	0.17	0.13	0.13	0.08
宜宾	2.5	19.1	11.6	1.01	0.88	1.48	12.1	1.89	0.95	1.35	1.88	0	0.85	0.58	1.05	1.6	0.71	0.55	1.48	0.94	1.59	0.65	0.98	1.11	1.13	1.64	0.58	0.87	0.24	0.33	0.41	0.44	0.33	0.26	0.25	0.22
广安	1.05	0.89	0.89	0.72	0	4.11	1.15	0.46	11.1	0.55	0	0.85	0	2.65	0.26	0.48	0.8	1.47	1.13	4.26	1.15	0.7	0.96	1.59	1.79	1.1	1.26	0.61	1.44	0.67	3.38	1.33	0.57	0.2
达州	1.06	0.64	0.91	0.63	0.9	0	0.73	0.43	3.73	0.47	0.56	0	2.65	0	0.25	0	0	0.81	1.23	0.91	0	0.07	0.05	0.85	0.7	0.79	0.71	0.55	1.89	0.34	1.15	2.58	2.13	5.26	2.33	0.26
雅安	1.36	0.43	0.29	0.47	0.41	1.47	0	1.87	0.21	2.16	0.51	0.35	0	0.1	0.1	0.46	0.04	0.03	0.04	0.07	0.07	0.04	0.05	0.11	0.07	0.1	0.06	0.02	0.04	0.05	0.04	0.05	0.04	0.03	0.03	0.02
资阳	5.47	2.51	1.37	2.14	0.24	0.41	1.91	4.49	1.96	2.94	1.03	0.6	0.13	0.8	0	0.21	0.12	0.17	0.31	0.37	0.46	0.18	0.22	0.73	0.42	0.67	0.72	0.34	0.09	0.21	0.13	0.21	0.15	0.11	0.11	0.07
重庆	138	46.1	82.4	19.2	27.1	55	56.8	20.5	85.7	14.2	32.9	105	49.5	5.17	16.1	0	231	356	1072	619	489	159	427	132	385	227	149	878	51.5	44.3	54.6	84.3	38.2	26	17.7	15.2
涪陵	5.59	2.71	5.02	1.93	1.43	2.79	3.03	1.51	5.43	1.14	3.83	6.66	6.02	0.46	1.13	29.4	0	126	12.8	11.2	5.96	17.5	11.2	4.54	6.07	6.16	4.5	6.82	8.82	7.83	3.76	17.6	13.5	5.43	4.08	3.2
长寿	2.75	1.91	3.37	0.9	1.27	2.18	2.17	0.99	4.14	0.78	1.52	6.2	8.97	0.33	0.81	23.1	63.9	0	7.6	11.2	5.42	17.5	11.2	3.22	4.9	3.87	3.1	5.67	3.47	7.06	10.6	22.8	6	2.45	1.98	1.4
江津	8.04	6.56	18.8	2.29	2.93	5.99	8.06	2.76	7.87	1.81	6.02	7.06	7.49	0.77	2.2	102	9.61	11.3	0	26.7	50.6	14.7	58.6	10.7	25.4	18.9	17.5	79.6	3.04	3.47	4.01	5.02	2.86	1.96	1.54	1.61
合川	7.65	4.29	5.7	2.57	3.42	9.64	4.95	1.42	19.1	1.79	3.02	20.9	4.22	0.69	2.1	46.6	6.64	10.5	21	0	14.5	5.17	7.68	39.3	142	23.6	9.14	24.8	2.02	2.91	4.4	2.51	2.51	1.69	1.29	0.98
永川	8.48	10.9	15	2.38	2.48	5.19	15.2	3.52	5.74	2.39	6.14	4.74	3.09	0.87	3.09	44.3	7.61	4.23	47.9	17.4	0	4.96	12.3	9.45	27.1	38.3	80.7	49.2	1.93	2.2	2.6	3.51	2.05	1.44	1.14	1.02

· 180 ·

第9章 基于SNA的成渝城市群空间经济联系实证研究

续表

城市	成都	自贡	泸州	德阳	绵阳	遂宁	内江	乐山	南充	眉山	宜宾	广安	达州	雅安	资阳	重庆	涪陵	长寿	江津	合川	永川	南川	綦江	潼南	铜梁	大足	荣昌	璧山	万州	梁平	丰都	垫江	忠县	开州	云阳	黔江
南川	0.84	0.92	1.98	0.4	0.53	0.98	1.04	0.47	1.27	0.36	0.82	1.3	0.94	0.17	0.4	4.74	4.11	2.9	4.59	2.05	1.64	0	9.75	1.14	1.87	1.45	1.04	2.06	0.57	0.76	2.08	1.3	0.95	0.54	0.48	0.88
綦江	3.01	2.69	8.07	1.06	1.33	2.21	2.89	1.3	3.41	0.97	2.82	3.84	2.47	0.41	0.98	25.3	5.24	6.94	36.5	6.06	8.15	19.5	0	3.17	5.38	4.67	4.37	8.83	1.39	1.86	2.65	3.08	1.71	1.11	0.95	1.25
潼南	5.5	2.2	2.31	3.1	25.4	4.34	1.32	1.74	1.59	2.35	4.44	2.47	0.58	0.98	5.64	1.52	2.13	4.76	22.2	4.47	1.63	19.7	3.17	0	17.3	7	3.38	7.04	0.64	0.86	0.99	1.31	1.81	0.57	0.5	0.39
铜梁	3.3	4.32	2.16	2.39	4.17	1.44	5.94	1.46	1.19	1.87	5.67	5.87	0.46	1.51	18.6	2.31	3.68	12.8	91.1	14.5	3.03	4.37	19.7	0	32.8	8.52	33.9	0.88	1.23	1.57	0.64	1.15	0.75	0.64	0.53
大足	7.17	5.38	9.04	1.5	1.28	8.33	4.96	2.08	4.46	1.94	3.82	3.94	1.91	0.67	2.75	2.65	1.85	3.3	10.8	17.1	23.3	3.03	4.3	37.1	0	37.8	23.8	0.97	1.24	1.51	0.7	1.17	0.84	0.7	0.56
荣昌	4.46	12.1	16.4	1.5	1.28	6.28	4.4	2.85	4.52	1.9	2.2	4.99	1.41	0.67	2.81	7.86	13.25	2.52	9.54	46.8	2.66	1.83	9.02	37.1	0	37.8	0	23.8	0.73	0.92	1.1	1.39	0.87	0.64	0.54	0.46
璧山	4.23	3.52	4.91	1.42	1.76	4.83	4.4	1.41	4.52	1.15	2.25	2.2	2.19	0.44	1.57	53.3	1.25	3.25	6.33	1.83	2.81	4.18	9	4.13	9.2	36	0	8.65	1.12	1.51	1.97	2.29	1.4	0.91	0.75	0.63
万州	4.83	1.32	2.22	1.4	1.88	2.19	1.49	0.92	5.48	0.93	1.32	5.08	11.7	0.41	0.85	6.56	5.34	6.86	50.7	19.9	33.1	14.5	10	42.5	26.4	10.1	0	33	8.5	12.3	15.55	26.8	89.7	61.6	2.44
梁平	1.18	0.59	1.01	0.58	0.78	1.21	0.68	0.38	3.09	0.4	0.54	3.61	0.64	0.19	0.6	1.7	2.37	3.98	3.49	2.72	3.41	2.43	1.9	2.31	42.5	2.24	1.77	2.34	0	0	2.78	15.5	9.59	5.13	4.31	0.4
丰都	0.51	0.51	0.85	0.27	0.35	0.56	0.54	0.29	0.86	0.22	0.43	1.06	1.35	0.11	0.23	1.34	14	1.02	1.23	2.18	0.94	0.98	0.78	1.08	0.97	0	0.68	0.96	9.97	0	0	1.92	5.72	1.34	1.22	0.45
垫江	1.41	0.78	1.4	0.7	0.95	1.89	0.9	0.47	4.13	0.47	0.7	8.22	4.69	0.17	0.57	3.15	3.56	5.18	3.17	1.96	1.46	1.68	0.56	1.15	1.41	10.1	0.51	1.41	3.61	1.62	2.97	0	9.54	2.49	2.14	0.55
忠县	0.92	0.52	0.88	0.47	0.63	1.04	0.6	0.34	2.06	0.36	0.48	2.98	3.55	0.38	0.41	1.3	3.56	1.95	1.02	1.14	0.77	1.62	1.08	1.45	0.81	1.77	0.99	1.41	7.16	1.75	8.07	1.92	0	5.72	2.97	0.49
开州	1.46	0.57	0.94	0.66	0.87	0.97	0.65	0.42	2.28	0.43	0.58	1.93	13.1	0.21	0.38	1.34	2.19	1.95	1.05	1.41	0.82	1.08	0.98	0.77	1.41	0.73	0.57	0.79	8.51	15.1	8.07	8.74	0	4.14	3.55	0.9
云阳	0.6	0.34	0.53	0.33	0.43	0.55	0.43	0.24	1.13	0.25	0.32	1.13	3.43	0.13	0.24	0.53	0.97	0.93	0.49	0.52	0.38	0.92	0.48	0.4	0.69	0.39	0.63	0.77	36.1	6.83	2.82	3.41	6.21	0	31.4	0.48
黔江	0.36	0.3	0.51	0.17	0.23	0.29	0.3	0.2	0.41	0.16	0.29	0.41	0.4	0.08	0.15	0.47	0.78	0.67	0.52	0.4	0.35	0.91	0.65	0.28	0.35	0.34	0.32	0.32	0.6	0.32	0.57	0.46	0.44	0.55	0.49	0

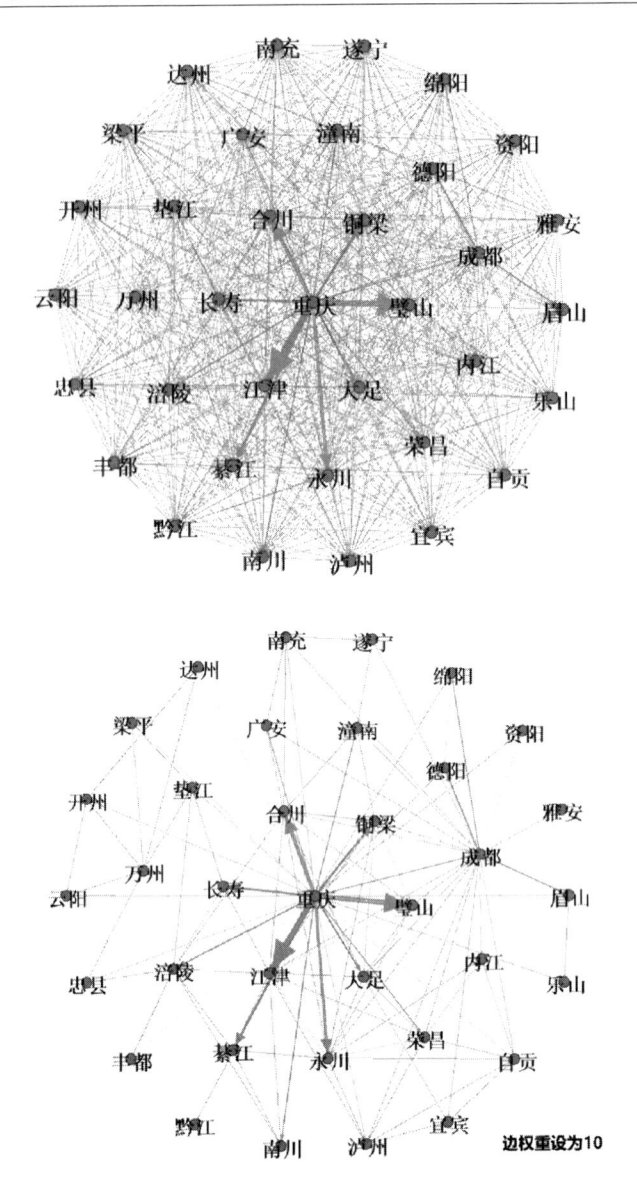

图 9-2 2016 年成渝城市群节点城市经济联系网络结构（Gephi）

核心，对其他城市的辐射作用和影响力较大。同时，排名前 15 位的城市组合经济联系强度之和占 1260 组城市组合经济联系强度之和的 45%，可以看出，成渝城市群各节点城市之间的经济联系很不均衡，其经济联系主要发生在重庆、成都等城市之间，其他城市之间的经济联系亟待进一步加强。

本章进一步用 ArcGIS 10.2 软件对成渝城市群经济联系强度进行空间结构分

第9章 基于SNA的成渝城市群空间经济联系实证研究

析,可以看到,重庆、成都在成渝城市群经济网络中居于中心位置,具有较强辐射力,且成渝城市群除了重庆、成都,还未出现其他具有较强辐射力的区域性中心城市。

本章根据表9-3可以进一步得到2016年成渝城市群各节点城市的前三位联系地(见表9-4),发现重庆和成都作为其他城市前三位联系地的次数最多,表明这两个国家中心城市在成渝城市群网络中的重要地位。

表9-4 2016年成渝城市群各节点城市前三位联系地

城市	前三位联系地	经济联系强度	城市	前三位联系地	经济联系强度	城市	前三位联系地	经济联系强度
成都	德阳	235.23	达州	开州	5.26	铜梁	合川	91.12
	眉山	154.97		南充	3.73		璧山	33.92
	绵阳	108.09		广安	3.56		大足	32.81
自贡	内江	32.69	雅安	眉山	2.16	大足	荣昌	37.81
	宜宾	14.29		乐山	1.87		铜梁	37.14
	泸州	10.83		成都	1.36		璧山	23.76
泸州	自贡	13.02	资阳	成都	5.47	荣昌	永川	46.79
	内江	10.67		内江	4.49		内江	37.14
	宜宾	10.42		眉山	2.94		大足	36.03
德阳	绵阳	45.78	重庆	江津	1072	璧山	重庆	53.06
	成都	33.91		璧山	877.76		江津	50.69
	资阳	3.98		合川	619.42		铜梁	42.48
绵阳	德阳	47.84	涪陵	长寿	126.33	万州	开州	89.68
	成都	16.29		丰都	73.59		云阳	61.58
	遂宁	4.62		重庆	29.44		梁平	33.01
遂宁	南充	11.66	长寿	涪陵	63.93	梁平	垫江	15.48
	潼南	8.52		重庆	23.14		万州	9.97
	广安	3.84		垫江	22.76		忠县	9.59
内江	自贡	34.3	江津	重庆	102.15	丰都	涪陵	14.02
	荣昌	13.12		璧山	79.61		忠县	5.72
	泸州	9.35		綦江	58.6		长寿	3.98
乐山	眉山	15.25	合川	铜梁	141.92	垫江	梁平	15.06
	成都	6.56		重庆	46.62		长寿	13.19
	自贡	5.68		潼南	39.31		忠县	9.54

·183·

续表

城市	前三位联系地	经济联系强度	城市	前三位联系地	经济联系强度	城市	前三位联系地	经济联系强度
南充	遂宁	19.11	永川	荣昌	80.71	忠县	垫江	8.74
	广安	16.96		璧山	49.18		梁平	8.51
	合川	5.94		江津	47.87		丰都	8.07
眉山	成都	14.21	南川	綦江	9.75	开州	万州	36.1
	乐山	12.13		重庆	4.74		云阳	31.42
	雅安	4.43		江津	4.59		达州	13.13
宜宾	自贡	19.1	綦江	江津	36.53	云阳	开州	18.53
	泸州	11.61		重庆	25.33		万州	14.63
	内江	7.73		南川	19.45		达州	3.43
广安	南充	11.07	潼南	遂宁	25.41	黔江	南川	0.91
	合川	4.26		合川	22.21		涪陵	0.78
	遂宁	4.11		铜梁	17.32		长寿	0.67

9.3.2 网络密度分析

本章对城市群经济联系度通过设定阈值进行二值化处理后，运用 Ucinet 软件进行测算，结果显示，2016 年成渝城市群经济联系网络密度为 0.1341，说明成渝城市群经济网络密度较小。当本章将阈值设为 5 时，成渝城市群经济联系网络密度为 0.2246；当阈值取原始数据中位数 1.49 时，成渝城市群经济联系网络密度为 0.4984；当将阈值降至 0.5 时，网络密度为 0.8063，比较接近 1，表示网络密度比较高（见表 9-5）。因此，综合分析成渝城市群经济联系网络密度发现，成渝城市群各节点城市在经济上亟待加强联系，不断强化资源共享、优势互补，加快推进一体化进程，从而不断降低城市群内节点城市的交易成本，提高城市群节点城市的经济效率，切实推动城市群内节点城市实质性融合，实现城市群内各节点城市协调发展。

表 9-5 2016 年成渝城市群空间联系网络密度测算

阈值	10	5	1.49	0.5
网络密度	0.1341	0.2246	0.4984	0.8063

9.3.3 网络中心性分析

运用 Ucinet 6 软件分别计算 2016 年成渝城市群经济联系网络的点度中心度、接近中心度和结构洞,数据如表 9-6 所示。

表 9-6 成渝城市群节点城市经济网络中心度测算

城市	点度中心度 点出度	点度中心度 点入度	接近中心度 出接近中心度	接近中心度 入接近中心度	结构洞 有效规模	结构洞 有效性	结构洞 限制度
重庆	34	10	97.222	9.186	29.500	0.868	0.121
成都	22	4	72.917	8.794	17.673	0.803	0.174
江津	12	9	59.322	9.044	8.262	0.590	0.287
永川	11	8	58.333	9.091	6.421	0.535	0.320
合川	10	9	57.377	9.044	6.842	0.570	0.323
涪陵	9	3	56.452	8.794	5.958	0.662	0.413
大足	7	8	54.688	9.091	2.667	0.333	0.436
铜梁	7	8	54.688	8.997	2.667	0.333	0.436
璧山	6	7	53.846	8.974	1.577	0.225	0.502
万州	6	3	29.661	8.838	4.722	0.675	0.456
荣昌	5	6	39.326	9.091	4.045	0.506	0.435
长寿	4	5	52.239	8.951	3.389	0.565	0.556
开州	3	3	23.333	8.838	1.750	0.438	0.743
泸州	3	7	23.179	9.138	4.400	0.550	0.436
綦江	3	4	51.471	8.816	2.000	0.400	0.690
潼南	3	5	38.043	8.816	2.625	0.438	0.578
自贡	3	7	23.179	9.138	3.85	0.55	0.470
德阳	2	3	43.21	8.750	1.300	0.433	0.947
垫江	2	5	35.354	8.974	3.071	0.614	0.577
眉山	2	3	43.210	8.772	1.700	0.567	0.853
绵阳	2	3	43.210	8.750	1.300	0.433	0.947
南充	2	5	2.941	11.864	3.214	0.643	0.565
内江	2	6	28.926	9.115	2.875	0.479	0.558
宜宾	2	4	19.022	9.067	2.000	0.500	0.760
云阳	2	3	23.179	8.838	1.200	0.400	0.915
丰都	1	3	36.458	8.794	1.000	0.333	1.024

续表

城市	点度中心度 点出度	点度中心度 点入度	接近中心度 出接近中心度	接近中心度 入接近中心度	结构洞 有效规模	结构洞 有效性	结构洞 限制度
广安	1	4	2.939	11.824	2.100	0.525	0.756
乐山	1	3	30.435	8.772	1.375	0.458	0.972
梁平	1	3	26.316	8.906	1.250	0.417	0.865
遂宁	1	4	2.939	11.824	2.400	0.600	0.708
达州	0	3	2.778	9.669	1.333	0.444	0.997
南川	0	4	2.778	9.511	1.500	0.375	0.844
黔江	0	1	2.778	9.409	1.000	1.000	1.000
雅安	0	1	2.778	8.997	1.000	1.000	1.000
忠县	0	3	2.778	9.695	1.833	0.611	0.945
资阳	0	2	2.778	9.537	1.000	0.500	1.389

点度中心度分为点出度和点入度，点出度即某节点城市对其他城市的影响程度，点入度即某节点城市受其他城市影响的程度。由表9-6可知，2016年重庆、成都、江津、永川、合川、涪陵等节点城市的点出度相对较高，这六个城市点出度之和占成渝城市群点出度之和的57.99%，显示这6个城市在成渝城市群中具有较强的辐射能力。其中，重庆、成都的点出度远远高于其他城市，说明重庆、成都在成渝城市群经济网络中处于对外辐射的核心位置（见图9-3）。达州、南川、黔江、雅安、忠县、资阳的点出度为0，对其他城市基本没有影响，在成渝城市群中处于边缘化地位。

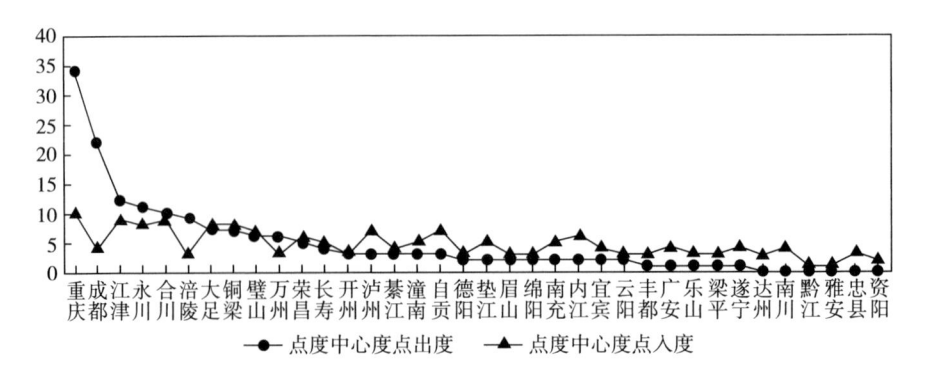

图9-3 成渝城市群节点城市点度中心度

从点入度来看，重庆的点入度也是最高的，说明其在成渝城市群中具有最大对外辐射力的同时，在接受其他城市影响方面也最具开放性。江津、永川、合川、大足、铜梁、璧山、泸州、自贡的点入度较高，这些城市受其他城市发展影响较大，在融入成渝城市群发展方面较为主动。而成都点入度较低，这与其国家中心城市的地位及在成渝城市群中的定位还不相符，说明其主动接受成渝城市群其他节点城市影响与开放合作方面还有待加强。黔江、雅安、资阳的点入度较小，说明这几个城市自身发展能力较弱，经济发展与成渝城市群其他城市存在较大差异，且受周边城市的影响较小。

接近中心度体现的是一个节点城市与其他城市的近邻程度。从出接近中心度来看，重庆（97.222）、成都（72.917）明显高于其他城市，说明重庆、成都到其他城市较为便利，具有很强的辐射力。其后是江津、永川、合川、涪陵、大足、铜梁、璧山、长寿、綦江，这些节点城市出接近中心度基本在51~59，在成渝城市群中具有较强的辐射力。而南充、广安、遂宁、达州、南川、黔江、雅安、忠县、资阳这些节点城市的出接近中心度比较低，经济辐射力很弱。从入接近中心度来看，南充、广安、遂宁的入接近中心度较高，成渝城市群其他城市到这些城市比较容易，交通较为便利，在城市群网络中具有较大潜力可挖。

根据表9-6中的结构洞数据，2016年有效规模和有效性都较高的节点城市有重庆、成都、江津、合川、永川、涪陵、万州等，且重庆、成都、江津、合川、永川限制度较小，说明这些城市在成渝城市群中具有较强控制力，需要发挥核心枢纽作用。资阳、丰都、黔江、雅安、达州等节点城市的限制度较高，显示其处于成渝城市群经济网络的边缘地位。有些让人意外的是，乐山、德阳、绵阳的限制度排在上述五个节点城市之后，说明其在成渝城市群中的作用亟待加强。

9.4 凝聚子群分析

凝聚子群分析通过考察成渝城市群节点城市之间的关系模式，对子群间亲疏关系进行界定，发现成渝城市群的凝聚子群分布。本章运用Ucinet 6软件的迭代相关收敛（CONCOR）算法，对2016年成渝城市群进行聚类分析，得到凝聚子群（见表9-7）和凝聚子群间的密度值（见表9-8）。

表 9-7 成渝城市群四级子群节点城市分布

二级	三级	四级及节点城市
第一凝聚子群（11个节点）	子群1	成都、德阳、绵阳
		资阳、眉山、乐山、雅安
	子群2	泸州、自贡
		内江、宜宾
第二凝聚子群（7个节点）	子群1	遂宁
		南充、潼南
	子群2	大足、永川、荣昌
		铜梁
第三凝聚子群（11个节点）	子群1	达州、广安
		开州、云阳、忠县、万州、梁平
	子群2	垫江、涪陵
		丰都、黔江
第四凝聚子群（7个节点）	子群1	璧山、江津、綦江、重庆
		合川
	子群2	南川、长寿

从表 9-7 可知，成渝城市群在二级层面形成了 4 个凝聚子群，在三级层面形成了 8 个凝聚子群，在四级层面形成了 15 个凝聚子群。第一大凝聚子群由凝聚子群 1（成都、德阳、绵阳、资阳、眉山、乐山、雅安）和凝聚子群 2（泸州、自贡、内江、宜宾）组成，其中，凝聚子群 1 基本与成都平原经济区所覆盖的城市一致，节点城市成都、德阳、绵阳联系较为紧密，与四川推进的"成德绵"一体化基本一致，资阳、眉山、乐山、雅安的联系相对比较紧密，四城可以进一步加强联系；凝聚子群 2 刚好与川南经济区重合，其中，泸州与自贡、内江与宜宾的关系相对更为紧密。第二大凝聚子群由遂宁、南充、潼南、大足、永川、荣昌及铜梁组成，其中，遂宁、南充、潼南联系较为紧密，大足、永川、荣昌、铜梁联系较为紧密。第三大凝聚子群由凝聚子群 1（达州、广安及开州、云阳、忠县、万州、梁平）和凝聚子群 2（垫江、涪陵及丰都、黔江）组成，其中，达州和广安联系较为紧密，开州、云阳、忠县、万州和梁平联系紧密，垫江、涪陵联系紧密，丰都和黔江联系紧密，分别组成了更小的子群。第二大凝聚子群和第三大凝聚子群处于川渝接合部，通过进一步加强经济网络联系可以推动川渝黔接合部更好地协调发展。第四大凝聚子群由凝聚子群 1（璧山、江津、綦江、重庆、合川）和凝聚子群 2（南川、长寿）组成，其中，璧山、江津、綦江、重庆联系

紧密，南川、长寿联系相对紧密。结合图9-3可以看出，凝聚子群与城市群的地理区位基本一致，同一凝聚子群内各节点城市间的经济联系具有较强的相似性。

表9-8 成渝城市群子群间相互密度值

子群	1	2	3	4	5	6	7	8	9	10	11	12	13	14	15
1	81.19	27.56	9.118	9.387	12.8	10.72	6.48	5.203	4.27	1.91	2.653	1.102	2.307	5.351	6.517
2	3.193	4.437	2.074	2.078	1.14	0.63	0.525	0.37	0.385	0.121	0.155	0.107	0.179	0.267	0.298
3	1.605	2.419	11.93	17.02	1.95	1.38	3.572	1.535	0.935	0.334	0.587	0.407	0.887	1.78	1.29
4	1.765	2.686	18.59	6.9	2.365	1.59	4.108	1.355	0.867	0.272	0.507	0.305	0.615	1.131	1.075
5	2.217	1.112	1.48	1.71	0	10.09	1.277	2.45	2.435	0.334	0.52	0.23	0.48	0.837	1.82
6	3.602	1.308	2.293	2.553	22.26	6.76	3.253	10.1	6.778	1.064	1.602	0.63	1.565	3.343	14.08
7	3.566	2.127	11.46	12.67	5.477	5.942	43.83	24.48	2.877	1.159	2.592	1.208	3.813	19.57	13.62
8	2.48	1.155	3.81	3.26	8.28	12.82	18.62	0	3.77	0.93	2.07	1.05	3.355	17.43	91.12
9	0.893	0.448	0.833	0.738	2.79	4.273	0.752	1.29	3.105	1.648	1.893	0.57	1.003	1.06	2.705
10	1.135	0.413	0.892	0.703	1.192	1.924	0.973	1.056	4.717	19.18	5.956	2.84	2.303	1.526	1.516
11	2.002	0.748	2.477	2.115	2.34	3.812	3.397	3.74	6.148	7.222	11.41	20.08	39.66	8.586	6.665
12	0.315	0.18	0.543	0.39	0.425	0.528	0.47	0.56	0.805	1.405	4.295	0.51	1.81	0.773	0.665
13	1.115	0.539	2.045	1.388	1.58	2.442	2.753	3.385	3.075	2.474	23.03	3.74	4.58	8.13	5.51
14	17.55	4.48	21.62	14.51	17.01	32.18	86.61	114.6	22.45	10.12	42.99	10.23	72.11	233.4	168
15	4.547	1.5	4.995	3.985	9.64	29.22	15.74	141.9	12.58	2.046	5.52	1.945	7.855	25.03	0

综合来看，成渝城市群经济联系网络中重庆、成都的核心地位和辐射作用明显，具有较高的空间支配地位。但是，在重庆、成都之间的广大地带还未形成突出的城市子群，城市群空间格局有待加强，各凝聚子群加强合作、提升经济联系强度的空间很大。

9.5 结论及建议

9.5.1 结论分析

本章利用修正的引力模型计算出2016年成渝城市群经济联系强度，并在此基础上运用社会网络分析方法对成渝城市群空间经济联系进行计量分析，得出以下结论：

（1）成渝城市群空间格局点射状明显、网络化不足。成渝城市群空间经济联系呈现出以重庆、成都为核心向外辐射的点射状特征，其他节点城市之间的经济联系较弱，各节点城市间没有形成交织联动、融合发展的城市网络。

（2）成渝双核地位突出，但两城差异明显。在成渝城市群中，重庆、成都作为国家中心城市，在成渝城市群中的资源整合力和对外辐射力都处于核心位置，对成渝城市群的发展具有较强的控制力，形成了支撑成渝城市群的两个增长极。但是，重庆和成都在成渝城市群空间经济联系中也有明显的差异。重庆辐射带动能力尤为突出，对周边节点城市璧山、江津、綦江、南川、涪陵、长寿、大足、永川、铜梁、潼南乃至四川的广安、南充、遂宁、内江、泸州等都具有较强的辐射能力，是成渝城市群的第一增长极。成都作为成渝城市群的另一增长极，其影响辐射范围主要在大成都区域，除德阳、绵阳、眉山外，其对周边节点城市的辐射能力和控制力都还不够突出，这与其国家中心城市的定位还不相符。

（3）成渝中间腹地塌陷，次级枢纽城市尚未出现。在成渝城市群广大中间腹地，分布着四川的南充、遂宁、资阳、内江、自贡，重庆的潼南、铜梁、大足、荣昌等节点城市，它们对联动成渝双核、激活成渝中间腹地、支撑成渝中部隆起具有关键作用。但是，从这些城市之间的经济联系强度来看，尚未出现能够担此重任的次级枢纽城市。

（4）存在明显的城市子群，但子群间差异大，且存在低低聚集的现象。成渝城市群存在4个二级凝聚子群，每个二级子群又分别由2个三级子群构成。从空间分布来看，第一凝聚子群节点城市分布在四川，第四凝聚子群节点城市分布在重庆，第二、第三凝聚子群节点城市涉及四川、重庆两地。从四级子群节点城市来看，成都、德阳、绵阳城市子群，璧山、江津、綦江、重庆城市子群等联系较为紧密，但资阳、眉山、乐山、雅安子群，遂宁、南充、潼南子群，达州、广安、开州、云阳、忠县、万州、梁平子群，垫江、涪陵、丰都、黔江子群等的联系则比较松散，子群中节点城市实力普遍不强、联系较弱，缺少核心枢纽城市，呈现出低低聚集现象。

总之，成渝城市群总体水平不高，节点城市间经济联系普遍较弱，整体网络密度很低，与长三角城市群、珠三角城市群等比较发达的城市群相比还有很大差距。

9.5.2 政策建议

本章通过对成渝城市群各节点城市经济联系强度、网络密度、网络中心性和成渝城市群凝聚子群进行分析，针对成渝城市群空间经济联系存在的问题提出如下建议：

（1）积极构建多中心城市群网络空间结构。一方面，对处在成渝中间腹地的南充、遂宁、资阳、内江、自贡、潼南、铜梁、大足、荣昌等节点城市，进行科学定位，制定差异化战略，走特色发展之路，积极培育次级枢纽中心，促进成渝城市群中部地区隆起。另一方面，雅安、达州、南川、忠县、丰都、黔江、云阳等处于边缘的节点城市，可以主动对接核心城市，完善功能配套，加快产业转型升级，大力提升经济发展水平。

（2）大力推进成都国家中心城市建设。成都作为成渝城市群的一核，与重庆相比，其国家中心城市的作用发挥还不到位，在成渝城市群中的辐射能力还比较有限。要加大成都国家中心城市建设力度，加快西部经济发展高地建设，加强成都经济辐射带动能力，密切与周边城市特别是成渝城市群中间腹地节点城市的经济联系，支持成渝城市群中部隆起，从而为成都创造更大的周边市场和提供更好的产业功能配套，在融合发展中提升成渝城市群经济联系，在提升城市群经济联系中促进融合发展。

（3）建立完善城市群扁平化治理机制。无论从川渝层面还是从各子群节点城市层面来说，各级政府要主动打破行政管理体制分割的藩篱，建立更为有效、扁平化的城市群交流合作治理机制，实现资本、人力、技术、信息、产业等资源的优化配置，促进多层次、多方面实质性融合发展，继续完善节点城市间交通基础等公共服务设施，提升成渝城市群整体聚合力、生产效率和网络化水平，加快推进城市群协同发展和区域一体化进程。

第 10 章 结论、启示与展望

10.1 主要结论

本书在数字经济和城市群快速发展的时代背景下,对长三角城市群、京津冀城市群、珠三角城市群、中原城市群、成渝城市群和关中平原城市群六大城市群的数字经济发展水平、城市群空间经济联系及空间溢出效应、网络效应等进行了理论分析与实证检验,得出了以下主要结论:

第一,六大城市群及各城市群城市之间的数字经济发展水平差异较大,具有波动性和发展不平衡的特征,整体上东强西弱。通过构建城市群数字经济指数指标体系,全面测算了六大城市群所涉及的 106 个地级市 2007~2016 年的数字经济指数。分析发现,东部地区城市群数字经济发展水平明显高于中西部地区城市群数字经济发展水平,但近年来这一优势在下降。东部地区城市群城市的数字经济发展水平相对较高、城市间差异相对较小,京津冀城市群的数字经济指数近年来出现下滑趋势,中西部地区城市群城市的数字经济指数呈增长趋势但发展水平相对较低、城市间差异较大,特别是中原城市群缺乏龙头城市。在 2007~2016 年六大城市群数字经济总指数排名中,长三角城市群排第一,京津冀城市群排第二,其后是珠三角城市群,近年来珠三角城市群数字经济发展水平增长趋势明显,并在 2016 年超过了京津冀城市群;成渝城市群数字经济指数 2011 年超过中原城市群,并逐步缩小与东部地区三大城市群的差距,成为中西部地区数字经济发展较突出的城市群。多年来,中原城市群、关中平原城市群数字经济发展水平较低,且与其他城市群发展差距较大。

第二,数字经济在整体上促进了城市群全要素生产率的提升,但对不同城市群的影响不尽相同。数字经济对城市群的全要素生产率和技术进步在 1% 水平上具有显著正向影响，对技术效率在10%水平上具有显著负向影响。对于六大城市群所涉及的106个地级市来说，数字经济在整体上促进了其全要素生产率的提升，提升的动力主要在于技术进步的推动。按城市群看，数字经济促进了长三角城市群、京津冀城市群、珠三角城市群、中原城市群、成渝城市群的全要素生产率的提高和技术进步，对关中平原城市群的全要素生产率和技术进步具有抑制作用；数字经济抑制了长三角城市群、京津冀城市群的技术效率，对珠三角城市群、中原城市群、成渝城市群、关中平原城市群技术效率的影响则不显著。

第三，城市群节点城市中心度、关联度、网络密度呈递增趋势，凝聚子群分布不够均衡，经济联系逐步增强。

从基于百度指数表征信息流的城市群空间经济联系网络效应来看：

（1）各城市群节点城市的百度指数中心度呈递增趋势，城市网络呈现多中心或单中心的状态。其中，长三角城市群以上海为中心，以杭州、苏州、南京、合肥为次中心；京津冀城市群以北京为中心，以石家庄、天津、保定、秦皇岛为次中心；珠三角城市群以广州、深圳为中心，以东莞、佛山、珠海、惠州为次中心；中原城市群郑州的单中心形态明显，洛阳、商丘、南阳、开封、新乡、信阳等次级中心作用发挥不够，宿州、淮北、亳州、长治等在融入城市群发展、强化与其他城市联系方面表现不足；成渝城市群成都的中心地位明显提升，重庆的中心地位总体平稳，除资阳外，其他大部分城市未出现大的异动；关中平原城市群西安的中心地位明显，其次是咸阳、宝鸡、渭南、商洛、天水、运城。

（2）城市群关联度普遍大幅提升，节点城市间基于信息流的经济联系逐步增强。2016年与2009年相比，城市群总的关联度平均提高了1.31倍，其中，长三角城市群、京津冀城市群、珠三角城市群、中原城市群、成渝城市群、关中平原城市群分别提高了1.35倍、2.09倍、0.88倍、1.23倍、1.5倍和0.8倍。

（3）城市群的网络密度总体呈现逐年递增的趋势。六大城市群2016年平均网络密度是2009年平均网络密度的2.5倍，基于百度指数的城市群内部城市之间的联系日益密切，且联系强度明显增强。从2009~2016年城市群网络密度的占比情况来看，京津冀城市群排在第一位，其次是珠三角城市群、长三角城市群、成渝城市群、关中平原城市群和中原城市群。

（4）城市群的凝聚子群分布不够均衡。长三角城市群4个城市子群中，上海、南京、无锡、苏州联系紧密，体现了长三角一体化建设的阶段性成效，合肥也在积极融入其中，而各子群城市省际区域特征明显，长三角城市群所涉省份中浙江、江苏、安徽在跨区域融合发展方面有待进一步突破。从京津冀城市群4个凝聚子群分布来看，北京、天津为第一子群，石家庄、保定为第二子群，唐山和廊坊、承德、秦皇岛、张家口、沧州组成第三子群，邢台、邯郸及衡水组成第四子群，河北各地级城市与京津冀城市群核心城市北京的联系方面还不够深入。珠三角城市群有4个凝聚子群，广州、深圳为第一子群，佛山、东莞为第二子群，中山、珠海、江门以及肇庆、云浮、阳江、清远组成第三子群，汕尾、河源及惠州组成第四子群。中原城市群以河南城市为主，第一子群中郑州、商丘、洛阳、新乡、南阳联系密切，其他三个子群相对分散、联系较弱，中原城市群在加强联系、整合发展方面任重而道远。成渝城市群重庆、成都为第一子群，自贡、泸州、雅安、内江、眉山、宜宾、资阳及广安、遂宁为第二子群，绵阳、德阳、南充、达州为第三子群，乐山在融入区域发展方面还有待突破。关中平原城市群西安、咸阳为第一子群，运城、临汾为第二子群，商洛、铜川及宝鸡、渭南为第三子群，天水与平凉、庆阳为第四子群。

第四，不同城市群空间经济联系的影响因素不尽相同。数字经济和经济发展水平对城市群空间经济联系具有显著正向影响。外商直接投资对于东部地区的长三角城市群、京津冀城市群、珠三角城市群空间经济联系没有显著影响，但是对于中西部地区的中原城市群、成渝城市群、关中平原城市群则具有显著正向影响。政府投资对于大部分城市群而言弱化了城市间的经济联系。QAP分析结果显示，数字经济、人均GDP、政府投资是长三角城市群城市间经济联系的重要影响因素，数字经济、外商直接投资对京津冀城市群城市间经济联系产生重要影响。数字经济对珠三角城市群城市间经济联系的影响非常显著。社会消费、外商直接投资、产业结构是影响中原城市群城市空间经济联系的重要因素。数字经济、社会消费、外商直接投资、产业结构是成渝城市群城市间经济联系的重要影响因素。人均GDP、政府投资是关中平原城市群城市间经济联系的重要影响因素。

第五，数字经济水平与城市群人均GDP呈现出显著的空间正相关性，具有空间依赖性和空间异质性，城市群全局空间相关性和局部空间相关性紧密相关。长三角城市群、京津冀城市群、关中平原城市群总体呈现出Moran's I指数提高的趋势，全局空间相关性越来越强；珠三角城市群、中原城市群和成渝城市群总体呈现出Moran's I指数下降的趋势，全局空间相关性在变弱。城市的地理因素、经济因素等会对周边城市的经济发展发挥重要作用，产生空间溢出效应，影响城市间的空间经济联系。各城市群Moran's I指数散点图显示，大部分城市分布在第一、第三象限，而且变化不大，说明城市群具有空间异质性，但总体上城市群局域性的空间集聚特征相对稳定。

第六，从数字经济发展对城市经济增长空间溢出效应来看，大多存在正向显著影响，但是各城市群的情况不尽相同。长三角城市群、京津冀城市群、珠三角城市群数字经济发展水平较高，促进了本地城市的经济增长，其中，长三角城市群和京津冀城市群的数字经济对发展水平相似的城市的经济增长有抑制作用,而珠三角城市群则促进了发展水平相似城市的经济增长。中原城市群数字经济对本地城市经济增长具有显著正向影响,对其他发展水平相似城市的经济增长具有抑制作用。成渝城市群数字经济发展水平总体还不高,对经济增长的促进作用不明显。关中平原城市群城市数字经济发展对本市经济增长起到了促进作用,对其他城市经济增长有抑制作用,且直接效应、溢出效应都不明显。

10.2 政策启示

数字经济时代,城市群及城市之间的空间经济联系更为紧密,这些联系正在成为重塑城市群空间结构的重要动力。六大城市群及内部城市之间数字经济发展水平和经济联系强度存在明显差异,本书通过实证分析数字经济时代背景下城市群空间溢出效应、网络效应,为密切城市群空间经济联系、推动城市体系网络化演进提供了有益的政策启示。

第一,城市群需要加强城市间协同联动、推动城市群协调发展,结合实际联合制定城市群数字经济发展配套政策,打破城市间贸易发展壁垒,加速城市间经济要素的流动,加速释放城市群经济关联空间溢出效应。六大城市群发展数字经济的特征较为鲜明:长三角城市群、京津冀城市群在发展数字经济方面有了良好的基础,但是发展的差异性还较大,协同性还不强,需要在这方面进一步补齐短板、挖掘潜力;珠三角城市群数字经济发展水平相对较高、协同性较强;中原城市群城市间数字经济发展状态是竞争大于合作,数字经济发展水平有待提升;成渝城市群整体上数字经济发展水平还不高,但是成都、重庆数字经济发展水平较高,城市群内城市间发展差异较大、协同性较弱;关中平原城市群城市间数字经济方面的竞争大于合作,城市群数字经济整体水平不高、协同性较弱。鉴于此,城市群在发展数字经济时应该各有侧重地采取相关策略:一是长三角城市群、京津冀城市群要继续大力发展数字经济,并侧重引导城市间加强合作、协同联动,缩小城市间的发展差异,促进信息基础设施建设,实现效益最大化。二是珠三角城市群可进一步优化升级数字经济产业结构,推动城市间在数字经济发展方面更好地联动融合,提升数字经济对城市群发展的整体贡献率。三是中原城市群要关注城市信息基础设施建设等方面的均等性,缩小城市间发展数字经济的"鸿沟",增强城市间的协同合作。四是成渝城市群在继续做强成都、重庆的同时,必须要加大投入缩小群内其他城市与成都、重庆在信息基础设施等方面的差距,注重数字经济发展的均等性、协同性,发挥数字经济的溢出效应,增强城市之间的空间经济联系,提高城市和城市群数字经济发展水平。五是关中平原城市群中除西安外大部分城市数字经济的发展基础薄弱,要把大力提升城市群信息基础设施等放在优先位置,为缩小城市间数字经济发展的差距、增强城市间的协同联动打好基础。

第二,为强化数字经济时代背景下城市群空间经济联系,可以加强以下几方面的工作:一是采取措施提高各城市群内部城市之间的经济联系。比如,大力加强信息基础设施建设,优化数字经济发展环境,加快城市群内跨区域合作,不断消除城市之间、区域之间的贸易壁垒,深化城市群内城市之间的经贸关系。二是优化城市群内城市网络布局。针对不同城市群的发展基础、城市间现有联系,充分发挥核心城市示范带动作用,加强枢纽城市和边缘城市建设,优化城市群城市网络布局,结合城市在城市群的功能定位精准施策,实现城市群城市政策的区域效益最大化,构建空间布局合理、中心边缘协调、有序分工合作的城市网络。三是针对不同城市群城市空间经济联系的特点分类施策。对于长三角城市群,要重点关注数字经济、人均 GDP 和政府投资方面的问题,有意识地从这些方面加以引导、增强城市经济联系。对于京津冀城市群,可以加强数字经济发展,积极引导外商直接投资等。珠三角城市群应继续做大做强数字经济,促进城市间经济联系。鉴于中原城市群数字经济发展水平不高,可以考虑实施更加开放的政策吸引外商直接投资,优化产业结构,刺激社会消费等,增强中原城市群城市空间经济联系。成渝城市群应积极发展数字经济,扩大社会消费,借助"一带一路"倡议、长江经济带战略等加快内外开放,增加外商直接投资,优化产业结构,增进成渝城市群城市间的经济联系。对于关中平原城市群,应考虑通过大力抓好发展。不断提升人均 GDP、扩大政府投资加强基础设施建设等密切城市间经济联系。

第三,针对成渝城市群加强空间经济联系提出以下建议:一是积极构建多中心城市群网络空间结构。一方面,对处在成渝中间腹地的南充、遂宁、资阳、内江、自贡等节点城市,进行科学定位,制定差异化战略,走特色发展之路,积极培育次级枢纽中心,促进成渝城市群中部地区隆起。另一方面,雅安、达州等处于边缘的节点城市,可以主动对接核心城市,完善功能配套,加快产业转型升级,跨越提升经济发展水平。二是大力推进成都国家中心城市建设。要加大成都国家中心城市建设力度,加快西部经济发展高地建设,加强成都经济辐射带动能力,密切与周边城市特别是成渝城市群中间腹地节点城市的经济联系,支持成渝城市群中部隆起,为成都创造更大的周边市场和提供更好的产业功能配套,在融合发展中提升成渝城市群经济联系,在提升城市群经济联系中促进融合发展。三是建立完善城市群扁平化治理机制。无论从川渝层面还是从各子群节点城市层面来说，各级政府要主动打破行政管理体制分割的藩篱，建立更为有效、扁平化的城市群交流合作治理机制，实现资本、人力、技术、信息、产业等资源的优化配置，构建多层次、多方面实质性融合发展，继续完善节点城市间交通基础等公共服务设施，提升成渝城市群整体聚合力、生产效率和网络化水平，加快推进城市群协同发展和区域一体化进程。

10.3 研究展望

本书受研究方法、研究数据等方面的制约，研究中还有若干没有深入开展的工作，可以在以后的研究中作进一步深入，具体如下：

一是关于城市数字经济指数。由于数字经济方面的统计没有跟上数字经济的发展，数字产业化和产业数字化的数据非常缺乏，城市层面的数据更为缺乏，有的数据还存在统计口径不一致等问题，使我们在构建城市数字经济指数的指标体系时只能退而求其次，更多依赖互联网用户、移动电话数等可获取的公开数据，客观反映城市群及城市数字经济的发展水平。随着数字经济统计方面工作的跟进，使用更多直接体现数字经济的数据立体呈现城市群城市间经济联系可作为本书后续的研究方向。

二是在数字经济背景下城市群网络效应的测度方面，理论上应该使用基于数字经济的城市间物流、资金流、信息流等综合数据来刻画城市间的经济联系。本书尽管使用了基于百度指数的信息流数据和基于地理距离体现交通效率的静态数据，分别阐述了城市群空间经济联系的网络效应，但是，如果我们能获得城市群城市间云流量使用数据、人们电话往来的数据、基于企业的投融资的资金流、城市间铁路公路的客流往来数据等，就可以构建更加完整的模型，从而更为准确地把握数字经济对城市群网络效应的影响。

三是在对数字经济对城市群整体影响及对城市群内部城市之间的空间联系的影响进行研究的基础上，可进一步对数字经济背景下城市群之间的相互影响对城市群中的中心城市、非中心城市以及大中小城市等的影响展开进一步的分析。

参考文献

[1] Allan D. Wallis. Evolving Structures and Challenges of Metropolitan Regions [J]. National Civic Review, 1994, 83 (1): 40-53.

[2] Aura Reggiani, Daniele Fabbri. Network Development in Economic Spatial Systems: New Perspectives [M]. Ashgate: Aldershot, 1999.

[3] A. R Goetz. Air Passenger Transportation and Growth in the US Urban System 1950-1987 [J]. Growth and Change, 1992 (23): 218-242.

[4] C. A. Doxiadis. Man's Movement and His Settlements [J]. Ekistrics, 1970, 29 (1): 173-175.

[5] Donald J. Bogue, L. Calvin. Beale Economic Areas of the United States [M]. New York: The Free Press of Glencoe, 1961.

[6] Edward L. Glaeser. Learning in Cities [J]. Journal of Urban Economics, 1999 (46): 254-277.

[7] Francisco J., Martinez C. Access: The Transport-Land Use Economic Link [J]. Transport Research, 1995, 29 (6): 457-470.

[8] Gordon P., Harry W. R. Beyond Polycentricity: The Dispersed Metropolis, LosAngeles, 1970-1992 [J]. Journal of the American Planning Association, 1996, 62 (3): 289-295.

[9] Gottmann J. Megalopolis, or the Urbanization of the Northeastern Seaboard [J]. Economic Geography, 1957, 33 (7): 31-40.

[10] Graham S. Telecommunications and the Future of Cities: Debunking The-mythy [J]. Cities, 1997, 14 (1): 21-29.

[11] G. Mulgan. Communication and Control: Networks and the New Economics of Communication [M]. Oxford: Polity Press, 1991.

[12] Hidenobu Matsumoto. International Urban Systems and Air Passenger and Cargo Flows: Some Calculations [J]. Journal of Air Transport Management, 2004

(10): 241-249.

[13] Ian R. Gordon, Philip Mccann. Industrial Clusters: Complexes, Agglomeration and/or Social Networks? [J]. Urban Studies, 2000, 37 (3): 513-532.

[14] Jean Gottmann. Megalopolis: The Urbanization of the Northeastern Seaboard of the United States [M]. Cambridge: The M. I. T Press, 1961.

[15] Jungyul Sohn. Do Birds of a Feather Flock Together? Economic Linkage and Geographic Proximity [J]. The Annals of Regional Science, 2004, 38 (3): 47-73.

[16] Kenneth E. Corey. Intelligent Corridors: Outcomes of Electronic Space Policies [J]. Journal of Urban Technology, 2000, 7 (2): 1-22.

[17] Kiyoshi Kobayashi, Makoto Okumura. The Growth of City Systems with High-Speed Railway Systems [J]. The Annals of Regional Science, 1997 (31): 39-56.

[18] Kurt Fuellhart. Inter-Metropolitan Airport Substitution by Consumers in an Asymmetrical Airfare Environment: Harrisburg, Philadelphia and Baltimore [J]. Journal of Transport Geography, 2003 (11): 285-296.

[19] Manuel Castells. The Informational City, Information Technology, Economic Restructuring, and Urban-Regional Progress [M]. Oxford: Basil Blackwell, 1989.

[20] Manuel G. Russon, Farok Vakil. Population, Convenience and Distance Decay in a Short-Haul Model of United States Air Transportation [J]. Journal of Transport Geography, 1995, 3 (3): 179-185.

[21] Peter Hall, Kathy Pain. The Polycentric Metropolis: Learning from Mega-City Regions in Europe [M]. London: Earthscan Publications, 2006.

[22] Scott A. J. Regional Motors of the Global Economy [J]. Future, 1996 (5): 391-411.

[23] Se-il Mun. Transport Network and System of Cities [J]. Journal of Urban Economics, 1997 (42): 205-221.

[24] Si-ming Li, Yi-man Shum. Impacts of the National Trunk Highway System on Accessibility in China [J]. Journal of Transport Geography, 2001 (9): 39-48.

[25] Simeon Djankov, Caroline Freund. Trade Flows in the Former Soviet Union, 1987 to 1996 [J]. Journal of Comparative Economics, 2002, 30 (1): 76-90.

[26] Smith, A. David. Interaction Within a Fragmented State: The Example of Hawaii [J]. Economic Geography, 1963, 39 (3): 234-244.

[27] Warf. Barney. Telecommunications and the Changing Geographies of Knowledge Transmission in the Late 20th Century [J]. Urban Studies, 1995, 32 (2):

361-378.

［28］Yen J. Mahmassani. Telecommuting Adoption：Conceptual Framework and Model Estimation［J］. Transportation Research Record，1997（1606）：95-102.

［29］Young, Alwyn. Gold into Base Metals：Productivity Growth in the People's Republic of China during the Reform Period［J］. Journal of Political Economy，2003，111（1）：1220-1261.

［30］Zhou Yixing. Definition of Urban Place and Statistical Standards of Urban Population in China：Problem and Solution［J］. Asian Geography，1988，7（1）：12-18.

［31］埃比尼泽·霍华德. 明日的田园城市［M］. 金经元，译. 北京：商务印书馆，2000.

［32］安蓓，林晖，陈炜伟，孙奕. 全景透视共建"一带一路"成绩单［EB/OL］. http：//news. xinhuanet. com/world/2017-05/10/c_1120951860. htm.

［33］毕秀晶. 长三角城市群空间演化研究［D］. 上海：华东师范大学，2014.

［34］边志强. 网络基础设施对全要素生产率增长效应研究［D］. 大连：东北财经大学，2015.

［35］蔡玉胜，吕静韦. 基于熵值法的京津冀区域发展质量评价研究［J］. 工业技术经济，2018，37（11）：67-74.

［36］蔡跃洲，张钧南. 信息通信技术对中国经济增长的替代效应与渗透效应［J］. 经济研究，2015，50（12）：100-114.

［37］曹炜威，杨斐，官雨娴，庞祯敬. 成渝经济圈城市群的经济联系网络结构［J］. 技术经济，2016，35（7）：52-57+128.

［38］陈明华，刘华军，孙亚男，何礼伟. 城市房价联动的网络结构特征及其影响因素——基于中国69个大中城市月度数据的经验考察［J］. 南方经济，2016（1）：71-88.

［39］陈强. 高级计量经济学及Stata应用（第二版）［M］. 北京：高等教育出版社，2014.

［40］陈伟. 中国信息产业区位论［D］. 成都：西南财经大学，2006.

［41］陈秀山，张可云. 区域经济理论［M］. 北京：商务印书馆，2004.

［42］陈彦光，刘继生. 基于引力模型的城市空间互相关和功率谱分析——引力模型的理论证明、函数推广及应用实例［J］. 地理研究，2002（6）：742-752.

［43］崔华泰. 我国土地财政的影响因素及其溢出效应研究［J］. 数量经济

技术经济研究, 2019, 36 (8): 92-110.

[44] 大卫·哈维. 后现代的状况——对文化变迁之缘起的探究 [M]. 阎嘉, 译. 北京: 商务印书馆, 2003.

[45] 戴宾. 城市群及其相关概念辨析 [J]. 财经科学, 2004 (6): 101-103.

[46] 邓春玉. 珠三角与环珠三角城市群空间经济联系优化研究 [J]. 城市问题, 2009 (7): 19-27.

[47] 邓建高, 江薇. 江苏省城市空间经济联系的社会网络结构分析 [J]. 商业经济研究, 2015 (6): 131-133.

[48] 董黎明. 中国城市化道路初探 [M]. 北京: 中国建筑工业出版社, 1989.

[49] 董晓松. 中国数字经济及其空间关联 [M]. 北京: 社会科学文献出版社, 2018.

[50] 方创琳, 宋吉涛, 张蔷, 等. 中国城市群结构体系的组成与空间分异格局 [J]. 地理学报, 2005 (5): 827-840.

[51] 方创琳. 改革开放40年来中国城镇化与城市群取得的重要进展与展望 [J]. 经济地理, 2018 (9): 1-9.

[52] 方环非, 周子钰. 马克思主义城市空间理论的重构——一个新马克思主义的视角 [J]. 中共浙江省委党校学报, 2015 (6): 44-49.

[53] 方俊智, 文淑惠. 大湄公河次区域城市群空间经济联系分析 [J]. 地域研究与开发, 2017, 36 (6): 50-53.

[54] 冯云廷, 陈昶志, 高詹. 我国城市全要素生产率空间结构及空间关联性分析 [J]. 财经问题研究, 2016 (5): 110-115.

[55] 富田和晓. 大都市圈的结构演变 [M]. 东京: 古今书院, 1995.

[56] 顾朝林. 城市群研究进展与展望 [J]. 地理研究, 2011 (5): 771-784.

[57] 郭家堂, 骆品亮. 互联网对中国全要素生产率有促进作用吗? [J]. 管理世界, 2016 (10): 34-49.

[58] 韩峰, 谢锐. 生产性服务业集聚降低碳排放了吗?——对我国地级及以上城市面板数据的空间计量分析 [J]. 数量经济技术经济研究, 2017, 34 (3): 40-58.

[59] 郝良峰. 基于空间溢出效应的中国城市经济收敛性研究 [D]. 南京: 东南大学, 2017.

[60] 郝寿义. 区域经济学原理 (第2版) [M]. 上海: 格致出版社, 上海

人民出版社，2016.

[61] 何枭吟．美国数字经济研究［D］．长春：吉林大学，2005.

[62] 侯赟慧，刘志彪，岳中刚．长三角区域经济一体化进程的社会网络分析［J］．中国软科学，2009（12）：90-101.

[63] 胡伟，陈晓东，金碚．信息社会背景下区域协调发展的新思考［J］．区域经济评论，2017（6）：39-47.

[64] 黄国华．论马克思主义的区域协调思想及其当代实现模式［J］．学校党建与思想教育，2010（16）：22-24.

[65] 黄勤，刘素青．成渝城市群经济网络结构及其优化研究［J］．华东经济管理，2017，31（8）：70-76.

[66] 江曼琦．对城市群及其相关概念的重新认识［J］．城市发展研究，2013，20（5）：30-35.

[67] 江曼琦．知识经济与信息革命影响下的城市空间结构［J］．南开学报，2001（1）：26-31.

[68] 蒋大亮，孙烨，任航，等．基于百度指数的长江中游城市群城市网络特征研究［J］．长江流域资源与环境，2015，24（10）：1654-1664.

[69] 劳昕，沈体雁，杨洋，等．长江中游城市群经济联系测度研究——基于引力模型的社会网络分析［J］．城市发展研究，2016，23（7）：91-98.

[70] 李光勤，张明举，刘衍桥．基于城市流视角的成渝经济区城市群空间联系［J］．重庆工商大学学报·西部论坛，2006（4）：29-33.

[71] 李国平，王立明，杨开忠．深圳与珠江三角洲区域经济联系的测度及分析［J］．经济地理，2001，21（1）：33-37.

[72] 李红锦，李胜会．基于引力模型的城市群经济空间联系研究——珠三角城市群的实证研究［J］．华南理工大学学报（社会科学版），2011（1）：19-24.

[73] 李荣．信息技术对城市社会空间影响的研究［J］．科教文汇，2007（3）：174-175.

[74] 李响．长三角城市群经济联系网络结构研究——基于社会网络视角的分析［J］．上海金融学院学报，2011（4）：105-115.

[75] 李燕，贺灿飞．基于"3D"框架的长江三角洲城市群经济空间演化分析［J］．经济地理，2013，33（5）：43-46+66.

[76] 刘承良，丁明军，张贞冰，等．武汉都市圈城际联系通达性的测度与分析［J］．地理科学进展，2007（6）：96-108.

[77] 刘鹤，刘洋，许旭．基于环境效率评价的成渝经济区产业结构与布局

优化［J］.长江流域资源与环境，2012，21（9）：1058-1066.

［78］刘华军，裴延峰，贾文星.中国城市群发展的空间差异及溢出效应研究——基于1992—2013年DMSP/OLS夜间灯光数据的考察［J］.财贸研究，2017，28（11）：1-12.

［79］刘静玉，王发曾.城市群形成发展的动力机制研究［J］.开发研究，2004（6）：66-69.

［80］刘军.整体网分析UCINET软件实用指南（第二版）［M］.上海：上海人民出版社，2014.

［81］刘少华.指引着中国经济的伟大实践［N］.人民日报（海外版），2019-08-28（05）.

［82］刘耀彬，戴璐.基于SNA的环鄱阳湖城市群网络结构的经济联系分析［J］.长江流域资源与环境，2013，22（3）：263-271.

［83］刘治彦.以新型城镇化支撑中国式现代化［N］.中国社会科学报，2023-03-24（08）.

［84］鲁金萍，刘玉，杨振武，孙久文.基于SNA的京津冀城市群经济联系网络研究［J］.河南科学，2014，32（8）：1633-1638.

［85］陆大道.二〇〇〇年我国工业生产力布局总图的科学基础［J］.地理科学，1986（2）：110-118.

［86］陆大道.关于"点-轴"空间结构系统的形成机理分析［J］.地理科学，2002（1）：1-6.

［87］陆大道.论区域的最佳结构与最佳发展——提出"点-轴系统"和"T"型结构以来的回顾与再分析［J］.地理学报，2001（2）：127-135.

［88］陆铭.空间的力量：地理、政治与城市发展［M］.上海：格致出版社，2017.

［89］马学广，李贵才.全球流动空间中的当代世界城市网络理论研究［J］.经济地理，2011，31（10）：1630-1637.

［90］孟德友，陆玉麒.基于引力模型的江苏区域经济联系强度与方向［J］.地理科学进展，2009，28（5）：697-704.

［91］苗长虹，王海江.河南省城市的经济联系方向与强度——兼论中原城市群的形成与对外联系［J］.地理研究，2006（2）：222-232.

［92］苗长虹，王海江.中国城市群发展态势分析［J］.城市发展研究，2004（4）：11-14.

［93］苗洪亮.我国城市群空间结构、内部联系对其经济效率的影响研究［D］.北京：中央财经大学，2016.

[94] 倪毅, 冯健. 基于遥感和地理信息系统的经济发达地区城市空间形态重构——以浙江省义乌市为例 [J]. 现代城市研究, 2011, 26 (3): 25-32.

[95] 宁静. 数字经济对城市的影响 [J]. 哈尔滨师范大学自然科学学报, 2002 (5): 108-112.

[96] 牛慧恩, 孟庆民, 胡其昌, 陈延诚. 甘肃与毗邻省区区域经济联系研究 [J]. 经济地理, 1998 (3): 51-56.

[97] 潘文卿. 中国的区域关联与经济增长的空间溢出效应 (英文) [J]. Social Sciences in China, 2013, 34 (3): 125-139.

[98] 裴长洪, 倪江飞, 李越. 数字经济的政治经济学分析 [J]. 财贸经济, 2018 (9): 5-22.

[99] 彭翀, 顾朝林. 城市化进程下中国城市群空间运行及其机理 [M]. 南京: 东南大学出版社, 2011.

[100] 彭芳梅. 粤港澳大湾区及周边城市经济空间联系与空间结构——基于改进引力模型与社会网络分析的实证分析 [J]. 经济地理, 2017, 37 (12): 57-64.

[101] 邵明伟, 金钟范, 张军伟. 中国城市群全要素生产率测算与分析——基于2000—2014年数据的 DEA-Malmquist 指数法 [J]. 经济问题探索, 2018 (5): 110-118.

[102] 司明. 空间经济网络的作用机理及效应研究 [D]. 天津: 南开大学, 2014.

[103] 斯坦利·沃瑟曼, 凯瑟琳·福斯特. 社会网络分析: 方法与应用 [M]. 陈禹, 译. 北京: 中国人民大学出版社, 2012.

[104] 宋家泰. 城市—区域与城市区域调查研究: 城市发展的区域经济基础调查研究 [J]. 地理学报, 1980, 35 (4): 277-287.

[105] 孙一飞. 城镇密集区的界定——以江苏省为例 [J]. 经济地理, 1995 (3): 6-40.

[106] 孙振清, 边敏杰, 陈文倩. 我国区域绿色创新能力溢出效应研究 [J]. 生态经济, 2019 (5): 71-76.

[107] 覃成林, 周姣. 城市群协调发展: 内涵、概念模型与实现路径 [J]. 城市发展研究, 2010, 17 (12): 7-12.

[108] 汤放华, 汤慧, 孙倩, 汤迪莎. 长江中游城市集群经济网络结构分析 [J]. 地理学报, 2013, 68 (10): 1357-1366.

[109] 藤田昌久, 克鲁格曼, 维纳布尔斯. 空间经济学: 城市、区域与国际贸易 [M]. 梁琦, 译. 北京: 中国人民大学出版社, 2013.

[110] 王波，甄峰．互联网下的我国城市等级体系及其作用机制——基于百度搜索的实证分析 [J]．经济地理，2016（1）：46-52．

[111] 王德利，王岩．京津冀城市群全要素生产率测度及特征分析 [J]．城市问题，2016（12）：56-62．

[112] 王德忠，庄仁兴．区域经济联系定量分析初探——以上海与苏锡常地区经济联系为例 [J]．地理科学，1996（1）：51-57．

[113] 王方方，杨焕焕．粤港澳大湾区城市群空间经济网络结构及其影响因素研究——基于网络分析法 [J]．华南师范大学学报（社会科学版），2018（4）：110-120+191．

[114] 王晋，朱英明，张惠娜．近期国内外城市群研究进展综述 [J]．天津科技，2018，45（3）：29-34．

[115] 王宁宁，陈锐，赵宇．基于网络分析的城市信息空间与经济空间的综合研究 [J]．地理与地理信息科学，2018（4）：60-68．

[116] 王宁宁，陈锐，赵宇．基于信息流的互联网信息空间网络分析 [J]．地理研究，2016，35（1）：137-147．

[117] 王宁宁．基于复杂网络分析的省市信息空间研究 [D]．北京：中国科学院大学，2016．

[118] 王如玉，梁琦，李广乾．虚拟集聚：新一代信息技术与实体经济深度融合的空间组织新形态 [J]．管理世界，2018，34（2）：13-21．

[119] 王尧．信息通讯技术对区域经济绩效的影响研究——基于生产效率与网络效应的双重视角 [D]．杭州：浙江大学，2017．

[120] 王颖．信息网络革命影响下的城市——城市功能的变迁与城市结构的重构 [J]．城市规划，1999（8）：23-26+63．

[121] 王月，李洁．数据中心有力支撑数字经济快速发展 [J]．信息通信技术与政策，2019（2）：6-9．

[122] 王振．2018全球数字经济竞争力发展报告 [M]．北京：社会科学文献出版社，2018．

[123] 王振宇．马克思恩格斯区域经济协调发展思想研究 [J]．实事求是，2011（6）：47-49．

[124] 魏后凯．公平　协调　共享　习近平区域发展战略思想支点与特征 [J]．人民论坛，2014（15）：18-23．

[125] 魏丽华．我国三大城市群内部经济联系对比研究 [J]．经济纵横，2018（1）：45-54．

[126] 吴传清，李季．关于中国城市群发展问题的探讨 [J]．经济前沿，

2003（Z1）：29-31.

［127］肖枫，张俊江．城市群体经济运行模式——兼论建立"共同市场"问题［J］．城市问题，1990（4）：10-14.

［128］肖金成．以城市群为主体实现大中小城市和小城镇协调发展［J］．国家治理，2018（19）：3-11

［129］肖小龙，姚慧琴，常建新．中国西部城市群全要素生产率研究：2001—2010［J］．西北大学学报（哲学社会科学版），2012，42（5）：85-90.

［130］熊剑平，刘承良，袁俊．国外城市群经济联系空间研究进展［J］．世界地理研究，2006（1）：63-70.

［131］熊丽芳，甄峰，王波，等．基于百度指数的长三角核心区城市网络特征研究［J］．经济地理，2013，33（7）：67-73.

［132］熊丽芳，甄峰，席广亮，等．我国三大经济区城市网络变化特征——基于百度信息流的实证研究［J］．热带地理，2014，34（1）：34-43.

［133］徐传谌，谢地．产业经济学［M］．北京：科学出版社，2007.

［134］徐清源，单志广，马潮江．国内外数字经济测度指标体系研究综述［J］．调研世界，2018（11）：52-58.

［135］徐淑丹．中国城市的资本存量估算和技术进步率：1992~2014年［J］．管理世界，2017（1）：17-29+187.

［136］《信息时代社会经济空间组织的变革》编委会．信息时代社会经济空间组织的变革［M］．北京：科学出版社，2018.

［137］薛宗保．成渝经济区城市流强度研究［J］．江西农业学报，2011，23（1）：197-201.

［138］闫超栋，马静．中国省际信息化的空间关联及其影响因素分析［J］．情报科学，2017，35（6）：145-153.

［139］杨开忠．改革开放以来中国区域发展的理论与实践［M］．北京：科学出版社，2010.

［140］杨水根，王露．长三角城市群经济关联、空间溢出与经济增长——基于空间面板计量模型的实证研究［J］．系统工程，2017，35（11）：99-109.

［141］杨重光．新经济对中国城市发展的挑战［J］．中国城市经济，2001（3）：26-29+32.

［142］姚士谋，朱英明，陈振光．信息环境下城市群区的发展［J］．城市规划，2001（8）：16-18.

［143］姚士谋，等．中国城市群［M］．合肥：中国科学技术大学出版社，2001.

[144] 叶超. 马克思主义与城市问题结合研究的典范——大卫·哈维的《资本的城市化》述评 [J]. 国际城市规划, 2011 (4): 98-101.

[145] 叶初升, 任兆柯. 互联网的经济增长效应和结构调整效应——基于地级市面板数据的实证研究 [J]. 南京社会科学, 2018 (4): 18-29.

[146] 余沛. 中原城市群空间联系研究 [D]. 成都: 西南交通大学, 2011.

[147] 郁鸿胜. 崛起之路: 城市群发展与制度创新 [M]. 长沙: 湖南人民出版社, 2005.

[148] 曾鹏, 黄图毅, 阙菲菲. 中国十大城市群空间结构特征比较研究 [J]. 经济地理, 2011, 31 (4): 603-608.

[149] 曾鹏, 李方犁. 中国十大城市群经济联系结构比较研究 [J]. 云南师范大学学报 (哲学社会科学版), 2016, 48 (5): 100-111.

[150] 曾艺, 韩峰, 刘俊峰. 生产性服务业集聚提升城市经济增长质量了吗? [J]. 数量经济技术经济研究, 2019, 36 (5): 83-100.

[151] 张海波, 刘颖. 我国粮食主产省农业全要素生产率实证分析 [J]. 华中农业大学学报 (社会科学版), 2011 (5): 35-38.

[152] 张海涛. 丝绸之路经济带交通基础设施建设的空间效应研究 [D]. 长春: 吉林大学, 2017.

[153] 张浩然, 衣保中. 城市群空间结构特征与经济绩效——来自中国的经验证据 [J]. 经济评论, 2012 (1): 42-47+115.

[154] 张红. 城市群空间组织结构演化的内在动力和优化研究 [D]. 哈尔滨: 哈尔滨工业大学, 2016.

[155] 张鸿. 用数字经济思维构建关中平原智慧城市群竞争新优势 [J]. 新西部, 2018 (13): 80-81.

[156] 张继龙. 论大卫·哈维的城市空间思想及其现实意义 [J]. 科学·经济·社会, 2016, 34 (3): 1-7.

[157] 张佳. 新马克思主义城市空间理论的核心论题及其理论贡献 [J]. 江汉论坛, 2017 (9): 70-75.

[158] 张京祥. 城镇群体空间组合 [M]. 南京: 东南大学出版社, 2000.

[159] 张军, 吴桂英, 张吉鹏. 中国省际物质资本存量估算: 1952—2000 [J]. 经济研究, 2004 (10): 35-44.

[160] 张亮亮, 刘小凤, 陈志. 中国数字经济发展的战略思考 [J]. 现代管理科学, 2018 (5): 88-90.

[161] 张旭亮, 宁越敏. 长三角城市群城市经济联系及国际化空间发展战略 [J]. 经济地理, 2011, 31 (3): 353-359.

[162] 张学良, 李培鑫. 城市群经济机理与中国城市群竞争格局 [J]. 探索与争鸣, 2014 (9): 59-63.

[163] 张雪玲, 焦月霞. 中国数字经济发展指数及其应用初探 [J]. 浙江社会科学, 2017 (4): 32-40+157.

[164] 张自然. TFP 增长对中国城市经济增长与波动的影响——基于 264 个地级及地级以上城市数据 [J]. 金融评论, 2014, 6 (1): 24-37+123-124.

[165] 甄峰, 刘晓霞, 刘慧. 信息技术影响下的区域城市网络: 城市研究的新方向 [J]. 人文地理, 2007 (2): 76-80+71.

[166] 郑广建. 交通基础设施、空间结构调整与区域经济协调 [D]. 杭州: 浙江大学, 2014.

[167] 郑国, 赵群毅. 山东半岛城市群主要经济联系方向研究 [J]. 地域研究与开发, 2004 (5): 51-54+96.

[168] 中国电子信息产业发展研究院. 数字丝绸之路"一带一路"数字经济的机遇与挑战 [M]. 北京: 人民邮电出版社, 2017.

[169] 种照辉, 覃成林, 叶信岳. 城市群经济网络与经济增长——基于大数据与网络分析方法的研究 [J]. 统计研究, 2018, 35 (1): 13-21.

[170] 周伟林. 长三角城市群经济与空间的特征及其演化机制 [J]. 世界经济文汇, 2005 (Z1): 142-146.

[171] 周一星. 主要经济联系方向论 [J]. 城市规划, 1998 (2): 22-25+61.

[172] 朱邦耀. 吉林省中部城市群经济空间格局演化与协调发展研究 [D]. 长春: 东北师范大学, 2017.

[173] 朱道才, 陆林, 晋秀龙, 等. 基于引力模型的安徽城市空间格局研究 [J]. 地理科学, 2011 (5): 551-556.

[174] 邹军, 张京祥, 胡丽娅. 城镇体系规划 [M]. 南京: 东南大学出版社, 2002.

[175] 邹永广. "一带一路"中国主要节点城市旅游的经济联系——空间结构与合作格局 [J]. 经济管理, 2017, 39 (5): 22-35.

附录一

中共中央 国务院关于构建数据基础制度更好发挥数据要素作用的意见[①]

（2022年12月2日）

数据作为新型生产要素，是数字化、网络化、智能化的基础，已快速融入生产、分配、流通、消费和社会服务管理等各环节，深刻改变着生产方式、生活方式和社会治理方式。数据基础制度建设事关国家发展和安全大局。为加快构建数据基础制度，充分发挥我国海量数据规模和丰富应用场景优势，激活数据要素潜能，做强做优做大数字经济，增强经济发展新动能，构筑国家竞争新优势，现提出如下意见。

一、总体要求

（一）指导思想。以习近平新时代中国特色社会主义思想为指导，深入贯彻党的二十大精神，完整、准确、全面贯彻新发展理念，加快构建新发展格局，坚持改革创新、系统谋划，以维护国家数据安全、保护个人信息和商业秘密为前提，以促进数据合规高效流通使用、赋能实体经济为主线，以数据产权、流通交易、收益分配、安全治理为重点，深入参与国际高标准数字规则制定，构建适应数据特征、符合数字经济发展规律、保障国家数据安全、彰显创新引领的数据基础制度，充分实现数据要素价值、促进全体人民共享数字经济发展红利，为深化创新驱动、推动高质量发展、推进国家治理体系和治理能力现代化提供有力

---

① 摘自中华人民共和国中央人民政府网站，全文只进行了体例上的调整。

支撑。

（二）工作原则。

——遵循发展规律，创新制度安排。充分认识和把握数据产权、流通、交易、使用、分配、治理、安全等基本规律，探索有利于数据安全保护、有效利用、合规流通的产权制度和市场体系，完善数据要素市场体制机制，在实践中完善，在探索中发展，促进形成与数字生产力相适应的新型生产关系。

——坚持共享共用，释放价值红利。合理降低市场主体获取数据的门槛，增强数据要素共享性、普惠性，激励创新创业创造，强化反垄断和反不正当竞争，形成依法规范、共同参与、各取所需、共享红利的发展模式。

——强化优质供给，促进合规流通。顺应经济社会数字化转型发展趋势，推动数据要素供给调整优化，提高数据要素供给数量和质量。建立数据可信流通体系，增强数据的可用、可信、可流通、可追溯水平。实现数据流通全过程动态管理，在合规流通使用中激活数据价值。

——完善治理体系，保障安全发展。统筹发展和安全，贯彻总体国家安全观，强化数据安全保障体系建设，把安全贯穿数据供给、流通、使用全过程，划定监管底线和红线。加强数据分类分级管理，把该管的管住、该放的放开，积极有效防范和化解各种数据风险，形成政府监管与市场自律、法治与行业自治协同、国内与国际统筹的数据要素治理结构。

——深化开放合作，实现互利共赢。积极参与数据跨境流动国际规则制定，探索加入区域性国际数据跨境流动制度安排。推动数据跨境流动双边多边协商，推进建立互利互惠的规则等制度安排。鼓励探索数据跨境流动与合作的新途径新模式。

二、建立保障权益、合规使用的数据产权制度

探索建立数据产权制度，推动数据产权结构性分置和有序流通，结合数据要素特性强化高质量数据要素供给；在国家数据分类分级保护制度下，推进数据分类分级确权授权使用和市场化流通交易，健全数据要素权益保护制度，逐步形成具有中国特色的数据产权制度体系。

（三）探索数据产权结构性分置制度。建立公共数据、企业数据、个人数据的分类分级确权授权制度。根据数据来源和数据生成特征，分别界定数据生产、流通、使用过程中各参与方享有的合法权利，建立数据资源持有权、数据加工使用权、数据产品经营权等分置的产权运行机制，推进非公共数据按市场化方式"共同使用、共享收益"的新模式，为激活数据要素价值创造和价值实现提供基础性制度保障。研究数据产权登记新方式。在保障安全前提下，推动数据处理者

依法依规对原始数据进行开发利用，支持数据处理者依法依规行使数据应用相关权利，促进数据使用价值复用与充分利用，促进数据使用权交换和市场化流通。审慎对待原始数据的流转交易行为。

（四）推进实施公共数据确权授权机制。对各级党政机关、企事业单位依法履职或提供公共服务过程中产生的公共数据，加强汇聚共享和开放开发，强化统筹授权使用和管理，推进互联互通，打破"数据孤岛"。鼓励公共数据在保护个人隐私和确保公共安全的前提下，按照"原始数据不出域、数据可用不可见"的要求，以模型、核验等产品和服务等形式向社会提供，对不承载个人信息和不影响公共安全的公共数据，推动按用途加大供给使用范围。推动用于公共治理、公益事业的公共数据有条件无偿使用，探索用于产业发展、行业发展的公共数据有条件有偿使用。依法依规予以保密的公共数据不予开放，严格管控未依法依规公开的原始公共数据直接进入市场，保障公共数据供给使用的公共利益。

（五）推动建立企业数据确权授权机制。对各类市场主体在生产经营活动中采集加工的不涉及个人信息和公共利益的数据，市场主体享有依法依规持有、使用、获取收益的权益，保障其投入的劳动和其他要素贡献获得合理回报，加强数据要素供给激励。鼓励探索企业数据授权使用新模式，发挥国有企业带头作用，引导行业龙头企业、互联网平台企业发挥带动作用，促进与中小微企业双向公平授权，共同合理使用数据，赋能中小微企业数字化转型。支持第三方机构、中介服务组织加强数据采集和质量评估标准制定，推动数据产品标准化，发展数据分析、数据服务等产业。政府部门履职可依法依规获取相关企业和机构数据，但须约定并严格遵守使用限制要求。

（六）建立健全个人信息数据确权授权机制。对承载个人信息的数据，推动数据处理者按照个人授权范围依法依规采集、持有、托管和使用数据，规范对个人信息的处理活动，不得采取"一揽子授权"、强制同意等方式过度收集个人信息，促进个人信息合理利用。探索由受托者代表个人利益，监督市场主体对个人信息数据进行采集、加工、使用的机制。对涉及国家安全的特殊个人信息数据，可依法依规授权有关单位使用。加大个人信息保护力度，推动重点行业建立完善长效保护机制，强化企业主体责任，规范企业采集使用个人信息行为。创新技术手段，推动个人信息匿名化处理，保障使用个人信息数据时的信息安全和个人隐私。

（七）建立健全数据要素各参与方合法权益保护制度。充分保护数据来源者合法权益，推动基于知情同意或存在法定事由的数据流通使用模式，保障数据来源者享有获取或复制转移由其促成产生数据的权益。合理保护数据处理者对依法依规持有的数据进行自主管控的权益。在保护公共利益、数据安全、数据来源者合法权益的前提下,承认和保护依照法律规定或合同约定获取的数据加工使用权,尊重数据采集、加工等数据处理者的劳动和其他要素贡献,充分保障数据处理者使用数据和获得收益的权利。保护经加工、分析等形成数据或数据衍生产品的经营权,依法依规规范数据处理者许可他人使用数据或数据衍生产品的权利,促进数据要素流通复用。建立健全基于法律规定或合同约定流转数据相关财产性权益的机制。在数据处理者发生合并、分立、解散、被宣告破产时,推动相关权利和义务依法依规同步转移。

三、建立合规高效、场内外结合的数据要素流通和交易制度

完善和规范数据流通规则,构建促进使用和流通、场内场外相结合的交易制度体系,规范引导场外交易,培育壮大场内交易;有序发展数据跨境流通和交易,建立数据来源可确认、使用范围可界定、流通过程可追溯、安全风险可防范的数据可信流通体系。

(八)完善数据全流程合规与监管规则体系。建立数据流通准入标准规则,强化市场主体数据全流程合规治理,确保流通数据来源合法、隐私保护到位、流通和交易规范。结合数据流通范围、影响程度、潜在风险,区分使用场景和用途用量,建立数据分类分级授权使用规范,探索开展数据质量标准化体系建设,加快推进数据采集和接口标准化,促进数据整合互通和互操作。支持数据处理者依法依规在场内和场外采取开放、共享、交换、交易等方式流通数据。鼓励探索数据流通安全保障技术、标准、方案。支持探索多样化、符合数据要素特性的定价模式和价格形成机制,推动用于数字化发展的公共数据按政府指导定价有偿使用,企业与个人信息数据市场自主定价。加强企业数据合规体系建设和监管,严厉打击黑市交易,取缔数据流通非法产业。建立实施数据安全管理认证制度,引导企业通过认证提升数据安全管理水平。

(九)统筹构建规范高效的数据交易场所。加强数据交易场所体系设计,统筹优化数据交易场所的规划布局,严控交易场所数量。出台数据交易场所管理办法,建立健全数据交易规则,制定全国统一的数据交易、安全等标准体系,降低交易成本。引导多种类型的数据交易场所共同发展,突出国家级数据交易场所合规监管和基础服务功能,强化其公共属性和公益定位,推进数据交易场所与数据商功能分离,鼓励各类数据商进场交易。规范各地区各部门设立的区域性数据交易场所和行业性数据交易平台,构建多层次市场交易体系,推动区域性、行业性数据流通使用。促进区域性数据交易场所和行业性数据交易平台与国家级数据交易场所互联互通。构建集约高效的数据流通基础设施,为场内集中交易和场外分散交易提供低成本、高效率、可信赖的流通环境。

（十）培育数据要素流通和交易服务生态。围绕促进数据要素合规高效、安全有序流通和交易需要，培育一批数据商和第三方专业服务机构。通过数据商，为数据交易双方提供数据产品开发、发布、承销和数据资产的合规化、标准化、增值化服务，促进提高数据交易效率。在智能制造、节能降碳、绿色建造、新能源、智慧城市等重点领域，大力培育贴近业务需求的行业性、产业化数据商，鼓励多种所有制数据商共同发展、平等竞争。有序培育数据集成、数据经纪、合规认证、安全审计、数据公证、数据保险、数据托管、资产评估、争议仲裁、风险评估、人才培训等第三方专业服务机构，提升数据流通和交易全流程服务能力。

（十一）构建数据安全合规有序跨境流通机制。开展数据交互、业务互通、监管互认、服务共享等方面国际交流合作，推进跨境数字贸易基础设施建设，以《全球数据安全倡议》为基础，积极参与数据流动、数据安全、认证评估、数字货币等国际规则和数字技术标准制定。坚持开放发展，推动数据跨境双向有序流动，鼓励国内外企业及组织依法依规开展数据跨境流动业务合作，支持外资依法依规进入开放领域，推动形成公平竞争的国际化市场。针对跨境电商、跨境支付、供应链管理、服务外包等典型应用场景，探索安全规范的数据跨境流动方式。统筹数据开发利用和数据安全保护，探索建立跨境数据分类分级管理机制。对影响或者可能影响国家安全的数据处理、数据跨境传输、外资并购等活动依法依规进行国家安全审查。按照对等原则，对维护国家安全和利益、履行国际义务相关的属于管制物项的数据依法依规实施出口管制，保障数据用于合法用途，防范数据出境安全风险。探索构建多渠道、便利化的数据跨境流动监管机制，健全多部门协调配合的数据跨境流动监管体系。反对数据霸权和数据保护主义，有效应对数据领域"长臂管辖"。

四、建立体现效率、促进公平的数据要素收益分配制度

顺应数字产业化、产业数字化发展趋势，充分发挥市场在资源配置中的决定性作用，更好发挥政府作用。完善数据要素市场化配置机制，扩大数据要素市场化配置范围和按价值贡献参与分配渠道。完善数据要素收益的再分配调节机制，让全体人民更好共享数字经济发展成果。

（十二）健全数据要素由市场评价贡献、按贡献决定报酬机制。结合数据要素特征，优化分配结构，构建公平、高效、激励与规范相结合的数据价值分配机制。坚持"两个毫不动摇"，按照"谁投入、谁贡献、谁受益"原则，着重保护数据要素各参与方的投入产出收益，依法依规维护数据资源资产权益，探索个人、企业、公共数据分享价值收益的方式，建立健全更加合理的市场评价机制，促进劳动者贡献和劳动报酬相匹配。推动数据要素收益向数据价值和使用价值的

创造者合理倾斜,确保在开发挖掘数据价值各环节的投入有相应回报,强化基于数据价值创造和价值实现的激励导向。通过分红、提成等多种收益共享方式,平衡兼顾数据内容采集、加工、流通、应用等不同环节相关主体之间的利益分配。

(十三)更好发挥政府在数据要素收益分配中的引导调节作用。逐步建立保障公平的数据要素收益分配体制机制,更加关注公共利益和相对弱势群体。加大政府引导调节力度,探索建立公共数据资源开放收益合理分享机制,允许并鼓励各类企业依法依规依托公共数据提供公益服务。推动大型数据企业积极承担社会责任,强化对弱势群体的保障帮扶,有力有效应对数字化转型过程中的各类风险挑战。不断健全数据要素市场体系和制度规则,防止和依法依规规制资本在数据领域无序扩张形成市场垄断等问题。统筹使用多渠道资金资源,开展数据知识普及和教育培训,提高社会整体数字素养,着力消除不同区域间、人群间数字鸿沟,增进社会公平、保障民生福祉、促进共同富裕。

五、建立安全可控、弹性包容的数据要素治理制度

把安全贯穿数据治理全过程,构建政府、企业、社会多方协同的治理模式,创新政府治理方式,明确各方主体责任和义务,完善行业自律机制,规范市场发展秩序,形成有效市场和有为政府相结合的数据要素治理格局。

(十四)创新政府数据治理机制。充分发挥政府有序引导和规范发展的作用,守住安全底线,明确监管红线,打造安全可信、包容创新、公平开放、监管有效的数据要素市场环境。强化分行业监管和跨行业协同监管,建立数据联管联治机制,建立健全鼓励创新、包容创新的容错纠错机制。建立数据要素生产流通使用全过程的合规公证、安全审查、算法审查、监测预警等制度,指导各方履行数据要素流通安全责任和义务。建立健全数据流通监管制度,制定数据流通和交易负面清单,明确不能交易或严格限制交易的数据项。强化反垄断和反不正当竞争,加强重点领域执法司法,依法依规加强经营者集中审查,依法依规查处垄断协议、滥用市场支配地位和违法实施经营者集中行为,营造公平竞争、规范有序的市场环境。在落实网络安全等级保护制度的基础上全面加强数据安全保护工作,健全网络和数据安全保护体系,提升纵深防护与综合防御能力。

(十五)压实企业的数据治理责任。坚持"宽进严管"原则,牢固树立企业的责任意识和自律意识。鼓励企业积极参与数据要素市场建设,围绕数据来源、数据产权、数据质量、数据使用等,推行面向数据商及第三方专业服务机构的数据流通交易声明和承诺制。严格落实相关法律规定,在数据采集汇聚、加工处理、流通交易、共享利用等各环节,推动企业依法依规承担相应责任。企业应严格遵守反垄断法等相关法律规定,不得利用数据、算法等优势和技术手段排除、

限制竞争，实施不正当竞争。规范企业参与政府信息化建设中的政务数据安全管理，确保有规可循、有序发展、安全可控。建立健全数据要素登记及披露机制，增强企业社会责任，打破"数据垄断"，促进公平竞争。

（十六）充分发挥社会力量多方参与的协同治理作用。鼓励行业协会等社会力量积极参与数据要素市场建设，支持开展数据流通相关安全技术研发和服务，促进不同场景下数据要素安全可信流通。建立数据要素市场信用体系，逐步完善数据交易失信行为认定、守信激励、失信惩戒、信用修复、异议处理等机制。畅通举报投诉和争议仲裁渠道，维护数据要素市场良好秩序。加快推进数据管理能力成熟度国家标准及数据要素管理规范贯彻执行工作，推动各部门各行业完善元数据管理、数据脱敏、数据质量、价值评估等标准体系。

六、保障措施

加大统筹推进力度，强化任务落实，创新政策支持，鼓励有条件的地方和行业在制度建设、技术路径、发展模式等方面先行先试，鼓励企业创新内部数据合规管理体系，不断探索完善数据基础制度。

（十七）切实加强组织领导。加强党对构建数据基础制度工作的全面领导，在党中央集中统一领导下，充分发挥数字经济发展部际联席会议作用，加强整体工作统筹，促进跨地区跨部门跨层级协同联动，强化督促指导。各地区各部门要高度重视数据基础制度建设，统一思想认识，加大改革力度，结合各自实际，制定工作举措，细化任务分工，抓好推进落实。

（十八）加大政策支持力度。加快发展数据要素市场，做大做强数据要素型企业。提升金融服务水平，引导创业投资企业加大对数据要素型企业的投入力度，鼓励征信机构提供基于企业运营数据等多种数据要素的多样化征信服务，支持实体经济企业特别是中小微企业数字化转型赋能开展信用融资。探索数据资产入表新模式。

（十九）积极鼓励试验探索。坚持顶层设计与基层探索结合，支持浙江等地区和有条件的行业、企业先行先试，发挥好自由贸易港、自由贸易试验区等高水平开放平台作用，引导企业和科研机构推动数据要素相关技术和产业应用创新。采用"揭榜挂帅"方式，支持有条件的部门、行业加快突破数据可信流通、安全治理等关键技术，建立创新容错机制，探索完善数据要素产权、定价、流通、交易、使用、分配、治理、安全的政策标准和体制机制，更好发挥数据要素的积极作用。

（二十）稳步推进制度建设。围绕构建数据基础制度，逐步完善数据产权界定、数据流通和交易、数据要素收益分配、公共数据授权使用、数据交易场所建设、数据治理等主要领域关键环节的政策及标准。加强数据产权保护、数据要素市场制度建设、数据要素价格形成机制、数据要素收益分配、数据跨境传输、争议解决等理论研究和立法研究，推动完善相关法律制度。及时总结提炼可复制可推广的经验和做法，以点带面推动数据基础制度构建实现新突破。数字经济发展部际联席会议定期对数据基础制度建设情况进行评估，适时进行动态调整，推动数据基础制度不断丰富完善。

附录二

数字经济及其核心产业统计分类（2021）[①]

一、分类目的

为贯彻落实党中央、国务院关于数字经济和信息化发展战略的重大决策部署，科学界定数字经济及其核心产业统计范围，全面统计数字经济发展规模、速度、结构，满足各级党委、政府和社会各界对数字经济的统计需求，制定本分类。

二、编制原则

（一）以党中央、国务院有关文件为依据。本分类贯彻落实党中央、国务院关于数字经济发展战略的重大决策部署，依据 G20 杭州峰会提出的《二十国集团数字经济发展与合作倡议》，以及《中华人民共和国国民经济和社会发展第十四个五年规划和2035年远景目标纲要》《国家信息化发展战略纲要》《关于促进互联网金融健康发展的指导意见》等政策文件，确定数字经济的基本范围。

（二）以国内外相关统计分类标准为参考。本分类充分借鉴国内外相关机构关于数字经济分类的方法，参照《新产业新业态新商业模式统计分类（2018）》《战略性新兴产业分类（2018）》《统计上划分信息相关产业暂行规定》等相关统计分类标准，最大程度反映与数字技术紧密相关的各种基本活动。

[①] 摘自中华人民共和国中央人民政府网站，全文只进行了体例上的修改。

(三）以《国民经济行业分类》为基础。本分类基于《国民经济行业分类》（GB/T 4754—2017）同质性原则，对国民经济行业分类中符合数字经济产业特征的和以提供数字产品（货物或服务）为目的的相关行业类别活动进行再分类。

（四）以满足数字经济统计监测为目的。本分类立足现行统计工作实际，聚焦数字经济统计核算需求，充分考虑分类的可操作性和数据的可获得性，力求全面、准确反映数字经济及其核心产业发展状况。

三、概念界定和分类范围

数字经济是指以数据资源作为关键生产要素、以现代信息网络作为重要载体、以信息通信技术的有效使用作为效率提升和经济结构优化的重要推动力的一系列经济活动。本分类将数字经济产业范围确定为：01 数字产品制造业、02 数字产品服务业、03 数字技术应用业、04 数字要素驱动业、05 数字化效率提升业等 5 个大类。

数字经济核心产业是指为产业数字化发展提供数字技术、产品、服务、基础设施和解决方案，以及完全依赖于数字技术、数据要素的各类经济活动。本分类中 01~04 大类为数字经济核心产业。

四、结构和编码

本分类采用线分类法和分层次编码方法，将数字经济活动划分为三层，分别用阿拉伯数字编码表示。第一层为大类，用 2 位数字表示，共有 5 个大类；第二层为中类，用 4 位数字表示，共有 32 个中类；第三层为小类，用 6 位数字表示，共有 156 个小类。

本分类代码结构：

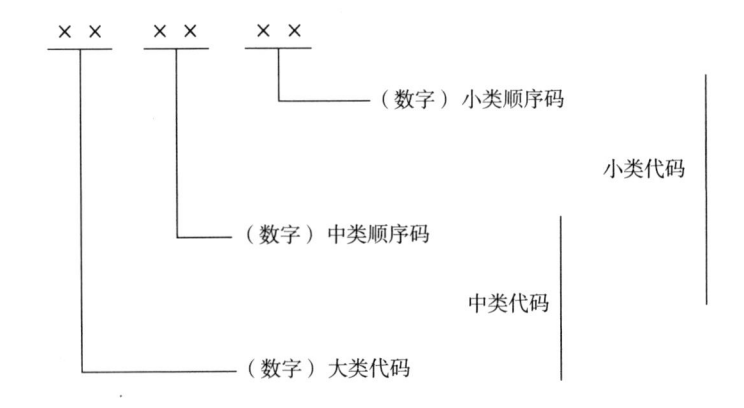

```
×× ×× ××
        └──（数字）小类顺序码
              小类代码
     └──（数字）中类顺序码
           中类代码
└──（数字）大类代码
```

五、有关说明

（一）数字经济核心产业对应的 01~04 大类即数字产业化部分，主要包括计算机通信和其他电子设备制造业、电信广播电视和卫星传输服务、互联网和相关服务、软件和信息技术服务业等，是数字经济发展的基础；第 05 大类为产业数字化部分，指应用数字技术和数据资源为传统产业带来的产出增加和效率提升，是数字技术与实体经济的融合。

（二）本分类所涉及国民经济行业分类的具体范围和说明，与《2017 国民经济行业分类注释》相一致。

六、数字经济及其核心产业统计分类

附表 1 数字经济及其核心产业统计分类

代码 大类	代码 中类	代码 小类	名称	说明	国民经济行业代码及名称（2017）
★①01 数字产品制造业	0101 计算机制造	010101	计算机整机制造	指将可进行算术或逻辑运算的中央处理器和外围设备集成计算整机的制造，包括硬件与软件集成计算机系统的制造、来件组装计算机的加工	3911 计算机整机制造
		010102	计算机零部件制造	指组成电子计算机的内存、板卡、硬盘、电源、机箱、显示器等部件的制造	3912 计算机零部件制造
		010103	计算机外围设备制造	指计算机外围设备及附属设备的制造，包括输入设备、输出设备和外存储设备等制造	3913 计算机外围设备制造
		010104	工业控制计算机及系统制造	指一种采用总线结构，对生产过程及机电设备、工艺装备进行检测与控制的工具总称；工控机具有重要的计算机属性和特征，如具有计算机 CPU、硬盘、内存、外设及接口，并有操作系统、控制网络和协议、计算能力、友好的人机界面；工控行业的产品和技术非常特殊，属于中间产品，是为其他各行业提供可靠、嵌入式、智能化的工业计算机制造	3914 工业控制计算机及系统制造

---

① "★"为数字经济核心产业标识，下同。

续表

代码 大类	代码 中类	代码 小类	名称	说明	国民经济行业代码及名称（2017）
★01 数字产品制造业	0101 计算机制造	010105	信息安全设备制造	指用于保护网络和计算机中信息和数据安全的专用设备的制造，包括边界安全、通信安全、身份鉴别与访问控制、数据安全、基础平台、内容安全、评估审计与监控、安全应用设备等制造	3915 信息安全设备制造
		010106	其他计算机制造	指计算机应用电子设备（以中央处理器为核心，配以专业功能模块、外围设备等构成各行业应用领域专用的电子产品及设备，如金融电子、汽车电子、医疗电子、信息采集及识别设备、数字化3C产品等），以及其他未列明计算机设备的制造	3919 其他计算机制造
	0102 通讯及雷达设备制造	010201	通信系统设备制造	指固定或移动通信接入、传输、交换设备等通信系统建设所需设备的制造	3921 通信系统设备制造
		010202	通信终端设备制造	指固定或移动通信终端设备的制造	3922 通信终端设备制造
		010203	雷达及配套设备制造	指雷达整机及雷达配套产品的制造	3940 雷达及配套设备制造
	0103 数字媒体设备制造	010301	广播电视节目制作及发射设备制造	指广播电视节目制作、发射设备及器材的制造	3931 广播电视节目制作及发射设备制造
		010302	广播电视接收设备制造	指专业广播电视接收设备的制造。不包括家用广播电视接收设备的制造	3932 广播电视接收设备制造
		010303	广播电视专用配件制造	指专业用录像重放及其他配套的广播电视设备的制造。不包括家用广播电视装置的制造	3933 广播电视专用配件制造
		010304	专业音响设备制造	指广播电视、影剧院、各种场地等专业用录音、音响设备及其他配套设备的制造	3934 专业音响设备制造

续表

代码 大类	代码 中类	代码 小类	名称	说明	国民经济行业代码及名称（2017）
★01 数字产品制造业	0103 数字媒体设备制造	010305	应用电视设备及其他广播电视设备制造	指应用电视设备、其他广播电视设备和器材的制造	3939 应用电视设备及其他广播电视设备制造
		010306	电视机制造	指非专业用电视机制造	3951 电视机制造
		010307	音响设备制造	指非专业用智能音响、无线电收音机、收录音机、唱机等音响设备的制造	3952 音响设备制造
		010308	影视录放设备制造	指非专业用智能机顶盒、录像机、摄像机、激光视盘机等影视设备整机及零部件的制造，包括教学用影视设备的制造。不包括广播电视等专业影视设备的制造	3953 影视录放设备制造
	0104 智能设备制造	010401	工业机器人制造	指用于工业自动化领域的工业机器人的制造，如焊接专用机器人、喷涂机器人、工厂用物流机器人、机械式遥控操作装置（遥控机械手）等	3491 工业机器人制造
		010402	特殊作业机器人制造	指用于特殊性作业的机器人的制造，如水下、危险环境、高空作业、国防、科考、特殊搬运、农业等特殊作业机器人	3492 特殊作业机器人制造
		010403	智能照明器具制造	指利用计算机、无线通讯数据传输、扩频电力载波通讯技术、计算机智能化信息处理及节能型电器控制等技术组成的分布式无线遥测、遥控、遥讯控制系统，具有灯光亮度的强弱调节、灯光软启动、定时控制、场景设置等功能的照明器具的制造	3874 智能照明器具制造
		010404	可穿戴智能设备制造	指由用户穿戴和控制，并且自然、持续地运行和交互的个人移动计算设备产品的制造，包括可穿戴运动监测设备的制造	3961 可穿戴智能设备制造

续表

代码			名称	说明	国民经济行业代码及名称（2017）
大类	中类	小类			
★01 数字产品制造业	0104 智能设备制造	010405	智能车载设备制造	指包含具备汽车联网、自动驾驶、车内及车际通讯、智能交通基础设施通信等功能要素，融合了传感器、雷达、卫星定位、导航、人工智能等技术，使汽车具备智能环境感知能力，自动分析汽车行驶的安全及危险状态目的的车载终端产品及相关配套设备的制造	3962 智能车载设备制造
		010406	智能无人飞行器制造	指按照国家有关安全规定标准，经允许生产并主要用于娱乐、科普等领域的智能无人飞行器的制造	3963 智能无人飞行器制造
		010407	服务消费机器人制造	指除工业和特殊作业以外的各种机器人的制造，包括用于个人、家庭及商业服务类机器人，如家务机器人、餐饮用机器人、宾馆用机器人、销售用机器人、娱乐机器人、助老助残机器人、医疗机器人、清洁机器人等	3964 服务消费机器人制造
		010408	其他智能消费设备制造	指其他未列明的智能消费设备的制造	3969 其他智能消费设备制造
	0105 电子元器件及设备制造	010501	半导体器件专用设备制造	指生产集成电路、二极管（含发光二极管）、三极管、太阳能电池片的设备的制造	3562 半导体器件专用设备制造
		010502	电子元器件与机电组件设备制造	指生产电容、电阻、电感、印制电路板、电声元件、锂离子电池等电子元器件与机电组件的设备的制造	3563 电子元器件与机电组件设备制造
		010503	电力电子元器件制造	指用于电能变换和控制（从而实现运动控制）的电子元器件的制造	3824 电力电子元器件制造
		010504	光伏设备及元器件制造	指太阳能组件（太阳能电池）、控制设备及其他太阳能设备和元器件制造。不包括太阳能用蓄电池制造	3825 光伏设备及元器件制造

续表

大类	中类	小类	名称	说明	国民经济行业代码及名称（2017）
★01 数字产品制造业	0105 电子元器件及设备制造	010505	电气信号设备装置制造	指交通运输工具（如机动车、船舶、铁道车辆等）专用信号装置及各种电气音响或视觉报警、警告、指示装置的制造，以及其他电气声像信号装置的制造	3891 电气信号设备装置制造
		010506	电子真空器件制造	指电子热离子管、冷阴极管或光电阴极管及其他真空电子器件，以及电子管零件的制造	3971 电子真空器件制造
		010507	半导体分立器件制造	指各类半导体分立器件的制造	3972 半导体分立器件制造
		010508	集成电路制造	指单片集成电路、混合式集成电路的制造	3973 集成电路制造
		010509	显示器件制造	指基于电子手段呈现信息供视觉感受的器件及模组的制造，包括薄膜晶体管液晶显示器件（TN/STN-LCD、TFT-LCD）、场发射显示器件（FED）、真空荧光显示器件（VFD）、有机发光二极管显示器件（OLED）、等离子显示器件（PDP）、发光二极管显示器件（LED）、曲面显示器件以及柔性显示器件等	3974 显示器件制造
		010510	半导体照明器件制造	指用于半导体照明的发光二极管（LED）、有机发光二极管（OLED）等器件的制造	3975 半导体照明器件制造
		010511	光电子器件制造	指利用半导体光—电子（或电—光子）转换效应制成的各种功能器件的制造	3976 光电子器件制造
		010512	电阻电容电感元件制造	指电容器（包括超级电容器）、电阻器、电位器、电感器件、电子变压器件的制造	3981 电阻电容电感元件制造
		010513	电子电路制造	指在绝缘基材上采用印制工艺形成电气电子连接电路，以及附有无源与有源元件的制造，包括印刷电路板及附有元器件构成电子电路功能组合件	3982 电子电路制造

续表

代码 大类	代码 中类	代码 小类	名称	说明	国民经济行业代码及名称（2017）
★01 数字产品制造业	0105 电子元器件及设备制造	010514	敏感元件及传感器制造	指按一定规律，将感受到的信息转换成为电信号或其他所需形式的信息输出的敏感元件及传感器的制造	3983 敏感元件及传感器制造
		010515	电声器件及零件制造	指扬声器、送受话器、耳机、音箱等器件及零件的制造	3984 电声器件及零件制造
		010516	电子专用材料制造	指用于电子元器件、组件及系统制备的专用电子功能材料、互联与封装材料、工艺及辅助材料的制造，包括半导体材料、光电材料、磁性材料、锂电池材料、电子陶瓷材料、覆铜板及铜箔材料、电子化工材料等	3985 电子专用材料制造
		010517	其他元器件及设备制造	指其他未列明的电子器件、电子元件、电子设备的制造	3979 其他电子器件制造 3989 其他电子元件制造 3990 其他电子设备制造
	0106 其他数字产品制造业	010601	记录媒介复制	指将母带、母盘上的信息进行批量翻录的生产活动	2330 记录媒介复制
		010602	电子游戏游艺设备制造	指主要安装在室内游乐场所的电子游乐设备的制造，包括电子游戏机等	2462＊游艺用品及室内游艺器材制造
		010603	信息化学品制造	指电影、照相、幻灯、投影、医学和其他生产用感光材料、冲洗套药、磁、光记录材料，光纤维通讯用辅助材料，及其专用化学制剂的制造	2664 文化用信息化学品制造 2665 医学生产用信息化学品制造
		010604	计算器及货币专用设备制造	指金融、商业、交通及办公等使用的电子计算器、具有计算功能的数据记录、重现和显示机器的制造，以及货币专用设备及类似机械的制造	3475 计算器及货币专用设备制造

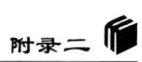

续表

代码 大类	代码 中类	代码 小类	名称	说明	国民经济行业代码及名称（2017）
★01 数字产品制造业	0106 其他数字产品制造业	010605	增材制造装备制造	指以增材制造（3D打印）技术进行加工的设备制造和零部件制造	3493 增材制造装备制造
		010606	专用电线、电缆制造	指在声音、文字、图像等信息传播方面所使用的电线电缆的制造	3831* 电线、电缆制造
		010607	光纤制造	指将电的信号变成光的信号，进行声音、文字、图像等信息传输的光纤的制造	3832 光纤制造
		010608	光缆制造	指利用置于包覆套中的一根或多根光纤作为传输媒质并可以单独或成组使用的光缆的制造	3833 光缆制造
		010609	工业自动控制系统装置制造	指用于连续或断续生产制造过程中，测量和控制生产制造过程的温度、压力、流量、物位等变量或者物体位置、倾斜、旋转等参数的工业用计算机控制系统、检测仪表、执行机构和装置的制造	4011 工业自动控制系统装置制造
★02 数字产品服务业	0201 数字产品批发	020101	计算机、软件及辅助设备批发	指各类计算机、软件及辅助设备的批发和进出口活动	5176 计算机、软件及辅助设备批发
		020102	通讯设备批发	指各类电信设备的批发和进出口活动	5177 通讯设备批发
		020103	广播影视设备批发	指各类广播影视设备的批发和进出口活动	5178 广播影视设备批发
	0202 数字产品零售	020201	计算机、软件及辅助设备零售	指各类计算机、软件及辅助设备的零售活动	5273 计算机、软件及辅助设备零售
		020202	通信设备零售	指各类电信设备的零售活动	5274 通信设备零售
		020203	音像制品、电子和数字出版物零售	指各类音像制品及电子出版物的零售活动	5244 音像制品、电子和数字出版物零售

续表

代码 大类	代码 中类	代码 小类	名称	说明	国民经济行业代码及名称（2017）
★02 数字产品服务业	0203 数字产品租赁	020301	计算机及通讯设备经营租赁	指各类计算机、通讯设备的租赁活动	7114 计算机及通讯设备经营租赁
		020302	音像制品出租	指各种音像制品的出租活动	7125 音像制品出租
	0204 数字产品维修	020401	计算机和辅助设备修理	指各类计算机和辅助设备的修理活动	8121 计算机和辅助设备修理
		020402	通讯设备修理	指电话机、传真机和手机等通讯设备的修理活动	8122 通讯设备修理
	0205 其他数字产品服务业	020500	其他数字产品服务业	指其他未列明数字产品服务业	
★03 数字技术应用业	0301 软件开发	030101	基础软件开发	指能够对硬件资源进行调度和管理、为应用软件提供运行支撑的软件的开发活动，包括操作系统、数据库、中间件、各类固件等	6511 基础软件开发
		030102	支撑软件开发	指软件开发过程中使用到的支撑软件开发的工具和集成环境、测试工具软件等的开发活动	6512 支撑软件开发
		030103	应用软件开发	指独立销售的面向应用需求和解决方案等软件的开发活动，包括通用软件、工业软件、行业软件、嵌入式应用软件等	6513 应用软件开发
		030104	其他软件开发	指其他未列明软件的开发活动，如平台软件、信息安全软件等	6519 其他软件开发
	0302 电信、广播电视和卫星传输服务	030201	电信	指利用有线、无线的电磁系统或者光电系统，传送、发射或者接收语音、文字、数据、图像、视频以及其他任何形式信息的活动	6311 固定电信服务 6312 移动电信服务 6319 其他电信服务

续表

大类	代码 中类	小类	名称	说明	国民经济行业代码及名称（2017）
★03 数字技术应用业	0302 电信、广播电视和卫星传输服务	030202	广播电视传输服务	指利用有线广播电视网络及其信息传输分发交换接入服务和信号，以及利用无线广播电视传输覆盖网及其信息传输分发交换服务信号的传输服务	6321 有线广播电视传输服务 6322 无线广播电视传输服务
		030203	卫星传输服务	指利用卫星提供通讯传输和广播电视传输服务，以及导航、定位、测绘、气象、地质勘查、空间信息等应用服务的活动	6331 广播电视卫星传输服务 6339 其他卫星传输服务
	0303 互联网相关服务	030301	互联网接入及相关服务	指除基础电信运营商外，基于基础传输网络，为存储数据、数据处理及相关活动提供接入互联网的有关应用设施的服务活动	6410 互联网接入及相关服务
		030302	互联网搜索服务	指利用互联网查找、检索存储在其他站点上的信息的服务活动	6421 互联网搜索服务
		030303	互联网游戏服务	指各种互联网游戏服务活动，包括在线网络游戏、互联网电子竞技服务等	6422 互联网游戏服务
		030304	互联网资讯服务	指除基础电信运营商外，通过互联网提供网上新闻、网上新媒体、网上信息发布等信息服务的活动	8610＊新闻业 6429＊互联网其他信息服务
		030305	互联网安全服务	指各种互联网安全服务活动，包括网络安全集成服务、网络安全运维服务、网络安全灾备服务、网络安全监测和应急服务、网络安全认证检测服务、网络安全风险评估服务、网络安全咨询服务、网络安全培训服务等	6440 互联网安全服务
		030306	互联网数据服务	指以互联网技术为基础的大数据处理、云存储、云计算、云加工、区块链等服务活动	6450 互联网数据服务

续表

代码 大类	代码 中类	代码 小类	名称	说明	国民经济行业代码及名称（2017）
★03 数字技术应用业	0303 互联网相关服务	030307	其他互联网相关服务	指除基础电信运营商外，通过互联网提供网上音乐、网上视频、网上表演（直播）、网络动漫、网络艺术品等信息服务的活动，以及物联网服务、互联网资源写作服务、基于IPv6技术提供的网络平台服务等未列明的互联网服务活动。不包括互联网支付、互联网基金销售、互联网保险、互联网信托和互联网消费金融等互联网信息服务	6429＊互联网其他信息服务 6490 其他互联网服务
★03 数字技术应用业	0304 信息技术服务	030401	集成电路设计	指企业开展的集成电路功能研发、设计等服务活动	6520 集成电路设计
★03 数字技术应用业	0304 信息技术服务	030402	信息系统集成服务	指基于需方业务需求进行的信息系统需求分析和系统设计，并通过结构化的综合布缆系统、计算机网络技术和软件技术，将各个分离的设备、功能和信息等集成到相互关联的、统一和协调的系统之中，以及为信息系统的正常运行提供支持的服务活动	6531 信息系统集成服务
★03 数字技术应用业	0304 信息技术服务	030403	物联网技术服务	指提供各种物联网技术支持的服务活动，包括物联网信息感知技术服务、物联网信息传感技术服务、物联网数据通讯技术服务、物联网信息处理技术服务、物联网信息安全技术服务等	6532 物联网技术服务
★03 数字技术应用业	0304 信息技术服务	030404	运行维护服务	指各种运行维护服务活动，包括基础环境运行维护、网络运行维护、软件运行维护、硬件运行维护、局域网安装调试服务、局域网维护服务以及其他运行维护服务、网络技术支持服务等	6540 运行维护服务
★03 数字技术应用业	0304 信息技术服务	030405	信息处理和存储支持服务	指供方向需方提供的信息和数据的分析、整理、计算、编辑、存储等加工处理服务，以及应用软件、信息系统基础设施等租用服务，包括在线企业资源规划（ERP）、在线杀毒、服务器托管、虚拟主机等	6550 信息处理和存储支持服务

续表

大类	代码 中类	小类	名称	说明	国民经济行业代码及名称（2017）
★03 数字技术应用业	0304 信息技术服务	030406	信息技术咨询服务	指在信息资源开发利用、工程建设、人员培训、管理体系建设、技术支撑等方面向需方提供的管理或技术咨询评估服务活动，包括信息化规划、信息技术管理咨询、信息系统工程监理、测试评估、信息技术培训等	6560 信息技术咨询服务
		030407	地理遥感信息及测绘地理信息服务	指各类地理遥感信息服务活动和遥感测绘服务活动，包括互联网地图服务软件、地理信息系统软件、测绘软件、遥感软件、导航与位置服务软件、地图制图软件等地理遥感信息服务，以及卫星定位测量、导航定位服务等遥感测绘服务	6571 地理遥感信息服务 7441 遥感测绘服务 7449 其他测绘地理信息服务
		030408	动漫、游戏及其他数字内容服务	指将动漫和游戏中的图片、文字、视频、音频等信息内容运用数字化技术进行加工、处理、制作并整合应用的服务活动，以及数字文化、数字体育等其他数字内容服务	6572 动漫、游戏数字内容服务 6579 其他数字内容服务
		030409	其他信息技术服务业	指其他上述未列明的信息技术服务业，包括电信呼叫服务、电话信息服务、计算机使用服务等	6591 呼叫中心 6599 其他未列明信息技术服务业
	0305 其他数字技术应用业	030501	三维(3D)打印技术推广服务	指各类三维（3D）打印技术推广服务活动，包括3D打印服务、3D打印技术推广等	7517 三维（3D）打印技术推广服务
		030502	其他未列明数字技术应用业	指其他未列明的数字技术应用业	

续表

代码 大类	代码 中类	代码 小类	名称	说明	国民经济行业代码及名称（2017）
★04 数字要素驱动业	0401 互联网平台	040101	互联网生产服务平台	指专门为生产服务提供第三方服务平台的互联网活动，包括工业互联网平台、互联网大宗商品交易平台、互联网货物运输平台等	6431 互联网生产服务平台
		040102	互联网生活服务平台	指专门为居民生活服务提供第三方服务平台的互联网活动，包括互联网销售平台、互联网约车服务平台、在线旅游经营服务平台、互联网体育平台、互联网教育平台、互联网社交平台等	6432 互联网生活服务平台
		040103	互联网科技创新平台	指专门为科技创新、创业等提供第三方服务平台的互联网活动，包括网络众创平台、网络众包平台、网络众扶平台、技术创新网络平台、科技成果网络推广平台、知识产权交易平台、开源社区平台等	6433 互联网科技创新平台
		040104	互联网公共服务平台	指专门为公共服务提供第三方服务平台的互联网活动，包括互联网政务平台、互联网公共安全服务平台、互联网环境保护平台、互联网数据平台等	6434 互联网公共服务平台
		040105	其他互联网平台	指其他未列明的互联网平台	6439 其他互联网平台
	0402 互联网批发零售	040201	互联网批发	指批发商主要通过互联网电子商务平台开展的商品批发活动	5193 互联网批发
		040202	互联网零售	指零售商通过电子商务平台开展的零售活动。不包括仅提供网络支付的活动，以及仅建立或提供网络交易平台和接入的活动	5292 互联网零售
	0403 互联网金融	040301	网络借贷服务	指依法成立，专门从事网络借贷信息中介业务活动的金融信息中介公司通过互联网平台实现的直接借贷活动	6637 网络借贷服务
		040302	非金融机构支付服务	指非金融机构在收付款人之间作为中介机构提供的货币资金转移服务，包括第三方支付机构从事的互联网支付、预付卡的发行与受理、银行卡收单以及中国人民银行确定的其他支付等服务	6930 非金融机构支付服务
		040303	金融信息服务	指向从事金融分析、金融交易、金融决策或者其他金融活动的用户提供可能影响金融市场的信息（或者金融数据）的服务，包括征信机构服务	6940 金融信息服务

续表

代码 大类	代码 中类	代码 小类	名称	说明	国民经济行业代码及名称（2017）
★04 数字要素驱动业	0404 数字内容与媒体	040401	广播	指广播节目的现场制作、播放及其他相关活动，包括互联网广播	8710 广播
		040402	电视	指有线和无线电视节目的现场制作、播放及其他相关活动，包括互联网电视	8720 电视
		040403	影视节目制作	指电影、电视、录像（含以磁带、光盘为载体）和网络节目的制作活动，以及影视节目的后期制作。不包括电视台制作节目的活动	8730 影视节目制作
		040404	广播电视集成播控	指交互式网络电视（IPTV）、手机电视、互联网电视（OTT）等专网及定向传播视听节目服务的集成播控活动	8740 广播电视集成播控
		040405	电影和广播电视节目发行	指电影和影视节目的发行活动。不包括录像制品（以磁带、光盘为载体）的发行	8750 电影和广播电视节目发行
		040406	电影放映	指专业电影院以及设在娱乐场所独立（或相对独立）的电影放映等活动	8760 电影放映
		040407	录音制作	指可以在广播电台播放，或者制作成出版、销售的原版录音带（磁带或光盘），或者在其他宣传场合播放的录音节目的制作活动。不包括广播电台制作节目的活动	8770 录音制作
		040408	数字内容出版	指各类录音制品、电子出版物，以及利用数字技术进行内容编辑加工、并通过网络传播数字内容产品的出版服务	8624 音像制品出版 8625 电子出版物出版 8626 数字出版
		040409	数字广告	指在互联网平台投放，以广告横幅、文本链接、多媒体等形式，为外部客户提供宣传推广服务的活动	7251 互联网广告服务

续表

代码 大类	代码 中类	代码 小类	名称	说明	国民经济行业代码及名称（2017）
★04 数字要素驱动业	0405 信息基础设施建设	040501	网络基础设施建设	指光缆、微波、卫星、移动通信、工业互联网、物联网、5G等网络基础设施的建设活动	4851＊架线及设备工程建筑 4910＊电气安装
★04 数字要素驱动业	0405 信息基础设施建设	040502	新技术基础设施建设	指人工智能、云计算、区块链等新技术基础设施的建设活动	4851＊架线及设备工程建筑 4910＊电气安装
★04 数字要素驱动业	0405 信息基础设施建设	040503	算力基础设施建设	指以数据服务器、运算中心、数据存储阵列等为核心，实现数据信息的计算、存储、传递、加速、展示等功能的数据中心、智能计算中心等算力基础设施的建设活动	4790＊其他房屋建筑业 4851＊架线及设备工程建筑 4910＊电气安装 4999＊其他建筑安装
★04 数字要素驱动业	0405 信息基础设施建设	040504	其他信息基础设施建设	指上述未列明的其他信息基础设施的建设活动	
★04 数字要素驱动业	0406 数字资源与产权交易	040600	数据资源与产权交易	指对数据资源与数字产权的交易活动	7213＊资源与产权交易服务
★04 数字要素驱动业	0407 其他数字要素驱动业	040701	供应链管理服务	指基于现代信息技术对供应链中的物流、商流、信息流和资金流进行设计、规划、控制和优化，将单一、分散的订单管理、采购执行、报关退税、物流管理、资金融通、数据管理、贸易商务、结算等一体化整合的服务	7224 供应链管理服务

续表

代码 大类	代码 中类	代码 小类	名称	说明	国民经济行业代码及名称（2017）
★04 数字要素驱动业	0407 其他数字要素驱动业	040702	安全系统监控服务	指各类安全系统监控服务活动，包括消防报警系统监控服务、治安报警系统监控服务、交通安全系统监控服务和其他安全系统监控服务。不包括公安部门的活动和消防部门的活动	7272 安全系统监控服务
		040703	数字技术研究和试验发展	指大数据、互联网、物联网、人工智能、VR/AR、边缘计算、异构计算、工业视觉算法等新兴计算关键技术，SDN（软件定义网络）、网络切片等关键技术研究应用，以及量子通信和其他数字技术的研发与试验发展活动	7320＊工程和技术研究和试验发展
05 数字化效率提升业	0501 智慧农业	050101	数字化设施种植	指精准播种、智能温室等利用遥感、地理信息系统、全球定位系统、物联网、人工智能、大数据、云计算、无人机等现代信息技术和智能化设施，对土壤、地形、地貌、温度、湿度等农作物生长环境信息进行采集、分析，实现精准控制和监测的农作物种植及相关活动	01＊农业
		050102	数字林业	指利用遥感、地理信息系统、全球定位系统、物联网、无人机等现代信息技术和智能化设施，对土壤、地形、地貌、气候、温度、湿度等林业生长环境信息进行采集、分析，实现自动化、智能化的林业及相关活动	02＊林业
		050103	自动化养殖	指利用RFID射频识别、自动进食、人工智能、大数据、云计算等现代信息技术，实现自动化、智能化的畜牧业及相关活动，包括牲畜饲养、家禽饲养、水产养殖、畜禽粪污处理等活动	03＊畜牧业 04＊渔业

续表

代码 大类	代码 中类	代码 小类	名称	说明	国民经济行业代码及名称（2017）
05 数字化效率提升业	0501 智慧农业	050104	新技术育种	指应用数字化、信息化、智能化等手段开展的种子种苗培育、林木育种育苗、畜牧良种繁殖、鱼苗及育种场等活动	0211＊林木育种 0212＊林木育苗 0511＊种子种苗培育活动 0531＊畜牧良种繁殖活动 0541＊鱼苗及鱼种场活动
		050105	其他智慧农业	指利用物联网、大数据、互联网等现代信息技术对农林牧渔业生产经营进行管理的活动	05＊农、林、牧、渔专业及辅助性活动
	0502 智能制造	050201	数字化通用、专用设备制造	指利用数字孪生、人工智能、5G、区块链、VR/AR、边缘计算、试验验证、仿真技术等技术和设备，在通用、专用设备领域开展的生产和制造活动，包括个性定制、柔性制造等新模式。不包括计算器及货币专用设备制造、工业机器人制造、特殊作业机器人制造、增材制造装备制造、半导体器件专用设备制造、电子元器件与机电组件设备制造	34＊通用设备制造业 35＊专用设备制造业
		050202	数字化运输设备制造	指利用数字孪生、人工智能、5G、区块链、VR/AR、边缘计算、试验验证、仿真技术等技术和设备，在交通运输设备领域开展的生产和制造活动	36＊汽车制造业 37＊铁路、船舶、航空航天和其他运输设备制造业

续表

代码 大类	代码 中类	代码 小类	名称	说明	国民经济行业代码及名称（2017）
05 数字化效率提升业	0502 智能制造	050203	数字化电气机械、器材和仪器仪表制造	指利用数字孪生、人工智能、5G、区块链、VR/AR、边缘计算、试验验证、仿真技术等技术和设备，在电气机械和器材制造、仪器仪表领域开展的生产和制造活动。不包括电力电子元器件制造、光伏设备及元器件制造、专用电线电缆制造、光纤制造、光缆制造、智能照明器具制造、电气信号设备装置制造、工业自动控制系统装置制造	38＊电气机械和器材制造业 40＊仪器仪表制造业
		050204	其他智能制造	指利用数字孪生、人工智能、5G、区块链、VR/AR、边缘计算、试验验证、仿真技术等技术和设备，在上述未列明的制造行业开展的生产和制造活动	C＊制造业
	0503 智能交通	050301	智能铁路运输	指借助数字化技术和互联网平台进行的铁路安全管理、调度指挥、行车组织、客运组织、货运组织，以及机车车辆、线桥隧涵、牵引供电、通信信号、信息系统的运用及维修养护等活动	53＊铁路运输业
		050302	智能道路运输	指借助数字化技术和互联网平台进行的道路运输、经营及运维维护活动，包括公路智能管理、交通信号联动、公交优先通行控制、智慧停车场等	54＊道路运输业
		050303	智能水上运输	指借助数字化技术和互联网平台进行的水上旅客运输、水上货物运输和水上运输辅助活动，包括智慧港口、数字航道等	55＊水上运输业
		050304	智能航空运输	指借助数字化技术和互联网平台进行的航空客货运输、通用航空服务和航空运输辅助活动，包括智慧民航等	56＊航空运输业
		050305	其他智能交通	指借助数字化技术和互联网平台进行的海底管道运输和陆地管道运输活动，以及由两种及以上的交通工具相互衔接、转运而共同完成的货物复合运输活动以及与运输有关的代理及服务活动	57＊管道运输业 58＊多式联运和运输代理业

续表

大类	代码 中类	小类	名称	说明	国民经济行业代码及名称（2017）
05 数字化效率提升业	0504 智慧物流	050401	智慧仓储	指以信息化技术为依托的装卸搬运、仓储服务	59*装卸搬运和仓储业
		050402	智慧配送	指利用信息化技术开展的邮政、快递服务	60*邮政业
	0505 数字金融	050501	银行金融服务	指银行提供的发放贷款、理财、监管等服务活动，包括中央银行服务、货币银行服务、非货币银行服务、银行理财服务和银行监管服务。不包括典当和网络借贷服务	66*货币金融服务
		050502	数字资本市场服务	指借助数字化技术和互联网平台进行的资本融通与交易市场的服务，包括证券市场服务、公开募集证券投资基金、非公开募集证券投资基金、期货市场服务、证券期货监管服务、资本投资服务，以及上述未列明的其他资本市场服务	67*资本市场服务
		050503	互联网保险	指保险机构依托互联网订立保险合同、提供保险服务的保险经营活动	68*保险业
		050504	其他数字金融	指上述未列明的其他金融业。不包括非金融机构支付服务、金融信息服务	69*其他金融业
	0506 数字商贸	050601	数字化批发	指在商品流通环节中有数字化技术适度参与的批发活动。不包括主要通过互联网电子商务平台开展的商品批发活动	51*批发业
		050602	数字化零售	指在商品流通环节中有数字化技术适度参与的零售活动，包括无人店铺零售、新零售等。不包括主要通过互联网电子商务平台开展的商品零售活动	52*零售业
		050603	数字化住宿	指利用信息化技术开展的高效、精准、便捷的现代住宿活动	61*住宿业
		050604	数字化餐饮	指利用信息化技术开展的高效、精准、便捷的现代餐饮活动	62*餐饮业

续表

大类	代码 中类	小类	名称	说明	国民经济行业代码及名称（2017）
05 数字化效率提升业	0506 数字商贸	050605	数字化租赁	指利用信息化技术开展的租赁活动。不包括计算机及通讯设备经营租赁、音像制品出租	71＊租赁业
		050606	数字化商务服务	指利用信息化技术开展的商务咨询与调查、票据代理服务、旅游、人力资源服务、会议展览及相关服务等活动。不包括资源与产权交易服务、供应链管理服务、互联网广告服务、安全系统监控服务	72＊商务服务业
	0507 数字社会	050701	智慧教育	指利用数字化技术和信息化平台进行内容传播和快速学习的活动，包括在线教育、在线培训、网络学院、网络教育和以在线学习等为主的互联网学校教育和职业技能培训等	83＊教育
		050702	智慧医疗	指利用数字化技术和信息化平台开展的医学检查检验影像，以及在线医疗、远程医疗等服务活动	84＊卫生
		050703	数字化社会工作	指利用数字化技术和信息化平台开展的慈善、救助、福利、护理、帮助等社会工作的活动	85＊社会工作
	0508 数字政府	050801	行政办公自动化	指各级行政机关应用现代信息技术、网络技术、计算机等进行的内部办公活动	S＊公共管理、社会保障和社会组织
		050802	网上税务办理	指税务部门通过互联网提供的税收缴纳服务和管理活动	9221＊综合事务管理机构
		050803	互联网海关服务	指海关通过互联网进行的通关管理、关税征收等活动	9221＊综合事务管理机构
		050804	网上社会保障服务	指社会保障部门通过互联网提供的各种社会保障服务，包括基本保险、补充保险及其他基本保险等	94＊社会保障
		050805	其他数字政府	指其他未列明的电子政务活动	S＊公共管理、社会保障和社会组织

续表

代码 大类	代码 中类	代码 小类	名称	说明	国民经济行业代码及名称（2017）
05 数字化效率提升业	0509 其他数字化效率提升业	050901	数字采矿	指利用工业机器人、大数据、物联网、云技术等技术和设备开展煤炭、石油和天然气的开采、洗选、采选、分级等生产活动	B＊采矿业
		050902	智能化电力、热力、燃气及水生产和供应	指将大数据、物联网、云技术等技术和设备应用到电力、热力、燃气及水生产、处理、利用或供应活动中，实现生产、处理、利用或供应过程可视化智能实时监控预警等功能的生产活动	D＊电力、热力、燃气及水生产和供应业
		050903	数字化建筑业	指利用BIM技术、云计算、大数据、物联网、人工智能、移动互联网等数字技术与传统建筑业的融合活动	E＊建筑业
		050904	互联网房地产业	指利用互联网进行的房地产中介服务、房地产租赁经营，以及上述未列明的其他互联网房地产业	K＊房地产业
		050905	专业技术服务业数字化	指利用信息化技术，通过大数据、云计算等技术手段进行的专业技术服务，包括气象服务、地震服务、海洋服务、环境与生态监测检测服务、地质勘查、工程技术与设计服务及其他专业技术服务。不包括工程和技术研究和试验发展、测绘地理信息服务、三维（3D）打印技术推广服务	M＊科学研究和技术服务业
		050906	数字化水利、环境和市政设施管理	指通过信息技术和网络手段实现的水利、环境和公共设施管理，包括水利管理、公共设施管理、土地管理、生态保护和环境治理活动	N＊水利、环境和公共设施管理业
		050907	互联网居民生活服务	指利用信息化技术，通过互联网联络、承接业务、签单、付款等提供的家庭服务、托儿所服务、洗染服务、理发及美容服务、洗浴和保健养生服务、摄影扩印服务、婚姻服务、殡葬服务、代购服务、代驾服务、机动车和日用品修理服务、清洁服务等居民服务业。不包括计算机和辅助设备修理、通讯设备修理	O＊居民服务、修理和其他服务业

续表

代码			名称	说明	国民经济行业代码及名称（2017）
大类	中类	小类			
05 数字化效率提升业	0509 其他数字化效率提升业	050908	互联网文体娱乐业	指充分渗透数字化技术的文化体育和娱乐活动，包括数字博物馆、数字图书馆等利用数字化技术和信息化平台、借助数字化设备进行的文化艺术活动，专业从事体育比赛、训练、辅导和管理的组织所进行的活动，体育中介代理活动，以及各种形式的彩票活动。不包括新闻业、音像制品出版、电子出版物出版、数字出版	86＊新闻和出版业 88＊文化艺术业 89＊体育 90＊娱乐业